Hans-Joachim Schabedoth:
BITTSTELLER ODER GEGENMACHT?

D1719483

Der Autor

Dr. Hans-Joachim Schabedoth, Sozialwissenschaftler, ist Fachsekretär der IG Metall. 1983 und 1984 Lehrtätigkeit an den Universitäten Konstanz und Stuttgart.
Im vorliegenden Buch verknüpft er seine bei der IG Metall in Stuttgart gewonnenen praktischen Erfahrungen mit Ergebnissen sozialwissenschaftlicher und gewerkschaftlicher Diskussion zu einer Perspektive problembezogenen und zielbewußten gewerkschaftlichen Handelns, das den aktuellen ökonomischen, sozialen und politischen Herausforderungen gerecht werden kann.

Hans – Joachim Schabedoth

BITTSTELLER ODER GEGENMACHT?

Perspektiven gewerkschaftlicher
Politik nach der Wende

CIP-Kurztitelaufnahme der Deutschen Bibliothek

Schabedoth, Hans-Joachim:
Bittsteller oder Gegenmacht?: Perspektiven gewerkschaftl. Politik nach d. Wende / Hans-Joachim Schabedoth. Mit e. Vorwort von Franz Steinkühler. — 1. Aufl. — Marburg: SP-Verlag, 1985.
ISBN 3-924800-32-4

SP-Verlag Norbert Schüren GmbH
Deutschhausstr. 31, 3550 Marburg
1. Auflage, Marburg 1985
Copyright© bei SP-Verlag, Marburg 1985
Alle Rechte vorbehalten

Umschlaggestaltung: Martin Kreutter (Foto), Beate
Faßnacht (Satz und Grafik), Marburg
Satz: Hilde Hoherz, Udo Kampen, Marburg
Druck und Bindung: Fuldaer Verlagsanstalt, Fulda
Printed in Germany
ISBN 3-924800-32-4

Inhalt

Vorwort

Die Gewerkschaften in der Bundesrepublik befinden sich zur Zeit in der wohl schwierigsten Situation seit Bestehen der noch relativ jungen deutschen Demokratie. Tiefgreifende Veränderungen vollziehen sich vor allem auf dem Hintergrund der Entwicklung und des betrieblichen sowie gesellschaftlichen Einsatzes neuer Technologien. Das äußere Kennzeichen der weitreichenden gesellschaftlichen Veränderungen ist eine Massenarbeitslosigkeit, die das in der Bundesrepublik bislang bekannte Ausmaß übertrifft. Ökonomische Krisen gehören schon immer zum Erscheinungsbild der vor knapp 40 Jahren wiedererrichteten Wirtschaftsordnung der Bundesrepublik. Die gegenwärtige Krise unterscheidet sich jedoch in einem wesentlichen Punkt von den vorausgegangenen: Waren diese noch relativ kurzzyklisch, handelt es sich heute um eine langzyklische Krisenerscheinung, die auf strukturellen Ursachen beruht und weniger auf konjunkturelle Schwankungen zurückzuführen ist.

Vor dem Hintergrund dieser Krise erleben gerade sozial Schwache und Arbeitnehmer, mit welcher atemberaubenden Geschwindigkeit lange Zeit als richtig und unumstößlich angesehene gesellschaftspolitische Postulate ins Wanken geraten oder gänzlich über den Haufen geworfen werden:

Das Sozialpostulat des Grundgesetzes wird im Rahmen konservativer Krisenbewältigungskonzepte kurzerhand in die Mottenkiste der Geschichte verbannt.

Die nach dem Ende der faschistischen Gewaltherrschaft als unersetzlicher Bestandteil der Demokratie in der Verfassung verankerte Koalitionsfreiheit soll durch die Neufassung nachgeordneter Gesetze, wie das Betriebsverfassungsgesetz oder das Arbeitsförderungsgesetz, faktisch außer Kraft gesetzt werden.

Statt einer solidarischen Gesellschaft, in der auch sozial Schwächere und Alte ihren Platz haben, wird die Ellbogengesellschaft frühkapitalistischer Prägung unter der Losung „Leistung muß sich wieder lohnen" neu propagiert.

Wir erleben, wie der „Herr-im-Haus-Standpunkt" in den Betrieben um sich greift und wie politisch Verantwortliche, vor allem die Bundesregierung, ein Demokratieverständnis offenbaren, das längst überwunden schien.

Es ist noch nicht einmal vierzig Jahre her, als selbst die CDU in ihrem Aalener Programm nach der Erfahrung mit Krieg und Gewaltherrschaft die verhängnisvollen Auswirkungen einer der demokratischen Kontrolle entzogenen wirtschaftlichen Macht erkannte und feststellte:

„Das kapitalistische Weltsystem ist den staatlichen und sozialen Lebensinteressen des deutschen Volkes nicht gerecht geworden. (...) Durch die gemeinwirtschaftliche Ordnung soll das deutsche Volk eine Wirtschafts- und Sozialverfassung erhalten, die dem Recht und der Würde der Menschen entspricht, dem geistigen und materiellen Aufbau unseres Volkes dient und den inneren und äußeren Frieden sichert. (...)

Ausgangspunkt aller Wirtschaft ist die Anerkennung der Persönlichkeit. Freiheit der Person auf wirtschaftlichen und Freiheit auf politischem Gebiet hängen eng zusammen. Die Gestaltung und Führung der Wirtschaft darf dem einzelnen nicht die Freiheit seiner Person nehmen. Daher ist notwendig: Stärkung der wirtschaftlichen Stellung und Freiheit des einzelnen; Verhinderung der Zusammenballung wirtschaftlicher Kräfte in der Hand von Einzelpersonen, von Gesellschaften, privaten oder öffentlichen Organisationen."

Heute gibt es zwar in der CDU selbsternannte „Enkel Adenauers", das Vermächtnis des Aalener Programms wird jedoch verschwiegen, verdrängt, am liebsten sogar geleugnet.

Zum vierzigsten Jahrestag des Endes der faschistischen Herrschaft offenbarte der deutsche Bundeskanzler ein Geschichtsverständnis, das mehr als nur zur Besorgnis Anlaß gibt. In dem ursprünglichen Konzept des zu diesem Anlaß vorgesehenen Besuches von US-Präsident Ronald Reagan war zunächst nicht daran gedacht, ein Konzentrationslager zu besuchen, wohl aber einen Soldatenfriedhof: den Soldatenfriedhof in Bitburg, auf dem auch SS-Angehörige beigesetzt wurden. In Bitburg ruhen auch die Toten der Ardennen-Offensive, die als das letzte Aufbäumen eines Gewaltregimes zu einem Zeitpunkt in die jüngere Geschichte eingegangen ist, als der Untergang dieses Regimes längst feststand. Am Jahrestag der Befreiung vom Faschismus konnte an diesem Ort wohl nicht der Millionen von Opfern und der gemordeten Demokraten und Widerstandskämpfer gedacht werden, die für ihre Überzeugung ihr Leben lassen mußten. In Bitburg wurden neben den bedauernswerten Soldaten, die selbst Opfer wurden, auch diejenigen geehrt, die selbst in der Stunde der Niederlage noch fest zu „ihrem

Führer" standen.

Nicht zuletzt hieran muß auch dem Gutgläubigsten klar geworden sein, welche Wende es mit der „Wende" genommen hat, von der Helmut Kohl jüngst sagte, einst werde es die Geschichte feststellen, daß er eine „echte Wende" erreicht habe, bis dahin aber − so analysierte Kohl − lägen die „Hauptschwierigkeiten in der geistig-moralischen, nicht in der materiellen Situation". Kohl und das hinter ihm stehende konservative Lager wollen nach amerikanischem Vorbild mit der „geistig-moralischen Wende" eine Art Zukunftsoptimismus etablieren, wie ihn der konservative Zukunftsforscher Hermann Kahn − auf die USA übertragen − jüngst folgendermaßen einklagte:

„Wahrscheinlich einer der wichtigsten Faktoren des kommenden Booms − für den viele Leute innerhalb wie außerhalb der Reagan-Administration arbeiten − ist die Schaffung eines postiven Zukunftsbildes. Wir brauchen eine andere Erwartungshaltung, die den neuen politischen Maßnahmen und Strömungen entspricht."

Eine solche Wende, so schreibt Kahn, „muß durch eine umfassende Ideologie unterstützt und gelenkt werden".

Auf welchen Füßen gerade diese Art von Zukunfstoptimismus steht, läßt sich leicht nachweisen. Aber das allein reicht nicht aus. Wir müssen gegenüber konservativem „Zukunftsoptimismus" Grundwerte der Arbeiterbewegung wie z.B.:
− Solidarität statt Wolfsgesetze der Konkurrenz,
− Gleichheit statt soziale und politische Spaltung der Gesellschaft,
− Demokratie statt Diktatur
nicht nur aktualisieren, sondern mit der konkreten Perspektive verbinden, wie die Gesellschaft gestaltet sein soll.

Wir wollen eine Gesellschaft ohne Massenarbeitslosigkeit und Verelendung. Wir streiten für eine Gesellschaft, welche die steigende Produktivität der gesellschaftlichen Arbeit für Arbeitszeitverkürzung nutzt, um den Menschen Entfaltungsmöglichkeiten in den Bereichen der Kultur, der Politik, der Bildung und der Familie zu eröffnen. In einer Gesellschaft, wie wir sie fordern, ist Chancengleichheit und Chancengerechtigkeit hergestellt. In ihr ermöglicht die Produktivitätsentwicklung eine Neuorganisation des Systems der gesellschaftlichen Arbeit. Dabei ließe sich auch die gesamte Funktion des Bildungs- und Weiterbildungssystems verändern. Ganz neue Entscheidungen für den Umgang der Menschen mit der Natur könnten sich entwickeln.

Nicht abstrakte Spekulation im Sinne uneinlösbarer Utopien, sondern das Aufzeigen konkreter Möglichkeiten einer humanen, gerechten und friedlichen Gestaltung des menschlichen Lebens helfen sehr schnell, die wenig fruchtbaren Diskussionen zu überwinden, die in Teilen unserer Gesellschaft unter der im vorliegenden Buchtitel anklingenden Alternative Gewerkschaften als „Bittsteller oder Gegenmacht" geführt werden. In der gesellschaftlichen Wirklichkeit der Bundesrepublik, in der Gewerkschaftspolitik stets verankert sein muß, gibt es die auf die Rolle des Bittstellers zurückgeworfene Gewerkschaft noch nicht. Ebensowenig ist das „Ende der Arbeitsgesellschaft" in Sicht, wie dies im Zusammenhang mit der Diskussion über die Zukunft der Gewerkschaften häufig behauptet wird.

Eine den Interessen der Arbeitnehmer entsprechende zukünftige Gesellschaft erfordert die Entwicklung konkreter Perspektiven, denn aus Erfahrungen und geschichtlichen Lehren heraus wissen wir Gewerkschafter, daß das Auswechseln von politischen Mehrheiten allein, sei es im Bund oder in den Ländern, noch keine den Interessen der Arbeitenden entsprechende Politik garantiert.

Da das vorliegende Buch Anstöße gibt, ausgehend von der Analyse der bestehenden gesellschaftlichen Problemverhältnisse, über gewerkschaftliche Zukunftsperspektiven nachzudenken, verdient es Beachtung und Anerkennung. Dies umso mehr, weil es sich auf Erfahrungen und Einschätzungen eines in konkreter Verantwortung stehenden Gewerkschafters gründet.

Franz Steinkühler, Frankfurt im Juli 1985

Einleitung

Die Industriegesellschaft befindet sich im Umbruch. Durch die Anwendung neuer Techniken kann die gesellschaftlich notwendige Arbeit von immer weniger Arbeitskräften erbracht werden. Ganze Branchen geraten in die Krise. Der Mensch bleibt auf der Strecke. Wachsender Reichtum der Kapitalbesitzer ist die Kehrseite einer Zunahme sozialer Bedürftigkeit und neuer Armut.

Unter dem Druck von Wirtschaftskrise und Massenarbeitslosigkeit betreibt die Wende-Regierung den Abbau des Sozialstaates und ebnet den Weg zum Unternehmerstaat.

Gewerkschaften sind unter diesen Bedingungen in die Defensive geraten. Die Frage steht, inwieweit sie ihren Anspruch als betriebliche und gesamtgesellschaftliche Interessenvertretung der Arbeitnehmer noch einlösen können. Die Arbeitskämpfe des Jahres 1984 um die Wochenarbeitszeitverkürzung haben im Ansatz sichtbar machen können, daß es den Gewerkschaften trotz gegenteiliger Erwartungen noch möglich ist, die eigenen Kräfte für eine aktive Politik der Krisenbekämpfung zu mobilisieren.

Ob die Gewerkschaften zukünftig in die Rolle des Bittstellers geraten oder Gegenmacht entfalten können, entscheidet sich an ihrer weiteren Bereitschaft und Fähigkeit, Selbstbewußtsein und Engagement der Arbeitnehmer zu wecken und konzeptionell anzuleiten. Die umfassende Gefährdung von Arbeitnehmerrechten durch den Mißbrauch wirtschaftlicher Macht, Massenarbeitslosigkeit, Sozialabbau, Umweltzerstörung und nicht zuletzt durch den Rüstungswettlauf erfordert umfassende gewerkschaftliche Antworten, die über traditionelle Arbeits- und Tarifpolitik hinausgehen und den Antrieb für eine neue soziale Reformbewegung darstellen könnten.

Gestützt auf eine Analyse zentraler Gefährdungsbereiche für Arbeitnehmerrechte in einer Gesellschaft, die zunehmend inhumane Züge offenbart und in der Arbeitnehmerinteressen unter die Mühlsteine eines Machtsicherungsdenkens der Wende-Regierung und privatwirtschaftlichen Profitstrebens geraten sind, soll mit diesem Buch ein Beitrag dafür geleistet werden, Möglichkeiten und Ansatzpunkte einer gewerkschaftlichen Politik aufzuzeigen, bei der in den Antworten auf tagespolitische Herausforderungen Entwicklungsperspektiven für eine solidarische, ökonomisch und ökologisch gesicherte Industriegesellschaft sichtbar werden.

I. Industriegesellschaft im Umbruch – Strukturwandel, Arbeitsplatzvernichtung, Branchenkrisen

Infolge des kontinuierlichen und kummulativ wirkenden Prozesses technischer Entwicklungen haben sich Arbeits- und Lebensbedingungen seit der Frühgeschichte des menschlichen Lebens und der menschlichen Gesellschaften grundlegend verändert.[1] Mit verbesserten Produktionsinstrumenten und Arbeitsweisen ließ sich zunächst der natürliche Ertrag in der landwirtschaftlichen Arbeit derartig steigern, daß ständige Überschüsse erwirtschaftet werden konnten. Die steigende Arbeitsproduktivität in der agrarischen und handwerklichen Produktion ermöglichte tiefgreifende Wandlungen im gesellschaftlichen Leben. Durch die private Aneignung des gesellschaftlich erzeugten Mehrproduktes begründeten sich Ausbeutungsverhältnisse und festigte sich die Vormachtstellung der Besitzer von Boden und Kapital gegenüber den Produzenten des gesellschaftlichen Reichtums. Technische Neuerungen und Basiserfindungen im Bereich der Textilherstellung und der Energieumwandlung, sodann ihre wirtschaftliche Nutzung und die Ausweitung des technischen Wissens und Könnens sowie die einsetzende massenhafte Akkumulation von Anlagekapital eröffneten seit der Mitte des 18. Jahrhunderts einen in technologischer, ökonomischer und sozialer Hinsicht revolutionären Umbruch im gesamten Bestand menschlicher Arbeits- und Lebensverhältnisse. An die Stelle der jahrhundertelang dominierenden agrarischen und handwerklichen Produktion trat im Gefolge dieser ersten industriellen Revolution das Fabriksystem und die industrielle Massenfertigung. Es dominierte die kapitalistische Produktionsweise. Der Schwerpunkt menschlicher Arbeit verlagerte sich vom Primärsektor der Agrarwirtschaft zum güterproduzierenden, sekundären Wirtschaftssektor. Die Tiefe des Strukturwandels in Deutschland verdeutlicht sich am rapiden Rückgang des Anteils von Beschäftigten in der Landwirtschaft. Von 80 Prozent aller Erwerbstätigen im Jahr 1800 reduzierte sich ihr Anteil bis 1950 auf rund 10 Prozent. Im gleichen Zeitraum stieg die Zahl der Beschäftigten im produzierenden Gewerbe von 15 auf 50 Prozent. Da sowohl in der agrarischen Produktion wie in der Industrie aufgrund der weiteren technologischen Entwicklung die gesellschaftlich notwendige Arbeit erbracht werden konnte, setzte sich der dynamische Prozess binnenwirtschaftlicher Strukturverschiebung Richtung Dienstleistungssektor weiter fort. In ähnlicher Weise, wie es sich infolge stetig wachsender Produktivität des Agrarsektors als möglich und funktional erwies, den Arbeitsbedarf für den expandierenden Bereich der Güterproduktion im Reservoir der freigesetzten und unterbeschäftigten Landarbeiter zu rekrutieren, schien es noch bis an die Schwelle der 80er Jahre als logische Konsequenz bestätigt, rationalisierungs- und arbeitsorganisatorisch bedingte Arbeitsplatzverluste im gewerblichen Sektor durch neue Arbeitsplätze im Bereich der privaten und staatlichen Produktion von Dienstleistungen (Tertiärsektor) zu kompensieren.

Die Entlastung von den Mühen harter Industriearbeit und der Wandel im Charakter der Arbeit zu einer hypothetischen „nachindustriellen Gesellschaft" oder allgemein zu einer „modernen Industriegesellschaft"[2] mit der Dominanz des Sektors Lebensqualität verbessernder humaner Dienstleistungen wurde zum Leitgedanken staatlicher Politik in der sozialliberal geprägten Phase deutscher Nachkriegsgeschichte.

Entwicklungsperspektive war ein Know-how-exportierendes „Modell Deutschland" auf der Basis eines allgemein gesteigerten Niveaus materieller Versorgung, kollektiver Sicherung der Lebensrisiken und wachsender Lebensqualität.[3] Zusätzliche Plausibilität gewann diese Zuversicht in die Wechselwirkung von technologischer Entwicklung und gesellschaftlichem Fortschritt durch eine neue Basiserfindung im Bereich der automatischen Verarbeitung von Daten, die erhebliche Produktivitätssprünge auslöste. Grundvoraussetzung für den Siegeszug des Computers in der industriellen Arbeitswelt sowie in Forschung und Verwaltung war die Entwicklung der Elektrotechnik zur Elektronik und ihre Weiterentwicklung zur Mikroelektronik.[4]

Bei immer effizienteren Produktionsverfahren auf Basis der Nutzung der neuen Technologien hat es in den letzten drei Jahrzehnten die vorhergesagten gewaltigen Verschiebungen in der Produktionsstruktur tatsächlich gegeben.[5] Dabei verlor hinsichtlich seiner Beschäftigungswirkung der agrarische Bereich weiter an Bedeutung. Bei mehr als verdoppelter Produktivität reduzierte sich der Beschäftigungsstand auf nahezu ein Drittel der Ausgangslage von 1950 (vgl. Tabelle 1). In der Zeit von 1970 bis 1983 sank der Beschäftigungsanteil weiter von 8,5 auf 5,4 Prozent.

Tabelle 1

Strukturelle Produktions- und Beschäftigungstrends
1950 = 100

	1950	1960	1970	1980
Primärsektor[1]				
Bruttowertschöpfung, real	100	149,2	181,4	227,9
Erwerbstätige	100	75,8	49,0	34,9
Sekundärsektor[2]				
Bruttowertschöpfung, real	100	273,5	462,2	569,6
Erwerbstätige	100	143,6	152,0	135,8
Tertiärsektor[3]				
Bruttowertschöpfung	100	187,9	290,8	413,1
Erwerbstätige	100	137,3	155,5	174,2

1) *Land- und Forstwirtschaft, Fischerei; Energie- und Wasserversorgung; Bergbau.*
2) *Verarbeitendes Gewerbe; Baugewerbe.*
3) *Handel und Verkehr; Dienstleistungsunternehmen; Staat; Private Haushalte, einschl. Organisationen ohne Erwerbscharakter.*

Quelle: Johann Welsch, Gesamtwirtschaftliche Entwicklung, technischer Fortschritt und Beschäftigung als Problem der achtziger Jahre, in: WSt-Mitt. 4/1982, S. 212. Datenbasis: Statistisches Bundesamt, Berechnungen des Autors

Der Sekundärsektor konnte demgegenüber seit 1950 seine Produktion sogar um mehr als das Fünffache steigern und benötigte dafür lediglich einen um ein Drittel erhöhten Beschäftigungsstand. Der Arbeitsanteil des Sekundärsektors verringerte sich sogar von 1970 48 auf 42 Prozent 1983. Bei einem nahezu konstant gebliebenen Arbeitsplatzanteil von 18,3 Prozent (1970: 17,5 Prozent) im Bereich Handel und Verkehr konnten im Prozess des intersektoralen Wandels der Beschäftigungsstruktur ausschließlich im Bereich privater und öffentlicher Dienstleistungen deutlichere Zuwächse verzeichnet werden. 1983 verdienten hier 8,6 Millionen Arbeitnehmer und damit 34,3 Prozent der Erwerbstätigen ihren Lebensunterhalt. 1970 waren es erst ein Viertel. Seit 1950 erhöhte sich im Zeitraum von 30 Jahren die Beschäftigungszahl im Dienstleistungssektor um mehr als zwei Drittel, während sich die Produktivität dieses Sektors insgesamt vervierfachte.

Die Arbeitsplatzverluste im primären und sekundären Wirtschaftssektor von 3,3 Millionen seit 1970 vollzogen sich trotz einer um rund 25 Prozent gesteigerten Produktivität in einem Umfang, der nicht einmal zur Hälfte durch Einrichtung neuer Arbeitsplätze in Handel, Verkehr, Banken sowie im öffentlichen und privaten Dienstleistungsbereich kompensiert wurde, obgleich sich die Produktivität des Tertiärsektors im gleichen Zeitraum um 42 Prozent steigern ließ. Zwar hat der Dienstleistungssektor seinen Beschäftigungsanteil kontinuierlich erhöht, jeder zweite Erwerbstätige ist hier beschäftigt, doch hat dies nicht zu einem Ausgleich zwischen den freisetzenden und Beschäftigung ausweitenden Effekten von Produktivitätssteigerungen und Strukturwandel geführt.[6] Die rückläufigen Zuwachsraten bei der Leistungs- und Personalausweitung im Bereich staatlicher Dienstleistungen seit 1974 haben wesentlichen Anteil an der negativen Arbeitsplatzbilanz des intersektorellen Wandels in der Arbeitswelt. Unter dem Druck der Wirtschaftskrise auf die öffentlichen Haushalte wurde als notwendiger Leistungsausbau und als Stellenbedarf nur noch das definiert, was die Entscheidungsträger in der Regierungsverantwortung von Bund und Ländern auch für finanzierbar erklärten. Der Verzicht auf den bedarfskonformen Ausbau öffentlicher Dienstleistungen wurde schließlich in der Vorbereitung und nach Vollzug der Regierungs-Wende 1982 zum politischen Programm erhoben. Spektakulären Ausdruck findet dies z.B. an der wachsenden Arbeitslosigkeit ausgebildeter Lehrer bei nachweislichem gesellschaftlichen Bedarf an pädagogischen Dienstleistungen: Die Zahl der arbeitslosen Lehrer ist im Jahresvergleich 1983-1984 von rund 45.000 sprunghaft auf 60.000 gestiegen. GEW-Vorsitzender Dieter Wunder wirft den Ländern deshalb vor, diese katastrophale Entwicklung durch das Streichen von Planstellen beschleunigt zu haben. Trotz des Anstiegs der Lehrerarbeitslosigkeit wurden 7.700 Stellen gestrichen. Im Schuljahr 1984/85 sollen zudem rund 8.500 freie oder durch Pensionierung freigewordene Stellen nicht wieder besetzt werden.[7]

Die wachsende negative Arbeitsplatzbilanz des intersektorellen Strukturwandels seit Mitte der 70er Jahre beweist, daß im marktwirtschaftlichen Selbstlauf trotz eines weiter schrumpfenden Industriesektors bei gesteigerter Produktivität eine Trendumkehr zur prophezeiten expandierenen Dienstleistungsgesellschaft nicht zu erwarten ist.[8]

War traditionell vor allem der Bereich der unmittelbaren Produktion Ansatzebene für Rationalisierungsbestrebungen, sind zunehmend die vor-, über- und nebengelagerten Produktionsbereiche und selbst der Dienstleistungsbereich als Quelle für Kostenersparnis und Verbesserung der Kapitalrenditen erschlossen worden.[9] Während sich die Produktivität in den Werkhallen in den ersten 80 Jahren des 20. Jahrhunderts um 1.500 Prozent steigern ließ, verbesserte sich die Produktivität traditioneller Büroarbeit lediglich um 50 Prozent. Schon diese Relation verweist auf den vorrangigen Ansatzpunkt gegenwärtiger und zukünftiger Rationalisierungsbestrebungen. EDV-Hersteller versprechen immerhin beim konsequenten Einsatz ihrer Systeme im Bereich der klassischen Büroberufe und Verwaltungen Produktivitätssteigerungen von 50 bis 500 Prozent. In der Siemens-Studie „Büro 1990" werden 43 Prozent aller Büroarbeiten für formalisierbar und 25 bis 30 Prozent für automatisierbar gehalten.[10] Auf diesem Hintergrund erscheint die Annahme, daß durch effizientere Produktionsverfahren und Produktionsausweitungen auf dem Feld verbesserter und neuer Produkte für die Endnachfrage so viele Arbeitsplätze neu geschaffen werden könnten, wie durch Rationalisierungsinvestitionen auf der anderen Seite jährlich vernichtet werden, völlig unrealistisch. Die industriellen Kapazitäten der westlichen Industriestaaten sind heute soweit entwickelt, daß weltweit mehr produziert als abgesetzt werden kann. Um national und international auf stagnierenden Märkten Wettbewerbsvorteile zu verteidigen oder zu erlangen, besteht ein Zwang, die Produktionsstätten auf die jeweils modernste Technologie umzustellen. Dabei ist es Ziel, die Produktion mit geringerem Aufwand zu betreiben. Konstenintensive soll durch kostensparende Fertigung ersetzt werden, um die Kapitalerträge zu steigern. Bei der vorherrschenden Orientierung des Kapitaleinsatzes am Kriterium einzelwirtschaftlicher Rentabilitätssteigerung ergibt sich als eine zwangsläufige Konsequenz eine Bereitschaft, ohne Rücksicht auf gesellschaftliche Folgen ganze Produktionsbranchen und Verfahren stillzulegen, zu verlagern oder den jeweils als modern geltenden Produktionserfordernissen anzupassen. Auf Richtung und Gestaltung solcher Modernisierungsprozesse können die abhängig Beschäftigten nicht direkt Einfluß nehmen. Die Vertreter staatlicher Politik vertrauen auf die Gesetzmäßigkeiten des Marktes und beschränken sich auf Rahmensetzungen. Im wesentlichen wird − je nach parteipolitischer Orientierung unterschiedlich demonstrativ − darauf verzichtet, die Beachtung gesamtgesellschaftlicher Bedürfnisse und Interessen der betroffenen Arbeitnehmer sicherzustellen.

Die hohen wirtschaftlichen Wachstumsraten in den Nachkriegsjahren haben zunächst vergessen lassen, daß bei der vorherrschenden Verteilung der Kapitaleigentums- und verfügungsrechte die Wirtschaft nicht dauerhaft krisenfrei funktionieren kann. Seit Mitte der 60er Jahre haben sich die Prozesse der Veränderung und Erschütterung der ökonomischen und sozialen Struktur der Gesellschaft erheblich verstärkt und die Bedingungen für rentable Kapitalinvestitionen wesentlich verschlechtert.[11] Systembedingte Fehlentwicklungen und Strukturprobleme zeigen sich aktuell besonders deutlich an der Krisenhaftigkeit ganzer Branchen. Unter der Gestaltungsmaxime des „Gesundschrumpfens" wurden immer mehr Arbeitnehmer Opfer von Krisenanpassungspolitik.[12] Selbst die Überlebensfähigkeit ganzer Branchen und Regionen steht auf dem Spiel.

Gegenwärtig zeigen sich Branchenprobleme vor allem in der Stahl-, Werften- und Kohleindustrie. Johann Welsch, der als Referent des Wirtschafts- und Sozialwissenschaftlichen Instituts des DGB sektorale Strukturforschung betreibt, verweist auf die Verflechtung der Problemdimensionen: „Die Strukturkrisen im Schiffbau, in der Eisen- und Stahlindustrie und im Kohlebergbau haben sich im Verlauf des Jahres 1983 erheblich verschärft. In diesen drei Branchen waren in diesem Jahr fast eine halbe Million Menschen beschäftigt, das sind knapp sieben Prozent aller Industriebeschäftigten. Die Produktionsstätten dieser Branchen ballen sich in wenigen Regionen zusammen. Zahlreiche Arbeitsplätze in den Zulieferbetrieben der jeweiligen Region sind von der Existenz dieser Produktionszweige abhängig. Der Zusammenbruch eines großen Stahl- oder Schiffbauunternehmens z.B. ließe die Arbeitslosenquote der betroffenen Region sprunghaft ansteigen. Die drei Krisenbranchen selbst sind nicht unabhängig voneinander. Die Strukturkrise im Schiffbau, der zu den Abnehmern von Stahlerzeugnissen zählt, ist ein Faktor der anhaltenden Krise im Stahlbereich. Die Eisen- und Stahlindustrie wiederum ist der Hauptkunde des Steinkohlebergbaus. Die entscheidende Ursache der erneut verschärften Krise des Kohlebergbaus ist die Strukturkrise der Stahlbranche".[13] Die Zwischenbilanz dieser Strukturkrise, verkündet auf dem Eisenhütten-Tag 1984 als Erfolg von „Strukturbereinigung", nimmt sich wie folgt aus:

Die Zahl der Beschäftigten sank in den zurückliegenen 10 Jahren um mehr als ein Drittel von 345.000 auf knapp 220.000. Allein im Jahr 1984 wurden 10.000 Stellen gestrichen. Seit 1974 wurden 46 Hochöfen, über 100 Stahlerzeugungsanlagen und 66 Walzwerke stillgelegt. Dennoch will man sich weiterhin gezwungen sehen, weitere Arbeitsplätze und Kapazitäten abzubauen, Anlagen auf weniger Standorte zu konzentrieren und in den Unternehmen die Produktionsprogramme zu straffen.[14]

Die Branchenkrise in der Eisen- und Stahlindustrie ist gleichzeitig regionale Krise für das gesamte Ruhrgebiet, das traditionelle Kerngebiet der Montanindustrie.[15] Mit Arbeitslosenquoten von über 15 Prozent droht dem Ruhrgebiet, einstmals Schrittmacher deutscher Industrialisierung, ein Niedergang zum nationalen Armenhaus. In gleicher Weise droht dies auch dem Saarland [16] und der norddeutschen Küstenregion.[17] „In dieser Region ist jeder achte Arbeitsplatz im Schiffbau angesiedelt. In einzelnen Städten ist die Schiffbauabhängigkeit der regionalen Beschäftigung noch weitaus größer: In Kiel sind rund ein Drittel der Beschäftigten, in Bremen und Ostfriesland etwa ein Viertel der Arbeitnehmer im Schiffbau tätig. Es ist davon auszugehen, daß in diesen Regionen auf jeden Werftenarbeitsplatz ein schiffbauabhängiger Arbeitsplatz in den Zulieferbereichen hinzukommt. Zudem sind der Einzelhandel sowie Teile des Dienstleistungssektors in diesen Regionen von der Kaufkraft der Werftarbeiter abhängig".[18]

Während die Textil- und Bekleidungsindustrie, die Uhrenherstellung, die Druckindustrie, der Bereich elektrotechnischer Konsumgüterproduktion und der Chemiefaser-Herstellung die erste Welle arbeitsplatzvernichtender Strukturanpassung bereits überstanden haben, spricht inzwischen alles dafür, daß im Bereich der Kunststoff- und Mineralölverarbeitung, in Teilen des Werkzeugmaschinenbaus und vor allen in der Automobilindustrie der Prozeß des „Gesundschrumpfens" noch bevorsteht.

Selbst der Präsident des Verbandes Deutscher Maschinen- und Anlagenbau (VDMA), Otto Schiele, bestätigt, daß der grundlegende Trend in der Branche auf einen weiteren Abbau von Arbeitsplätzen gerichtet ist, wobei der Automatisierung hier eine wichtige Rolle zukommen soll. Ende Juni 1984 beschäftigte die Branche noch 992.000 Arbeitnehmer, nach gut einer Million im Juni 1983. Dies ist ein Rückgang um 2,2 Prozent. Gleichzeitig wurde der Halbjahresumsatz der Branche um 2,7 Prozent gesteigert. Die Automatisierung ist nach Schieles Ansicht notwendig, um die deutsche Industrie auf dem Weltmarkt konkurrenzfähig zu halten. Dennoch soll es die menschenleere, völlig roboterisierte Fabrik in seiner Vorausschau nicht geben, wohl aber „menschenarme" automatisierte Betriebe.[19] Welcher Grad an Menschenarmut zu erwarten ist, eröffnete die Zeitschrift „capital" ihren Lesern mit offeneren Worten: „Der halbe Maschinenbau muß weg ... Massenarbeitslosigkeit für etwa 500.000 Angelernte und Facharbeiter scheint unvermeidlich".[20]

Nicht minder besorgniserregend sind Tendenzen, die sich in der Automobilindustrie abzeichnen.[21] Das Marktforschungsinstitut „Marketing System" kommt in einer Analye über die Entwicklung der Produktionskapazitäten von Personenkraftwagen in der Welt, ausgehend vom Produktionsvolumen 1980 von 29,0 Mio. Pkw bei einer Kapazitätsauslastung von 73 Prozent, zur folgenden Prognose: „Bis zur Mitte der 80er Jahre wird sich die Produktionskapazität auf 46 Mio. Pkw erhöhen. Bei einem Nachfragevolumen von 36,0 Mio Pkw würde dies einem Kapazitätsauslastungsgrad von ca. 77 Prozent entsprechen. Dies bedeutet, daß sich der Wettbewebsdruck weltweit erhöhen wird und die Hersteller es sich noch weniger als in der Vergangenheit erlauben können, eine abwartende Haltung einzunehmen, sondern sie müssen ihre Investitionsbereitschaft erhöhen, um zum einen ihre Produktionskosten zu senken und zum anderen die Entwicklung neuer Modelle bzw. neuer Technologien stärker voranzutreiben".[22] Welche Bedeutung dies für die Arbeitsplätze haben wird, wurde nicht untersucht. Doch weiß man eigentlich schon seit Jahren recht präzise, daß in der Automobilindustrie eine soziale Zeitbombe tickt, deren Lunte mit gewaltigen Rationalisierungsinvestitionen gelegt wurde.

„Ein wesentliches Ziel der Rationalisierungsinvestitionen ist, die Flexibilität der Produktion zu steigern, d.h. die Reaktion auf die Verschiebung der Pkw-Nachfrage durch eine schnelle Umstellung der Produktion zu erhöhen, um so die Auslastung der Kapazität über alle Modelle zu optimieren."[23]

Vor allem durch Nutzung der Mikroelektronik und Einführung von Industrierobotern dürften sich die zukünftigen Rationalisierungsprozesse beschleunigen.[24] Der prognostizierte Weltbedarf des Jahres 2000 läßt sich mit 60 Prozent des heutigen Arbeitsplatzbestandes produzieren. Die Verantwortungsträger im Automobilbau verschweigen oder verharmlosen diese Konsequenzen. Sie wissen, es gibt weltweit zwar schon zu viele Autos, angeblich jeweils aber nicht genug VWs, BMWs, Fords, Daimlers usw. Daß es schon bald zu viele Beschäftigte bei Daimler, Ford, BMW und bei VW gibt, läßt sich den diversen Firmenmitteilungen des vierten Quartals 1983 entnehmen, die wei-

teren Arbeitsplatzabbau in fünfstelligen Größenordnungen ankündig-
ten.

So will die Adam Opel AG in Rüsselsheim in fünf Jahren die
Belegschaft um 10.000 bis 12.000 Beschäftigte reduzieren. Die Volkswagen AG soll nach einer Studie der VW-Abteilung Technologiepla-
nung den Personalbestand in den sechs inländischen Volkswagen-
Werken bis 1987 um rund 13.000 reduzieren. Bis 1995 sollen sogar
30.000 Arbeitsplätze abgebaut werden. Derzeit hat das VW-Werk
noch einen Personalbestand von 118.000. Bestätigt wird durch diese
VW-interne Planung ein Prognos-Gutachten aus dem Jahre 1980, nach
dem bis 1995 jeder vierte Arbeitsplatz in der deutschen Automobilindustrie wegfallen soll. Hier künden sich die Resultate des ruinösen
Wettkampfes der europäischen, amerikanischen und japanischen
Automobilkonzerne um Marktanteile an. Um Wettbewerbsvorteile zu
erlangen und zu verteidigen, sehen sich die Automobilgiganten veranlaßt, ihre Produktionsstätten auf die jeweils modernste Technologie
umzustellen, die Produktentwicklung zu forcieren sowie Unterneh-
mens- und Arbeitsorganisation zu straffen.[25] Doch wird hinter den
Kulissen des Wettbewerbs noch eine andere Strategie verfolgt: Kooperation statt Konkurrenz. Kaum ein bedeutender Automobilhersteller ist nicht bereits auf irgendeine Weise mit einem anderen verfloch-
ten. Deutschlands Nr. 1, die Volkswagen AG, hat sich mit Japans Nr.
2 Nissan verschwistert. Zweifellos hofft VW, von der höher entwickelten Produktionstechnologie der Japaner profitieren zu können. Die
Rechnung einer solchen Kooperation und Kapitalverflechtung auf
dem internationalen Automobilmarkt müssen die Arbeitnehmer in
zweifacher Hinsicht bezahlen: Zum einen steigt der Automobilpreis
auf monopolisierten Märkten, zum anderen werden sie Opfer einer
weiter gedrehten Rationalisierungsspirale. Die strategischen Überlegungen gehen über die Phase industrieller Kooperation hinaus. Die
japanischen Automobilhersteller sprechen schon offen von einer
"Strategie des letzten Überlebenden".[26] Dabei steht am Ende des
Konkurrenzkampfes zwischen den neu entstehenden Automobilgrup-
pen als zwangsläufige Folge des kapitalistischen Konkurrenzmusters
der Kampf innerhalb der dann dominanten, aber heute noch kooperie-
renden Herstellergruppe.

Die offenkundige Existenzgefährdung für weite Teile der Auto-
branche wird von den deutschen Verbandssprechern systematisch verharmlost. Aus dem 'Verband der Automobilindustrie' (VDA) ist zu

hören: "Die Roboter verursachen keinen Beschäftigungseinbruch."
Oder: "Rationalisierung schafft Arbeitsplätze. Je weiter die Herstellung von Automobilen rationalisiert und mechanisiert wurde, desto
größer wurden nicht nur die Absatzchancen, sondern auch die Zahl
der Arbeitsplätze." VW-Finanzchef Thomee versicherte, durch die
Kooperation mit Nissan werde die Beschäftigung in den deutschen
Werken nicht beeinträchtigt. Im Gegenteil seien erhebliche Zuliefe-
rungen an Japan erforderlich, die zusätzlich Beschäftigung erwarten
lassen. Warum soll aber ausgerechnet in diesem Fall die bisherige
Erfahrung trügen, nach der eine fortschreitende Konzentration stets
zu Arbeitsplatzverlusten geführt hat? Vielleicht teilen die Interessenvertreter der deutschen Automobilkonzerne die Hoffnung ihrer europäischen, amerikanischen und japanischen Konkurrenten, der eigene
Konzern könne selbst zum letzten Überlebenden der Branche werden.

Branchenprobleme der angeführten Art dürften mit den national
und international aufgebauten Überkapazitäten eskalieren. Da inzwischen auch die Schwellenländer auf den traditionellen Industriegüter-
märkten vordringen und sich weltweit das Wirtschaftswachstum ver-
langsamt hat, verbleibt ein Strukturanpassungsdruck, der zur Konzentration auf leistungsfähige und im Weltmaßstab konkurrenzfähige
Produktionseinheiten zwingt.[27] Gespeist wird dieser weltweite Krisen-
anpassungsdruck durch eine beispiellose Dynamik in der Entwicklung
und Nutzung neuer arbeitssparender Technologien. Alle bisherigen
Erfahrungen mit dem Tempo und den Konsequenzen der Entfaltung
der Produktivkräfte scheinen übertroffen zu werden. Ein internationaler Wettlauf um die Entwicklung und Nutzung neuer Technologien
hat zu einer Beschleunigung des Strukturwandels in allen Bereichen
des Arbeitslebens geführt. Jahrhundertelang wurde diese Entwicklung in der Geschichte der menschlichen Arbeit als technischer und
sozialer Fortschritt erlebt. Diese historische Erfahrung wird in Fortschreibung der gegenwärtig sichtbaren Trends für die Zukunft wohl
nicht zu verallgemeinern sein.

II. Die Mikroelektronik macht es möglich – Menschenleere Fabriken, papierlose Büros, Überwachungsstaat

Rationalisierung in der Produktion: Der Mensch bleibt auf der Strecke

Die Technologie der elektronischen Datenverarbeitung ist durch die Weiterentwicklung der mit Elektronenröhren und Transistoren arbeitenden konventionellen Elektronik zur Mikroelektronik in ähnlichem Umfang revolutioniert worden wie der Bereich der Güterproduktion durch die Nutzung energieumwandelnder Maschinen im Zuge der ersten industriellen Revolution. Mit Berechtigung wird daher mit Verweis auf die Mikroelektronik vom Siegeszug einer neuen industriellen Revolution gesprochen.[28] Ein einziges Silicium-Plättchen – ein sogenannter Chip – von weniger als 50 Quadratmillimeter kann heute bereits die Funktion von einer Million Transistoren erfüllen. Rechner mit Elektronenröhren und anderen Komponenten, die ursprünglich ein ganzes Zimmer ausfüllten, konnten bei Funktionsverbesserung im Zeitraum von nur 30 Jahren auf die Größe eines Zuckerwürfels reduziert werden. Der Trend zur weiteren Miniaturisierung hält an. Verbunden ist damit eine drastische Reduzierung der Fertigungstiefe. Die Montage, die bislang einen Schwerpunkt der Güterproduktion darstellte, hat an Komplexität verloren.

Auch das Preis-Leistungs-Verhältnis hat sich günstig verändert. Seit 1960 ließen sich die Kosten um den Faktor Tausend verringern. Die kostengünstigere und unkompliziertere Fertigung kann von geringer qualifizierten Arbeitskräften ausgeführt werden. Die Folge ist eine deutliche Verringerung der Lohnkosten je Produktionseinheit. Die Ausweitung der Anwendungspalette der Mikroelektronik über den Ersatz mechanischer Steuerungen durch rechnergesteuerte Betriebssyteme hinaus auf Funktionen, die Steuern, Regeln, logisches Schließen, Konstruieren, Analysieren und sachgerechtes Speichern umfassen, konnte Rationalisierungsschübe in nahezu allen Wirtschaftsbereichen auslösen.[29]

Eine neuerliche Weiterentwicklung der Mikroelektronik ist der Mikroprozessor, eine komplette Zentraleinheit des Computers auf einem einzigen Chip. Zusammengefaßt mit Dateneingabe und -ausgabebausteinen zu einem Mikrocomputer, eröffnet sich eine nahezu universelle Anwendungsbreite. Sie reicht über die Datenverarbeitung, Meß-, Steuerungs- und Regeltechnik im Bereich der Produktion von Gütern und Dienstleistungen über den Anwendungsbereich der Nachrichtentechnik bis hinein in den Reproduktionsbereich. Die private Haushaltsführung und die privaten und öffentlichen Systeme des Transportes von Gütern und Menschen werden ebenso berührt wie die Forschungs- und Schuleinrichtungen und auch die Spielzimmer und Vorstellungswelten der Kinder[30] und Militärstrategen.[31]

Die umfassende Auswirkung auf die Kultur und das Privatleben der Menschen eröffnen eine gesellschaftliche Entwicklungsperspektive zwischen Orwells „1984" und Huxley's „Schöne neue Welt". Mit dem neuerlichen Gestaltungsoptimismus von André Gorz scheinen sogar „Wege ins Paradies" gangbar.[32] Bleiben die allgemeinen gesellschaftlichen Konsequenzen des technologischen Wandels in vielen Hinsichten noch unbestimmt, erlauben die heute bereits vorliegenden Erfahrungen mit dem Einsatz von Computern in der Produktion (vgl. Tabelle 2) die Bedeutung des technologischen Wandels für die Arbeitswelt fundierter einzuschätzen.[33] „Die erste industrielle Revolution beruhte im wesentlichen darauf, daß Muskelkraft zunächst durch die Dampfmaschine und später durch elektrisch angetriebene Maschinen ersetzt wurde; die zweite industrielle Revolution besteht in der Bestückung von Maschinen und Produktionssystemen mit Information und computerisierter Intelligenz. Die Entwicklung zur Automation geht gleichzeitig auf mehreren Wegen vor sich: 1. Verfahrenssteuerung durch mikroelektronische Steuerung großer, integrierter Industrieanlagen mit Dauerbetrieb wie Ölraffinerien, chemische Werke, Zellstoff- und Papierindustrie sowie Elektrizitätswerke; 2. die Bestückung von Verarbeitungs-, Übertragungs- und Montagemaschinen mit Computerintelligenz durch den Mikroprozessor; und 3. die Integration der letzteren zur vollautomatischen Fabrik".[34] Zwischenstand und Entwicklungsdimensionen sollen im folgenden kursorisch benannt werden.

Die Vorstellung von den Robotern, die für die Menschen arbeiten und ihnen die Mühsal kräfteverschleißender und monotoner körperlicher Arbeit ersparen, gehört nicht nur zum Kernbestand der Science-

Tabelle 2
Beispiele für die Einsatzbereiche des Computers in der Produktion und den Rahmenbedingungen der Produktion

PRODUKTION	BEISPIEL FÜR EINSATZBEREICHE DES COMPUTERS
Produktentwicklung (Planung/Konstruktion/ Erprobung)	– Konstruktionssysteme – automatische Zeichenmaschinen – computergestütztes Versuchsfeld – interaktive Programmierung
Arbeits-vorbereitung	– automatisierte Stücklistenerstellung – Maschinen-, Personaldispositionssystem – automatische Arbeitsplanerstellung
Produktherstellung (materielle Produkte, Informationsprodukte)	– NC-Maschinen (Werkstückbearbeitung) – Industrieroboter (Werkstück-, Werkzeughandhabung) – flexibles Fördersystem (Transport) – automatische Hochregallager (Lagerhaltung) – flexible Fertigungszellen, -systeme – Meßwarte, Fernwirkzentrale (Prozeßdatenverarbeitung) – Verkehrsauskunftssysteme, führerlose Fahrgastsysteme – automatische Bankschalter – automatische Versorgung und Behandlung, Biosignalverarbeitung (Gesundheitsbereich)
Überwachung der Produkterstellung	– Betriebsdatenerfassungssysteme – computergesteuerte Prüfautomaten (Produktkontrolle) – Computerdiagnosegerät (Instandhaltung) – Personalinformationssysteme (Leistungskontrolle)
RAHMENBEDINGUN-GEN DER PRODUKTION	BEISPIELE FÜR EINSATZBEREICHE DES COMPUTERS
Beschaffung und Absatz (Einkauf und Verkauf)	– Produktionsinformationsysteme – Warenwirtschaftssysteme – automatische Rechnungserstellung/Mahnwesen
Rechnungswesen	– EDV-Buchführung – Betriebsabrechnung
Betriebsführung	– Computerkonferenz – computerunterstütztes Marketing – Managementinformationsysteme
sonstige Verwaltungs-funktionen/bereichs-übergreifende Anwen-dungen	– Datensammelsysteme (Datenerfassung) – programmierte Textverarbeitung – aktenlose Sachbearbeitung

Quelle: Zimmermann (Hg.): Computereinsatz: Auswirkungen auf die Arbeit, 1985, S. 46

fiction-Literatur, sondern besitzt bis heute praktische Leitbildfunktion für die Planer der Fabrik der Zukunft. Das bisher praktisch verwertbare Ergebnis solcher Bemühungen nimmt sich im Vergleich zum Bild vom „eisernen Diener des Menschen" deutlich bescheidener aus: „Nach der gängigen technischen Definition werden Industrieroboter verstanden als in mehreren Achsen frei programmierbare, mit Greifern oder Werkzeugen ausgerüstete Handhabungsgeräte, die mehrere Freiheitsgrade der Bewegung besitzen. Aufgrund dieser technischen Eigenschaften sind sie in der Lage, Bewegungsabläufe des Armes oder der Hand nachzuahmen und einfache, sich fortlaufend wiederholende Handhabungs- oder Bearbeitunsgfunktionen mit hoher Genauigkeit selbständig zu verrichten. Infolgedessen sind die Einsatzmöglichkeiten für Roboter bereits heute sehr vielfältig: Sie können beispielsweise Punktschweißzangen, Schweißbrenner oder Spritzpistolen führen; mit Greifern ausgestattet können dieselben Roboter z.B. Werkstücke in Pressen oder Schweißmaschinen einlegen und wieder entnehmen sowie Teile geordnet in Behälter ablegen".[35] Diese erste Generation von Handhabungsautomaten — quasi die Neandertaler in der Entwicklungslinie — haben erst in Japan, dann in den USA und mit Verzögerung auch in Werkhallen europäischer und deutscher Unternehmen in Scharen Einzug gehalten, wo immer wiederkehrende Hinlang-, Greif-, Ablage- und Loslaßbewegungen auszuführen waren.[36] Konkret sind sie im Einsatz, wo — vielfach als Fließbandarbeit — Montier- und Justierarbeiten auszuführen sind sowie als Schweißroboter, Lakkierroboter, Stapel-, Zu- und Abreichautomaten in der Werkstückbearbeitung und Handhabung. Deutscher Vorreiter ist der Wolfsburger VW-Konzern. „In der vielgerühmten Halle 54 montieren nun 4000 statt sonst 5000 Arbeiter den neuen Golf, 40 Roboter helfen dabei. Das Produktionstempo ist um eindrucksvolle 20 Prozent gestiegen. Und im Rohbau I der Wolfsburger geht es noch fortschrittlicher zu. Früher schweißten 300 Mann am Polo herum, nun sind es noch 26. Robbies besorgen den Rest. Der Produktivitätsgewinn schwoll auf 1054 Prozent. In der Halle 3 punkteten und schweißten einstmals 240 Werktätige die Front- und Heckpartien der Autos zu einem Ganzen zusammen. Seit September 1983 schaffen das die Roboter allein. Der Zuwachs ist in Prozenten nicht mehr meßbar".[37]

Werner Wobbe-Ohlenburg kommt in einer Fallstudie zum Einsatz von Industrierobotern im Volkswagenwerk zu dem Ergebnis, daß „aus technisch-funktioneller Sicht potentiell bis zu 7000 Arbeitsplätze im

Bereich repetitiver Tätigkeiten durch Industrieroboter ersetzt werden können. Das sind maximal 35 v.H. der Arbeitsplätze im Bereich repetitiver Teilarbeit".[38] Die wachsenden Einsatzzahlen stehen im Zusammenhang mit der inzwischen schon standardisierten Möglichkeit, den Ablauf der Handhabungs- und Bearbeitungsautomaten frei zu programmieren. Diese Industrieroboter der zweiten Generation verfügen über Sensoren, die das Programmierproblem lösen, das bisher den Einsatz noch hemmte. Bisher mußten diese Roboter bei Poduktionsumänderungen ausgebaut und umständlich neu progammiert werden. Heute genügt es zur Programmierung, wenn ein Arbeiter mit dem Impulsgeber das neue Werkstück abtastet. Der inzwischen schon erreichte Grad der Flexibilisierung und die Ausstattung der Industrieroboter mit optischen Sensoren hat die Einsatzzahlen weiter nach oben schnellen lassen. Von 1978 bis 1982 verfünffachte sich die Zahl der eingesetzten Roboter auf 3500. Für das Jahr 1985 werden in den deutschen Werkhallen 5000 Industrieroboter erwartet.[39]

Die vorliegenden Vorausschätzungen für das Jahr 1990 schwanken zwischen 10.000 und 12.000, eine Zahl die in Japan bereits 1982 überschritten wurde. Roland Schneider, Mitarbeiter der Abt. Technologie/HdA beim DGB-Bundesvorstand, hält es auf dem Hintergrund des inzwischen erfolgten Einstieges großer Elektro- und Computerkonzerne wie Siemens und IBM in das Roboter-Geschäft und bei der zu erwartenden Kostensenkung für wahrscheinlicher, „daß die Roboter-Einsätze bis 1990 jahresdurchschnittlich um etwa 30 v.H. zunehmen werden. Für die Bundesrepublik bedeutet dies, daß bis 1986 rund 10.000, bis 1990 mindestens 28.000 Roboter eingesetzt werden".[40]

Daß Handhabungs- und Bearbeitungsautomaten in vielen Bereichen dem Menschen mühselige und monotone Arbeit mit harten körperlichen Belastungen und Umgebungseinflüssen erspart haben, ist unstrittig. Doch ist nach den vorliegenden praktischen Erfahrungen äußerst fraglich, „ob diese positiven Wirkungen für die Arbeitnehmer wirklich zu Verbesserungen ihrer Arbeitssituation führen. Denn häufig werden die Betroffenen, deren Aufgaben von einem Industrieroboter übernommen werden, an Arbeitsplätze umgesetzt, an denen gleich hohe oder höhere Belastungen auftreten".[41]

Gerade aus der Unternehmer-Perspektive eignet sich der Humanisierungsaspekt für Etikettenschwindel. Die negative Wirkung für den Bestand an Arbeitsplätzen wird bagatellisiert. So konnte in einer VW-Selbstdarstellung aus dem Jahre 1975 gelesen werden: „Roboter ersetzen Arbeitsplätze, die nach unseren heutigen Maßstäben nicht mehr zumutbar sind. Die dabei frei werdenden Arbeitskräfte können an anderer Stelle anspruchsvollere Arbeiten übernehmen".[42] 1982 wird dies schon skeptischer betrachtet. Das arbeitgebereigene „Institut der Deutschen Wirtschaft" geht davon aus, daß jeder neue Industrieroboter per saldo zwei Arbeitsplätze kostet: Drei Stellen werden ersetzt, nur eine wird neu geschaffen.[43] Nach Berechnung des Institutes „Gewiplan" werden 1990 durch den Einsatz von Robotern und Automatisierungssystemen rund die Hälfte der Montageaufgaben in allen deutschen Industriebranchen automatisiert sein. Die Commerzbank sieht in einem Branchenbericht zur fortschreitenden Automatisierung der Produktion gleichfalls die Hälfte aller Montagearbeitsplätze gefährdet. Neue Arbeitsplätze bei den Roboter-Herstellern dürften nur einen unzureichenden Ausgleich für die erwarteten Arbeitsplatzverluste bieten. Und schließlich eine Studie, die unter Federführung des Fraunhofer-Instituts für Produktionstechnik und Automatisierung (IPA), Stuttgart, erarbeitet wurde, kommt zu dem Resultat, daß insgesamt von den heute in der industriellen Montagetechnik beschäftigten 660.000 Personen maximal 250.000 Arbeitsplätze von der Nutzung flexibel automatisierter Montagesysteme betroffen werden könnten. Die Gefahr, durch Montageautomaten oder Montageroboter verdrängt zu werden, besteht für die Arbeiter im Maschinenbau zu 4 Prozent, im Straßenfahrzeugbau zu 24 Prozent, in der Elektrotechnik zu 56 Prozent, in der Feinmechanik und Uhrenindustrie zu 47 Prozent sowie in der Eisen-, Blech- und Metallwarenindustrie zu 60 Prozent.[44] Schneider rechnet bis 1990 mit dem Einsatz von mindestens 28.000 Robotern. „Dies bedeutet, daß von 1983 bis 1990 etwa 170.000 Beschäftigte durch Roboter ersetzt werden könnten. Die Mehrzahl der Freisetzungen wird dabei in der zweiten Hälfte der 80er Jahre erfolgen".[45] Unter dem Aspekt der optimalen Sicherung von Kapitalrenditen ist der Roboter-Einsatz vorrangig als Alternative zur störanfälligeren menschlichen Arbeitskraft gefragt. Die Roboter-Hersteller machen daraus weniger Geheimnisse als die auf „Ruhe im Betrieb" bedachten Anwender. Ein Beispiel: „Arbeitsschutz- und Sicherheitsauflagen entfallen; indirekte Personalkosten (wie z.B. durch Krankheit und andere Arbeitsausfälle, Stellenwechsel, Streiks) werden ebenso eingespart wie Überstundenzuschläge." Und ein anderer Hersteller hebt besonders hervor: „Roboter erhöhen die Produktivität. Sie arbeiten ohne sich zu beklagen, beginnen rechtzeitig, sind niemals abwesend, machen keine Pausen und keinen Urlaub. Wenn Sie es wünschen, arbeiten unsere Roboter mehr als 8.000 Stunden im Jahr. Die Kosten für eine Roboter-Stunde ... liegen im Zweischichtenbetrieb zwischen DM 6,- und DM 8,-".[46]

Ein weiterer Hersteller, die Maschinenfabrik Reis, kann auch diesen Stundenpreis noch unterbieten und annonciert im Handelsblatt: „Reis-Roboter: Stundensatz DM 5,80. Intelligente Roboter und Handhabungsgeräte, komplette Systeme mit Peripherie senken Ihre Fertigungskosten wirkungsvoll: Handhabung, Montage, Fügen, Kleben, Palettieren, Bearbeiten usw".[47]

Bei dieser deutlichen Firmen-Sprache war es wohl als Kampfposition in der heraufziehenden Auseinandersetzung um die 35-Stunden-Woche zu verstehen, daß die damalige Nr. 1 der Bosch GmbH, Hans L. Merkle, im Widerspruch auch zu den Instituts-Untersuchungen im Oktober 1983 Arbeitsplatzverluste schlicht ableugnet: „Roboter vernichten nicht in erster Linie Arbeitsplätze, sondern verbessern sie. Gefährliche, körperlich schwere, gleichförmige und ermüdende Arbeit wird vom Roboter übernommen, der den Menschen entlastet. Rationalisierung ist nicht seine vordringliche Aufgabe".[48] Die Arbeitnehmer, vor allem die deutschen Arbeitnehmer sollen sogar an der Rationalisierungsneigung der Unternehmer noch selbst schuld sein. Denn, so Merkle: „Der Roboter wird nicht das Wahrzeichen unserer Werkhallen der Zukunft sein, wenn er auch dazu bestimmt ist, uns Arbeiten abzunehmen, für die uns die Bereitschaft zumindestens deutscher Arbeitskräfte in Zukunft fehlen wird. Der Kampf gegen ihn ist ein Kampf an der falschen Front".[49] Wenn schon „Wahrzeichen unserer Werkhallen der Zukunft" zu bestimmen sind, eignet sich der isolierte Verweis auf den Roboter nur als Hervorhebung eines spektakulären Einzelaspektes zukünftiger Produktion.

Das eigentlich qualtitativ Neue an der Fabrik der Zukunft ist die Nutzung des Computers zur Steuerung der gesamten Produktionsabläufe. „Solch eine Fabrik der Zukunft würde typischerweise nach dem Auftragsbuch betrieben. Die Bestellung eines Kunden wird vom Zentralcomputer aufgenommen. Dieser formuliert eine Anforderung an die computerisierte Entwurfsabteilung, die erforderlichen Einzelteile zu konstruieren. Zugleich veranlaßt der Zentralcomputer die automatische Lagerhaltung und Produktionsvorbereitung, die notwendigen Rohmaterialien auszuliefern, und er weist ein ferngesteuertes Transportsystem an, die Rohmaterialien an die entsprechenden computergesteuerten Gruppen von Werkzeugmaschinen zu befördern. Roboter schleusen die Werkstücke durch den gesamten Herstellungsprozess, bis sie die Fabrik am Ende durch die vollautomatische Verpackung und Auslieferung verlassen. Derselbe Zentralcomputer ... besorgt auch die mit Bestellung, Herstellung und Auslieferung verbundenen Verwaltungs- und Finanzarbeiten".[50]

In dieser Folge von Produktionsvorbereitung, Produktions- und Auftragsauslieferung haben die Werkzeugmaschinen ihre zentrale Rolle im Prozess industrieller Fertigung behalten. Allerdings ist der Facharbeiter als Maschinenbediener nicht mehr gefordert. Seine Arbeit wurde zunächst ersetzt durch eine numerische Maschinensteuerung über Lochstreifen. Die Mikroelektronik hat auch diesen Steuerungstyp schnell veralten lassen. Die frei programmierbare computerunterstützte Steuerung (CNC) hat die herkömmlich NC-(numerisch gesteuerte) Werkzeugmaschine verdrängt. Im sogenannten DNC-Betrieb (Direkte Numerische Steuerung) sind schließlich die einzelnen CNC-Maschinen über den zentralen Rechner in einem aufeinander bezogenen Fertigungsprozeß verbunden.[51] Dreher, Fräser und Werkzeugmacher wurden durch das elektronische Steuerungsteil der Maschine ersetzt.[52] „Die Fachkenntnis(se) des Mannes an der Maschine werden durch den Analytiker oder Programmierer in ihre logischen Bestandteile zerlegt, und der Computer wird dann so programmiert, daß er die Arbeit der Maschine auf ähnliche Weise steuert, wie es der Arbeiter getan hat. Die Überwachung der Werkzeugmaschine geht vom Facharbeiter auf den Systemspezialisten über, der dessen Fachkenntnisse analysiert. Die Tätigkeit des Facharbeiters an der Werkzeugmaschine wird umgewandelt in die Überwachung der computergesteuerten Anlage – eine Aufgabe, die mit zunehmender Zuverlässigkeit der numerischen Computersteuerung ebenfalls weitgehend eliminiert werden wird".[53]

Die Steigerung der Computerleistung, die zudem mit einer Verbilligung einhergeht, hat bereits 1983 auch den deutschen Bestand an NC/CNC-Werkzeugmaschinen auf mindestens 40.000 hochschnellen lassen. „Das Tempo des Einsatzes der NC/CNC-Technologie hat sich enorm beschleunigt. 1974 betrug der Bestand noch ungefähr 4.400 Maschinen ... Gegenwärtig wird von 4.000 bis 5.000 Maschinen als jährlicher Zuwachsrate ausgegangen, davon etwa 90 Prozent CNC-Maschinen.

Die Grenzen der Ausbreitung programmgesteuerter Werkzeugmaschinen zu bestimmen, ist sehr schwierig. Die vorliegenden Prognosen weisen auf eine beängstigende Entwicklung hin. Die sogenannte 'Sättigungsgrenze' wird gegenwärtig auf etwa 200.000 CNC-Maschinen für die Bundesrepublik geschätzt".[54]

Die eigentliche Weichenstellung zur automatischen Fabrik vollzieht sich allerdings schon in Arbeitsbereichen, die dem computergesteuerten Fertigungsprozeß vorgelagert sind. Schrittmacher ist dabei der Computereinsatz in der Konstruktion (CAD) zur Herstellung von technischen Zeichnungen, Konstruktionsberechnungen und Stücklisten gewesen. Was traditionell als Ingenieurarbeit mit Zeichenstift und Lineal aufwendig zu Papier gebracht werden mußte, wird dabei unter Nutzung bereits gespeicherter Informationen zu Standardformen, Berechnungen und Normen direkt auf dem Bildschirm entwickkelt.[55]

Der Konstruktionsprozeß vollzieht sich am Bildschirm als Kombination von Eingabe und Abwandlung der einzelnen Konstruktionselemente. Die Standard-Bauteilzeichnungen sind jederzeit abrufbar. Sie können vergrößert oder verkleinert, perspektivisch gedreht oder gestreckt, am Bildschirm variiert und zur Weiterbearbeitung an Arbeitsplätze in der Materialbeschaffung oder Kalkulation übermittelt werden. Erhebliche Rationalisierungsvorteile entstehen durch deutlich verkürzte Produktentwicklungszeiten. Ein größerer Rationalisierungsschub entsteht bei der Vernetzung der Computerprogramme in Konstruktion, Arbeitsvorbereitung (CAB), Produktion und Produktionskontrolle (s. Schaubild).

Erst mit Integration von CAD mit der computergestützten Fertigung (CAM, auch CIM) schließt sich die Entwicklungsreihe hin zur automatischen Fabrik der Zukunft.[56] Der integrierte computergestützte Produktionsablauf, gesteuert über einen zentralen Prozeßrechner, umfaßt alle Produktionsphasen von der Arbeitsvorbereitung über die Bearbeitung, Handhabung/Montage, Transport und Lagerung sowie die Steuerung weiterer Rechner. In qualitativen und − besonders augenfällig − in quantitativen Hinsichten sind herkömmliche Techniker- und Ingenieurarbeiten wie schon Handlanger- und Facharbeitertätigkeiten durch das Zusammenspiel von computergestützter Konstruktion, Arbeitsvorbereitung und -bearbeitung entbehrlich geworden.[57] Als Endziel dieser Entwicklung, bei der mit immer weniger Arbeitskräften immer mehr und immer kostensparender produziert werden kann, offenbart sich − wohl nicht nur − in der Sicht des

Schaubild: Computereinsatz in den verschiedenen Phasen der Produkterstellung

PHASEN DER AUFTRAGSABWICKLUNG

BEISPIELE FÜR DEN COMPUTEREINSATZ

PHASEN DER AUFTRAGSABWICKLUNG	BEISPIELE FÜR DEN COMPUTEREINSATZ	
ENTWICKLUNG UND KONSTRUKTION Forschung und Entwicklung Konstruktion	– Technische Berechnungen – Zeichnungen – Stücklisten	CAD
ARBEITSVORBEREITUNG Produktionsplanung Produktionssteuerung	– Arbeitspläne – Terminplanung und -steuerung – Materialwirtschaft	CAP
UNMITTELBARE PRODUKTION Fertigungstechnik Verfahrenstechnik	– NC-Bearbeitung – Industrieroboter – Fördersysteme – Prozeßrechnergesteuerte Meßwarten	CAM
ÜBERWACHUNG DER PRODUKTION Betriebsdatenerfassung Produktkontrolle Instandhaltung	– Betriebsdaten- erfassungssysteme – Prüfautomaten – Diagnosesysteme	

Quelle: Zimmermann, Computereinsatz, a.a.O., S. 79

japanischen Roboterherstellers Fujitsu Fanuc „die Einrichtung von vollautomatisierten Fabriken in der ganzen Welt, in der es keine menschlichen Arbeiter mehr gibt".[58]

In der Bundesrepublik hat sich diesem Ideal das Augsburger Werk IV der Messerschmitt-Bölkow-Blohm GmbH am weitesten angenähert. Das für Technologie verantwortliche Mitglied der Geschäftsführung, Dipl. Ing. Max Dronsek, erläutert wie folgt, mit welchem Automationsaufwand und welchem Grad an Integration hier schon gearbeitet wird: „Die Fabrik der Zukunft, die geht davon aus, daß Sie heute im Produktionsprozeß, beginnend in der Konstruktion, Tausend von Einzelvorgängen haben. Es ist nicht allein die Aufgabe, daß sie einen Einzelvorgang automatisieren, sondern das Hauptproblem liegt darin, daß Sie eine Integration durchführen und Integration heißt, daß Sie den Informationsfluß von der Konstruktion und die Planung und den Materialfluß integriert betrachten und dadurch die vielen Reibungspunkte, die in diesem Ablauf entstehen und zu Störungen und zu höheren Kosten führen, eliminieren ... Sie müssen die Strategie der Produktion kennen, damit die Konstruktion das berücksichtigt bei der Konstruktion der Einzelteile und der Montagefolgen ... Die Konstruktionsstückliste wird in München über Bildschirm eingegeben, läuft in den Rechner des Fertigungswerks ... Wir sind soweit, daß z.B. der Konstrukteur in München per Bildschirm sehen kann, was befindet sich im Lager; per Bildschirm sehen kann, wie der Fertigungsplan aussieht, welche Zeiten dafür notwendig sind, so daß er daraus wertanalytisch bei der Konstruktion unterstützt wird ... Wir haben also hier für die deutsche Industrie ... kreativ gewirkt und stellen ein auslösendes Moment dar für eine technologische Entwicklung in der Fertigungsindustrie, die sich in den nächsten 20 Jahren voll durchsetzen wird."[59]

Wenn bereits − wie in Japan − „Neandertal-Roboter" „Intelligenz-Roboter" bauen können[60], und völlig unabhängig davon, ob nun in der Fabrik·der Zukunft tatsächlich menschenleer oder nur menschenarm produziert wird[61], stellt sich doch die Frage nach dem Schicksal der Menschen, die entweder schon hunderttausendfach den Arbeitsplatz in der Produktion verloren haben, oder − was vorhersehbar ist − noch verlieren werden. Wie schon vorangestellt angedeutet wurde, haben die Rationalisierungsprozesse auch die neben-, vor- und übergelagerten Bereiche der Produktion erreicht, so daß auch hier kein Zusatzbedarf an Arbeitskräften entsteht. Rationalisierungsopfer sind nicht nur die gewerblich tätigen Arbeitnehmer, sondern verstärkt auch die Angestellten.

Die Rationalisierungswelle erreicht Verwaltungs- und Dienstleistungsbereiche

Die rasch voranschreitende Entwicklung mikroelektronisch gestützter Textverarbeitung hat inzwischen die Arbeitsabläufe der meist weiblichen Schreibkräfte und Korrespondenten sowie den Bereich strukturierbarer Sacharbeit umfassend verändert. Mit immer weniger Arbeitskräften läßt sich immer kostengünstiger ein wachsendes Arbeitspensum bewältigen. Zwei Beispiele:

☐ Ein DIN-A-4 Stenodiktat kostet nach einer Errechnung von Infratest 30. – DM. Mit Diktiergerät 20. – DM und bei Einsatz von Textautomaten 5. – DM.

☐ Die herkömmliche Verarbeitung eines Vorgangs in einer Lebensversicherung dauert 135 Minuten, beansprucht aber nur noch 15 Minuten Bearbeitungszeit an einem Bildschirmarbeitsplatz, der Zugriff zum Zentralcomputer hat.

Durch den Einsatz der Computer im Bereich der Textverarbeitung kann die Arbeitsproduktivität in einem Umstellungszeitraum von vier bis fünf Jahren um 200 bis 300 Prozent gesteigert werden. Der Trend geht zur Einführung elektronischer Textsysteme, die von mehreren Arbeitsplätzen aus bedient werden können. Die Anwendungspalette vergrößert sich mit Weiterentwicklung der Programmangebote (software) und der Entwicklung kleinerer, billigerer und leistungsfähigerer hardware. Die Grenzen zwischen Text- und Datenverarbeitung sowie zwischen Textsystemen und Tischcomputern werden dabei fließend. Die neuen Bürocomputer sind inzwischen technisch so weit entwickkelt, daß sie durch ihr günstiges Preis-Leistungsverhältnis auch für kleinere Unternehmen immer attraktiver werden. So erwarten die Hersteller Zuwachsraten von jährlich 20 bis 30 Prozent.

Eine Schätzung aus dem Bundesministerium für Forschung und Technologie über die Auswirkungen der neuen Bürotechnologien bleibt noch zurückhaltend: 200.000 Schreibkraftarbeitsplätze sind rationalisierungsbedroht. Andere Schätzungen erreichen eine höhere

Dimension: Unternehmensberater vermuten, daß bei richtiger Organisation und entsprechendem Technikaufwand von 5 Millionen Arbeitnehmern in der Textverarbeitung die Hälfte überflüssig ist. Der DGB hält 3 Millionen Korrespondentenplätze sowie 2 Millionen Schreibarbeitsplätze für rationalisierungsbedroht.[62] Man kann deshalb in diesem Zusammenhang von einer tickenden Rationalisierungszeitbombe sprechen.

Die tiefgreifendste Veränderung in den Büroarbeitsabläufen liegt darin, daß nicht mehr die gesamte Organisation einem Zentralcomputer zuarbeitet, sondern von vielen Arbeitsplätzen aus über Bildschirmgeräte ein unmittelbarer Zugriff auf zentralabgespeicherte Daten in der EDV-Anlage erfolgt. Die Verbreitung von Bildschirmterminals als Eingabe- und Ausgabegeräte für das betriebliche EDV-System ist ein Indikator für die Zunahme umfassender EDV-Anwendungen in allen Büros und Verwaltungen. Von den etwa 12 Millionen Büroarbeitsplätzen sind derzeit 700.000 bis 800.000 mit Bildschirmgeräten ausgestattet. Die Hersteller erwarten, daß sich bis Ende 1986 diese Zahl auf 3 bis 3,5 Millionen erhöhen läßt.

Der Schritt vom Büro der Gegenwart in die Zukunft besteht in der Möglichkeit der Vernetzung der unterschiedlichsten Daten- und Informationsverarbeitungsplätze in der Arbeitsvorbereitung und Verwaltung mit dem Fertigungsbereich sowie dem Lagerwesen und dem Versand. Die IG Metall ermittelte bei ihrer Bestandsaufnahme zur Rationalisierung in der Metallwirtschaft den folgenden Verbreitungsstand: „In mehr als vier Fünftel aller befragten Betriebe werden in der Verwaltung EDV-Systeme in irgend einer Form eingesetzt: direkt am Arbeitsplatz oder arbeitsplatzübergreifend als Datenbanksysteme. Bei Arbeitsplatzsystemen kann die EDV direkt an einzelnen Arbeitsplätzen eingesetzt werden und dabei Arbeitsverfahren, Arbeitsinhalte, usw. verändern. Arbeitsplatzsysteme haben als Endpunkt meistens Bildschirmstationen. Sie sind auf spezielle Zwecke begrenzt (Insellösungen) und stehen meistens (noch!) unverbunden nebeneinander. In Datenbanksystemen werden Daten (Personaldaten, Daten des Arbeitsprozesses) erfaßt, gespeichert und können unter speziellen Gesichtspunkten ausgewertet werden. Sie werden bereits übergreifend eingesetzt und sind ein wichtiger Schritt zur ‚Technologievernetzung‘.“[63]

Die Entwicklungsperspektive in der Arbeitsumgebung der Büroangestellten bis zum Jahr 1990 läßt sich zu folgendem idealtypischen

Szenario verdichten:

„Dagmar Grabert, Abteilungsassistentin bei einer Stahlbaufirma, erledigt ihre Korrespondenz. Elektronisch. Papier gibt es in ihrem Büro praktisch nicht mehr, höchstens noch zum Geschenkeeinwikkeln. Mit der rechten Hand steuert sie einen Pfeil auf dem großen Flachbildschirm vor ihr, den sogenannten ‚Cursor‘. Sie bewegt ihn auf ein Symbol zu, das auf dem Bildschirm ihr ‚Posteingangsfach‘ darstellt. Prompt wird ihr eine Liste der elektronisch eingegangenen Post gezeigt, mit Eingangsdatum und Absender. Durch Ansteuerung mit dem Pfeil kann sie sich jetzt jedes gewünschte Schreiben der Liste auf dem Bildschirm darstellen lassen. Reklame wandert nach flüchtiger Betrachtung durch Tastendruck in den elektronischen ‚Papierkorb‘, d.h. sie wird aus dem Speichergedächtnis gelöscht. Was übrig bleibt, hat nun den Rang von ‚Dokumenten‘, wie es im neueren Bürodeutsch statt ‚Schreiben‘ heißt. Für einige Vorgänge sind andere Mitarbeiter des Hauses zuständig; Dagmar Grabert versieht sie mit einem Wiedervorlagevermerk, adressiert sie um und ‚legt‘ sie − wieder per Knopfdruck − in ihr elektronisches Postausgangsfach, das automatisch geleert und der Inhalt über ein Koaxial- bzw. Glasfasernetz zu den Adressaten übertragen wird; in diesem Fall zu den jeweiligen Sachbearbeitern im Haus. Hohe Dringlichkeit ... hat heute eine Anfrage: der Kunde will wissen, wie sich die Abmessung eines T-Trägers unter Temperaturschwankungen verändert. Dagmar Grabert gibt die Bestellnummer des Produktes in ihr Datenendgerät ein und holt sich die Produktbeschreibung aus dem zentralen Datenspeicher der Firma. Entsprechende Tabellen gibt es bereits. Sie läßt sie grafisch darstellen und fügt die Diagramme ihrer Antwort bei... Ebenfalls elektronisch wird die Anzahl der Kopien festgelegt und auf die Ablagen verteilt; die Antwort wandert ins Postausgangsfach. Dann holt sie sich den nächsten Vorgang auf den Bildschirm...“.[64]

Wenn auch nicht in jedem Fall die zukünftigen Büroarbeitsplätze mit dem fiktiven Büroarbeitsplatz der Frau Grabert vergleichbar sein werden, ist dennoch vorhersehbar, daß in der Breite der Büroarbeitsplatz von morgen aus einer Computereinheit besteht, die heute noch getrennte Funktionen − wie Datenerfassung, Telefon, Fernschreiben, Textkommunikation, Postbearbeitung, usw. − zu einer Arbeitseinheit zusammenfaßt. Kennzeichnend ist, daß die verschiedensten Funktionen vermittels einer Tastatur über einen Bildschirm mit Verbindung zu diversen Ausgabe- und Dialoggeräten ausgeführt werden können.

Die neue Qualität liegt auch hier darin, daß aufgrund der neueren technologischen Entwicklung die Computersysteme nicht mehr nur als zentrale Datenverarbeitungsanlagen behandelt werden, sondern mehrere Eingabe-, Ausgabe- und Dialoggeräte dezentral mit der Zentraleinheit verbunden sind.

Selbst Management-Funktionen werden sich in Büros der Zukunft auf neue Arbeitsabläufe einstellen müssen, wie im folgenden Trendbericht zur Hannover-Messe 1984 besonders hervorgehoben wird: „Weder auf dem Schreibtisch des Managers, noch auf dem des Sachbearbeiters finden sich Papiere. Kurzmitteilungen, Briefe, Statistiken, nichts wird mehr mit der Hand notiert. Alle Informationen sind im Computer abzuspeichern und am Bildschirm auszuwerten, zu beurteilen und über Kabelnetze an Mitarbeiter weiterzuleiten. Voraussetzung hierfür ist, daß die eingehende Post im Sekretariat über einen Blattleser in die Datenverarbeitungsanlage eingespeist wird. Diese beschränkt sich aber nicht darauf, Geschriebenes zu digitalisieren, also in eine ‚Computersprache‘ zu übersetzen. Als entscheidend heben die Experten hervor, daß der ‚intelligente‘ Rechner von sich aus wesentliche Inhalte des Briefes, beispielsweise das vom Kunden per Brief bestellte Produkt erkennt und den Brief ‚selbständig‘ an den zuständigen Sacharbeiter weiterleitet. Entlastet werden dadurch Sekretärin und Manager. Statt in einer Postmappe erhält der Chef für ihn bestimmte Informationen auf seinen Bildschirm übermittelt. Handschriftlich, wie er es gewohnt ist, notiert er mittels eines Akustikschreibers auf dem ‚elektronischen Brief‘ beispielsweise Kernpunkte des Antwortschreibens oder Anweisungen für den Sachbearbeiter… Entscheidungshilfe holt sich der Manager aus der Datenbank auf seinen Bildschirm, der zugleich auch Eingabegerät ist. Zu diesem Zweck erscheint auf der Mattscheibe eine Tastatur zur Bedienung des Computers. Gearbeitet wird durch Berühren von Feldern beziehungsweise mit dem Akustikstift.“[65]

Das Telefonieren soll in der Bürolandschaft der Zukunft gleichfalls effizienter erfolgen: Der Computer übernimmt nach Mikrophoneingabe der gewünschten Gesprächspartner automatisch die Herstellung der Verbindung oder kann über Sprachspeichersysteme programmgemäß die Nachrichten an die gewünschten Empfänger weitervermitteln, sich den Empfang bestätigen lassen und Terminkoordinierung über Ja-Nein-Antwortsignale übernehmen.

Im Folgeschritt dieser Entwicklung ist der Mensch als Aussender einer mündlichen Information selbst nicht mehr gefordert. Der Computer kann eine Serie von Auslöserworten erkennen und selbst standardisierte Antworten mit halbsynthetischer oder vollsynthetischer Stimme sprechen. Inzwischen sind die ersten Sprech-, Lese- und Hörcomputer einsatzbereit. So können die Bahnkunden in Frankfurt ihre Zugauskunft bereits beim Computer „Karlchen" abrufen. Die Deutsche Bundespost in Wiesbaden verfügt über eine Briefverteilungsanlage, die in der Lage ist, maschinengeschriebene Anschriften zu lesen und zu sortieren. Das Einsatzfeld für Lesecomputer dieser Art ist noch nicht einmal abzuschätzen. Die Industrie will bereits für einen Preis von 300 Dollar einen Hörcomputer in den Handel bringen, der 100 Wörter mit 97-prozentiger Genauigkeit erkennt. Die Einsatzmöglichkeiten reichen von der Dateneingabe in Fabriken und Büros bis zu Reservierungen bei Fluglinien, Transaktionen bei Banken und Bestellungen beim Handel.

In fast allen großen Warenhäusern und zunehmend auch im Bereich mittlerer Geschäftsgrößen hat sich in den letzten Jahren fast unbemerkt eine Entwicklung zum computergestützten Warenwirtschaftssystem vollzogen, was noch weiter zur drastischen Reduzierung des Verkaufspersonals führen wird. Kassier-, Lagerhaltungs- und Bestelltätigkeiten laufen konzentriert über Datenkassen, die gleichzeitig neben ihrer Kassierfunktion die Lagerhaltung rationalisieren und Warenbestellungen auslösen. Zutreffend gelangt die Journalistin Jutta Roitsch in ihrem Bericht über diese „lautlose Revolution an den Ladenkassen der Supermärkte" zum Fazit: „Am Ende wird die Kassiererin selbst kassiert".[66] Der Kunde müßte eigentlich nur noch dafür gewonnen werden, seine Ware bargeldlos per Scheckkarte zu bezahlen. Die technischen Voraussetzungen für den Datentransport vom Warenhaus zur Bank, bzw. von den verschiedensten Dateneingabe- und Ausgabestationen zum zentralen Rechner oder vom Zentralrechner zu anderen Rechnern sind bereits vorhanden.

Die Bundespost stellt neben dem Telefonnetz für den Datenaustausch sowie zur Datenübertragung weitere Dienste, wie Telex, Telefax und Computerdatenübertragung über sogenannte Datex-Leitungen zur Verfügung. Der Telefax-Dienst ermöglicht die Übertragung von grafischen Informationen und Schriftzeichen per Telefon mit Hilfe eines Eingabe- und Ausgabezusatzgerätes. Rationalisierungseffekte entstehen durch den Wegfall des Menschen als Datenübermittler, durch verminderte Übertragungszeiten und kostengünstigere Speicherformen.

Es gehört zu den erklärten Anliegen der CDU-geführten Bundesregierung, über das bereits bestehende Kommunikationssystem der
Bundespost hinaus, eine flächendeckende nachrichtentechnische
Infrastruktur aufzubauen. Dadurch soll nicht nur das Angebot an vorhandener seichter Hörfunk- und Fernsehunterhaltung vervielfacht
werden. Die Bundesregierung will helfen, solche Unterhaltungsbe-
dürfnisse nicht nur öffentlich-rechtlich sondern zukünftig auch privat-
wirtschaftlich-kommerziell auszubeuten. Der größte ökonomische
Nutzen dieser Politik liegt jedoch darin, weitere Rationalisierungspotentiale für die Geschäftskommunikation zu erschließen und auch die
privaten Haushalte über den neuen Post-Dienst Bildschirmtext (btx)
an ein möglichst weit verzweigtes Datenkommunikationsnetz anzu-
binden.[67] Lukrative Geschäfte verspricht sich die Bundespost und die
mit ihr in Geschäftsverbindung stehenden Elektronikkonzerne von
einer Kombination der in den Haushalten flächendeckend schon vorhandenen Telefonanschlüsse mit einem Farbfernsehen, der mit einem
Decoder zum Empfang von Bildschirmtextinformationen ausgestattet
ist. Auf dem heimischen Fernsehschirm kann der Konsument von btx-
Angeboten dann gebührenfreie oder gebührenpflichtige Informa-
tionsprogramme abrufen. In Verbindung mit dem Telefon wird das
private Fernsehen zum Computerterminal.

Bildschirmtext wird zum Rationalisierungsmittel, wenn die
angeschlossenen Benutzer darüber unmittelbar ihre Einkaufsent-
scheidungen treffen und auch Bankgeschäfte tätigen.[68] Das Kredit-
gewerbe bereitet sich z.Zt. darauf vor, über Bankautomaten Geld-
routinegeschäfte auf Kundenselbstbedienung umzustellen. Die
Anwendungspalette von btx für den Bankensektor reicht von der
Abwicklung des Zahlungsverkehrs, Aktiv-, Passiv-, Effekten- und
Dienstleistungsgeschäften über die Nutzung als Verbreiter von
Geschäfts- und Werbeinformationen bis zur internen Nutzung für
die Kommunikation im Innerbankenbereich und mit den Zweigstellen sowie mit Datenbanken und Wirtschaftsinformationsdiensten.
Die Einführung von Automaten und neuen Techniken bei Banken
und Sparkassen gefährdet rund ein Viertel aller Arbeitsplätze in
diesem Bereich. Vor allem sind die meist weiblichen Angestellten in
Schreibdiensten und die Mitarbeiter im Zahlungsverkehr gefährdet. Da auch kleine und kleinste Zweigstellen in die Automatisierung einbezogen werden, sind insgesamt im Kunden-Zahlungsver-
kehr 80 bis 90 Prozent aller Tätigkeiten durch den Computer ersetz-

bar. Die Gewerkschaft Handel, Banken und Versicherungen konnte bereits im Rückblick auf die letzten 20 Jahre ein erhebliches Rationalisierungstempo registrieren. Bei einer Personalsteigerung von nur 20 Prozent konnte der Umsatz um 177 Prozent ausgeweitet werden. Für die Zukunft dürfte wohl bei gesteigertem Produktivitätszuwachs durch die Umstellung auf Computerdienstleistungen ein empfindlicher Personalrückgang eintreten.

Die Kombination der neuen technischen Dienste der Bundespost zur Bearbeitung und Übermittlung von Texten über das öffentliche Leitungsnetzsystem weist in eine Richtung bislang noch weitgehend ungenutzter Rationalisierungspotentiale. Die vorherzusehenden Entwicklungsstationen einer wirtschaftlichen Nutzung kombinierter Informations- und Kommunikationstechnologien lassen sich wie folgt benennen:
- „Verbreitung von Speicherschreibmaschinen (erweiterbar mit Fernschreibanschluß);
- Kombination von Text- und Datenverarbeitung am Arbeitsplatz, (computergestützte Textverarbeitung, CTV);
- Zusammenfassung von Text-, Daten- und Bildverarbeitung am Arbeitsplatz (integrierte Arbeitsplatzcomputer)
- innerbetriebliche Vernetzung der integrierten Arbeitsplätze, zwischen denen auf elektronischem Wege Texte, Daten, Bilder (Konstruktionszeichnungen) übertragen werden können, 'lokale Netze');
- Zusammenfassung der öffentlichen Telefon-, Fernschreib-, Telefax und Teletextdienste zu einem 'integrierten Breitbandnetz', das Bild-, Daten- und Textverkehr zwischen beliebigen Teilnehmern ermöglicht".[69]

Um einer absehbaren Überbelastung der Telefonnetze entgegenzuwirken, haben Bundesregierung und Bundespost bereits damit begonnen, Breitbandnetze zu verlegen. Dies eröffnet den marktbeherrschenden Elektrokonzernen einerseits zusätzliche profitable Anlagefelder für Millionengeschäfte und erschließt zum anderen die möglichen Rationalisierungspotentiale im Bereich der Geschäftskommunikation. Herbert Kubicek, Professor für Betriebswirtschaftslehre an der Uni Trier, gehört zu den entschiedensten Kritikern dieses forcierten Aufbaus der Informationstechnologie.[70] Gegen die Regierungspropaganda verweist er auf die Gefahr eines weiteren Anstiegs der Massenarbeitslosigkeit, weil das Produktionswachstum im Bereich der Herstellung von Endgeräten nicht mit einem gleich hohen Anstieg der

Arbeitsplätze verbunden ist. Diese sozialen Risiken werden von der Bundesregierung verharmlost. Alles spricht dafür, daß mit einem Investitionslenkungsprogramm im Volumen von mehreren hundert Millionen Mark über die Verkabelung eine großangelegte staatlich subventionierte Rationalisierungsoffensive eingeleitet wird.

Ein spektakulärer Aspekt der möglich gewordenen beliebigen Übertragung von Daten, Texten und Bildern von einem Ort zum anderen liegt in der wirtschaftlichen Nutzung elektronischer Heimarbeit. Experten schätzen, daß es derzeit in der Bundesrepublik etwa 50 bis 100 Computerheimarbeitsplätze gibt. Während das deutsche Institut für Urbanistik in Berlin vorhersagt, daß in zehn Jahren vier Prozent der Arbeitnehmer am Heimterminal tätig werden, sehen die amerikanischen Experten bereits in jedem fünfte Arbeitnehmer einen potentiellen Heimarbeiter.[71] Die stets um eine Verharmlosung der Rationalisierungseffekte neuer Technologien bemühte baden-württembergeisch Landesregierung unterstützt mit 200.000 Mark aus Steuermitteln, einen zweijährigen Modellversuch, mit dem am Beispiel von Telex erprobt werden soll, wie weit sich neue Techniken zur Schaffung dezentraler Arbeitsplätze außerhalb der wirtschaftsstarken Ballungsräume eignen. Die Propagandisten dieser Form kostengünstigerer Nutzung menschlicher Arbeitskraft verweisen auf den Zugewinn an Freiheit, der angeblich entsteht, wenn die Arbeitnehmer über eine Verbindung vom Bildschirmgerät in der eigenen Wohnung zum Zentralcomputer der Firma ihre Büroarbeit erledigen könnten. Der Rationalisierungsvorteil für den Anbieter dieser elektronischen Heimarbeit liegt auf der Hand. Es entfallen die Kosten für die Einrichtung und den Erhalt von Arbeitsplätzen. Zudem eröffnet sich die Chance, freie Rechnerkapazitäten optimal über die Heimarbeiter ausnutzen zu lassen. Bei bedarfsgerechter Abforderung der Arbeitsleistung wird es möglich, Auslastungsrisiken auf den Heimarbeiter abzuwälzen. Die unterbeschäftigten Heimarbeiter tragen dann das Risiko eines unterbeschäftigten selbständigen Kleinunternehmers. Unter dem Druck wachsender Arbeitslosigkeit dürfte sich die Notlagensituation der elektronischen Heimarbeiter sicherlich auch kostendrückend und profitsteigernd ausnutzen lassen. Ökonomische Gründe, auf die Ausweitung elektronischer Heimarbeit zu dringen, gibt es schon heute: „So hat ein deutscher Elektrokonzern ausgerechnet, daß eine Schreibmaschinenseite, im Büro geschrieben, das Unternehmen 2,58 DM mehr kostet, als eine in Heimarbeit getippte Seite. Ein anderes Unternehmen errechnete, daß die Firma für eine Heimarbeiterstunde 15,– DM für eine Bürostunde aber 40,– bis 50,– DM bezahlen muß. Qualität und Produktivität liegen bei der Tele-Heimarbeit höher."

So steht die elektronische Heimarbeit am denkbar vorläufigen Ende einer Entwicklungsperspektive, die Arbeitslosigkeit vergrößert, menschengerechter Arbeit entgegenwirkt und die schon erkämpfte rechtliche und soziale Sicherung der Arbeitnehmer demontiert.

Die ersten Schritte in den Überwachungsstaat

Die sichtbaren Anwendungsfolgen der Mikroelektronik für die Beschäftigungslage und für die Qualität der in den Fabriken, Büros, Verwaltungen und Dienstleistungsbereichen verbliebenen Arbeitsplätze erfordern von den Interessensvertretungsorganisationen der Arbeitnehmer Initiativen zur Sicherung der Arbeitsplätze, des Einkommens und der Qualifikation. Das Ausmaß an Bedrohung von Arbeitnehmerrechten auf diesen traditionellen Feldern der Wahrnehmung einer gewerkschaftlichen Schutzfunktion ist durch die dominierende Anwendungslogik bei der Nutzung neuer Technologien zweifellos gewachsen. Doch verbindet sich mit der auf „Gedeih und Verderb" forcierten Anwendung neuer Technologien auch eine bislang noch nicht genügend thematisierte zusätzliche Problemdimension, die mit dem Schlagwort vom drohenden „Überwachungsstaat" angesprochen ist.[73] Wird hier eine Entwicklung in modischer Anlehnung an die Orwell-Vision vom omnipotenten, überwachenden „Großen Bruder" leichtfertig überzeichnet, oder handelt es sich dabei um eine reale Gefahr und damit um eine qualitativ neue Herausforderung für die gewerkschaftliche Arbeit? Wer nicht der Interpretationsvorgabe so vertrauenswürdiger Politiker wie Innenminister Zimmermann folgen will, hat mindestens Anlaß zur Besorgnis.

In der Arbeitswelt ist der Gedanke vollständiger Überwachung der Produktionsabläufe schon lange nicht mehr eine Frage nach dem „ob", sondern bereits die Frage möglichst effizienter Realisierung. Vorgebliches Ziel ist dabei die Erschließung von Rationalisierungsreserven. Wo die EDV-Systeme zu diesem Zweck Auftrags-, Material- und Maschinendaten erfassen, systematisch auswerten sowie Produktions-

und Bearbeitungsverläufe sichtbar machen können, ist es auch möglich, Rückschlüsse auf die noch am Arbeitsprozeß beteiligten Menschen zu gewinnen. Geht es doch darum, die letzten Leistungsreserven zu entdecken und das Arbeitnehmerverhalten entsprechend zu kontrollieren. Das folgende Beispiel ist bereits Realität:

„In Müllers Betrieb wurde auch eine sogenannte ‚Betriebsdatenerfassung' für die Produktion eingeführt. Das sieht dann so aus: Müller erhält am Morgen − wie bisher − vom Meister einen Auftrag zugeteilt. Es handelt sich um die Fertigung mehrerer Stücke auf einer Werkzeugmaschine. An die Maschine gekoppelt ist ein kleines Kästchen mit einem ‚Auftragsblatt' und einigen Tasten. Müller ‚meldet' sich bei der Maschine, indem er seinen Ausweis in das Gerät einführt. Dann tippt er die Nummer des Auftrags ein, an dem er jetzt zu arbeiten beginnt. Wie bei Filmaufnahmen könnte man diesen Augenblick mit ‚Aufnahme läuft' bezeichnen. Gleich zu Anfang, vor Einspannen des Werkstücks, muß Müller eine der vorgesehenen Tasten drücken, die die Stehzeiten zur ‚begründeten Stehzeit' machen. Sie löst sich wieder automatisch, sobald er die Produktion beginnt, sobald die Maschine läuft. Würde er diese Taste nicht drücken, würde die verlaufende Zeit als ‚unbegründet' registriert. (Bei neuen Anlagen werden immer detailliertere Daten, wie etwa Laufzeit, Geschwindigkeit, zum Teil Stillstandsursachen usw., von der Maschine − ‚zur Verfügung gestellt'.) Wird die Arbeit wieder unterbrochen, weist eine Lampe unseren Kollegen darauf hin, daß er diese Unterbrechung per Tastendruck begründen muß. Er kann auswählen zwischen:

− Rüstzeit   − Werkzeugreparatur
− Auftragsmangel   − Maschinenreparatur
− Materialmangel   − Reparatur
− Materialschwierigkeiten   − Wartung
− Werkzeugwechsel   − Pause

Ist der Auftrag beendet, drückt Müller auf die Taste ‚Arbeitsende'. ‚Alle für die Beurteilung des Fertigungsablaufs entscheidenden Daten werden automatisch, unbeeinflußbar und objektiv erfaßt', heißt es mit bekannten Tönen in Herstellerunterlagen. ‚Übersichtlich und leicht verständlich werden die Daten im Sichtbereich des Maschinenarbeiters bereits am Arbeitsplatz registriert.' Müller kann also auf dem im Gerät eingespannten Beleg die Registrierungen − neben den von ihm eingegebenen Stillstandsursachen noch Angaben wie Produktionszeit,

Belegzeit, Nutzungsgrad, Taktzeit usw. – selbst beobachten. ,Das System ist durch ein Schloß gegen unerwünschte Eingriffe geschützt. Die Aufzeichnungen können weder unbemerkt verändert noch gelöscht werden.' Um beim Vergleich mit dem Film zu bleiben: Kollege Müller kann also jederzeit – wenn er dazu noch Zeit hat – den Film betrachten, der da von einer Art maschinellem Zeitnehmer tagaus, tagein über ihn angefertigt wird. Auf diesem Beleg – der sich später wiederum maschinell auswerten läßt – ist mehr gespeichert als auf bisherigen Auftragskarten, Akkordscheinen usw.: Der Tagesverlauf des Kollegen ist genau detailliert nachzuvollziehen wie der ,seiner' Maschine, wie der Verlauf des ausgeführte Auftrages."[74] Da die Arbeitsleistung des Kollegen Müller mit den in gleicher Weise registrierten Daten der anderen Maschinen und Systembenutzer scheinbar unbestechlich objektiv verglichen werden kann, sammeln sich gleichzeitig wichtige Daten für die Vorbereitung des nächsten Entlassungsprogrammes. Ob am Fertigungssystem in der Produktion, an der CAD-Arbeitsstation oder am Schreibsystem, der Computer kann aus den einmal gespeicherten Daten lückenlose Nutzungs- und Leistungsprofile zusammenstellen. Es gehört nicht viel Aufwand dazu – wie in den Werbeprospekten der Hersteller von Personalinformationssystemen hervorgehoben wird –, die produktionsbezogenen Daten auf die im Betrieb bereits anderweitig vorhandenen Personendaten zu beziehen. Solche Daten fallen zunächst im Bereich Lohn- und Gehaltsabrechnungen an. Vorhanden sind zudem Leistungs- und Beurteilungsdaten sowie Sozialdaten, Arbeitszeitdaten, medizinische Daten usw. Personalinformationssysteme, die für die elektronische Speicherung und zielgerichtete Verarbeitung dieser Daten zur Verfügung stehen, können bis zu 2.000 Einzelangaben über jeden Arbeitnehmer aufnehmen und programmgemäß verknüpfen.

Da auch Einlaß und Zugangskontrollen sowie die Kantinenabrechnung über maschinenlesbare Werksausweise Eingang in den betrieblichen Alltag gefunden haben, ist die Erstellung von Persönlichkeitsprofilen nur eine Frage des Abgleichens verschiedener Datenbänke. Wer so bereits im Arbeitsleben täglich Umgang mit dem „kleinen Bruder" hat und für die Personalabteilung zum durchsichtigen Nummernträger geworden ist, dürfte es nicht mehr so abwegig finden, auch in seinem Privatleben sowie als Konsument und in seiner Rolle als Staatsbürger zu einer berechenbaren und überwachbaren Stammnummer herabgewürdigt zu werden. Die Funktion des maschinenlesbaren Betriebsausweises geht dabei auf den maschinenlesbaren Personalausweis und auf die Kreditkarte über. Der potentielle „Große Bruder" gewinnt so Zug um Zug mit fortschreitender Vernetzung der komplexen Datenverarbeitungs- und Informationssysteme im privaten und staatlich-administrativen Bereich die Fähigkeit, Aufschlüsse über die privatesten Gewohnheiten der verdateten Bürger zu gewinnen. Die Weichenstellung für eine totale Erfassung erfolgt nur deshalb nicht, weil die Staatsbürger in der Frage des Datenschutzes sensibler geworden sind als der derzeitige Innenminister Zimmermann und die ihn stützenden Parteien. Was ist aber, wenn jener Innenminister in das Regierungsamt seines Parteivorsitzenden Strauß nach München wechseln muß, weil dieser den Bundeskanzler in Bonn ablösen will, und Zimmermanns Büchsenspanner Carl Dieter Spranger direkten Zugriff auf das Innenministerium erhält? Ulrich Briefs, Referent am Wirtschafts- und Sozialwissenschaftlichen Institut des DGB, warnt: „So wie die preußische Bürokratie ihre volle und unmenschliche Wirksamkeit erst unter den Bedingungen des NS-Staates voll entfalten konnte, so wird die Infrastruktur aus ‚Neuen Technologien' mit privaten und öffentlichen Netzwerken, die mehr und mehr interagieren, was vielleicht die wichtigste Form der interaktiven Datenverarbeitung ist, ihre volle Wirksamkeit erst beim ‚Umschlagen' des ... noch relativ liberalen, bürgerlichen Verfassungsstaats in einen offenen autoritären oder faschistoiden Staat entfalten."[75] Schon heute gewinnt der Überwachungsstaat Konturen. Schließlich scheiterte die von einer parlamentarischen Mehrheit getragene Entscheidung für eine flächendeckende Erhebung persönlichster Daten im Rahmen einer Volkszählung nicht an der Einsichtsfähigkeit der Politiker, sondern an der vom Bundesverfassungsgericht festgestellten Verfassungswidrigkeit des entsprechenden Gesetzes. Die baden-württembergische Datenschutzbeauftragte Ruth Leuze sieht Grund für die Befürchtung, die „restaurativen Tendenzen" könnten die Oberhand gewinnen und das Karlsruher Urteil über die Verfassungswidrigkeit des ursprünglichen Volkszählungsgesetzes „zu einer Beschäftigungstherapie des Gesetzgebers" verkommen lassen. Anläßlich der Vorlage ihres Datenschutzberichtes für das Jahr 1984 mußte sie feststellen, daß die Daten von Demonstranten, die in Mutlangen bei einer Blockade der Zufahrt zum US-Raketendepot wegen Nötigung festgenommen worden waren, an die Datenbestände von Bundeskriminalamt und Bundesamt für Verfassungsschutz weitergereicht worden sind. Mit der Meldung an den Personenspeicher NADIS des Verfassungsschutzes sieht Frau Leuze die bisher betroffenen fast 1000 Personen behandelt wie solche, die schwere Straftaten wie Hoch- und Landesverrat oder Bildung terroristischer Vereinigungen begingen. Die dafür verantwortlichen Amtsträger bestreiten nachdrücklich, hier ihre Grenzen überschritten zu haben.[76]

Wie im betrieblichen Alltag, so mehren sich auch im alltäglichen Betrieb der Menschen die Anzeichen für Überwachung und Kontrolle und damit für Verlust an Würde und Persönlichkeitsrechten. Die Mikroelektronik machte auch dies möglich.

Fortschrittsmythen und Realitäten – Restgröße Mensch in der schönen neuen Arbeitswelt?

Losgelöst von jeder sozialen Verpflichtung und ohne Rückbezug auf die Bedürfnisse des Menschen vollzieht sich in einem historisch beispiellosen Tempo in der gesamten Arbeitswelt ein Strukturwandel, der in seinen qualitativen und quantitativen Konsequenzen die Bedeutung der ersten industriellen Revolution übertrifft. Der Einsatz neuer Produktions- und Arbeitstechniken hat vor allem die Produktivität des gewerblichen Sektors enorm ansteigen lassen. Der materielle Standard der Lebensführung konnte dabei auch für die Lohnabhängigen steigen, ohne daß die Besitzer von Produktionsmitteln und Kapital ihren eigenen Lebensstil haben einschränken müssen oder gar ihre ökonomischen Privilegien verloren hätten. Die Produktivitätsfortschritte haben gleichzeitig bewirkt, daß Waren, die in den 60er Jahren noch den Status von Luxusgütern hatten, z.B. Waschmaschinen, Autos, Fernseher, für den Massenverbrauch erschwinglich geworden sind. Die materielle und soziale Besserstellung des arbeitenden Menschen in der kapitalistischen Industriegesellschaft vollzog sich keineswegs eigendynamisch. Sie konnte zum Teil erst in harten Arbeitskämpfen gegen erbitterten Widerstand der Interessenvertretungen von Kapital- und Produktionsmittelbesitzern durchgesetzt werden.[77]

Trotz erkämpfter Einkommensverbesserungen und Mindestnormen sozialer Sicherung ist der Arbeitnehmer fremdbestimmtes Objekt des Produktionsprozesses geblieben. Die materielle Besserstellung erleichterte es ihm dennoch, sich selbst als Nutznießer eines allgemeinen technischen Fortschritts zu fühlen. Unter der Bedingung von Wirtschafts- und Strukturkrisen mit ihren Arbeitslosigkeit steigernden Effekten sind die unsozialen Folgeprobleme des technischen Wandels in den Betrieben nicht mehr so einfach zu verdecken wie noch in der Prosperitätsphase der Bundesrepublik. Die in der Öffentlichkeit regierungsamtlich gepflegte Zuversicht in die Segnungen eines wirtschaftlichen und technischen Fortschritts, der aufgrund gestiegener Produktivität des industriellen Sektors zur Konzentration der gesellschaftlich notwendigen Arbeit im Dienstleistungsbereich führen und allen Arbeitnehmern auch zum materiellen Nutzen gereichen werde, entpuppt sich auf dem Hintergrund der realen Entwicklung als Mythos. Schon der Rückverweis auf die Differenz zwischen Freisetzungs- und Beschäftigungseffekten läßt erkennen, daß sich die Produktivitätssteigerung und der intersektorale Wandel der Beschäftigungsstruktur keineswegs zum allseitigen Nutzen ausgewirkt haben kann. Anfang des Jahres 1985 sind es zusammen mit den nicht offiziell als arbeitslos registrierten Arbeitsuchenden schon 4 Millionen Menschen, denen bei einer als immer noch besonders leistungsfähig eingestuften Wirtschaft die Voraussetzung verweigert wird, durch Erwerbsarbeit den eigenen Lebensunterhalt zu sichern, um so wenigstens in materieller Hinsicht ein wenig am gewachsenen gesellschaftlichen Reichtum teilhaben zu können.

Ob sich die technische Entwicklung und der Strukturwandel in der Arbeitswelt weiter in Richtung wachsender Massenarbeitslosigkeit fortbewegen oder so gelenkt oder gestaltet werden, daß sie zur Bewältigung der gesellschaftlich notwendigen Arbeit mit einer insgesamt für alle kürzeren Arbeitszeit beitragen, dürfte mehr denn je von den vorhandenen und noch zu entwickelnden Voraussetzungen und Möglichkeiten einer arbeitnehmerorientierten Gestaltung und Einflußnahme abhängen. In gleicher Weise wird keineswegs durch einen technologisch bedingten Sachzwang entschieden, ob bei Entwicklung und Anwendung von computergesteuerten Maschinen der heutige Facharbeiter – z.B. mit der Dreher- oder Fräser-Qualifikation – zukünftig nicht mehr als kreativer Maschinenbenutzer, sondern nur noch als Maschinenbediener gefragt sein wird. Auch ist es keine Zwangsläufig keit, wenn das Einkommen der Maschinenbediener der geringeren Qualifikationsabforderung angepaßt wird und schließlich auch die noch verbliebenen Bedienertätigkeiten durch Handhabungsautomaten ausgeführt werden. Statt eine Aufspaltung der Arbeitsfunktionen in wenige hochqualifizierte Anlagenführer und -einrichter und minderqualifizierte Restfunktionen für Herabgestufte sowie An- und Ungelernte, deren Verantwortung auf das rechtzeitige Benachrichtigen der Anlageningenieure oder auf Beseitigung der Bearbeitungsspäne beschränkt bleibt, ließe es die CNC-Technik genauso gut zu, dem Facharbeiter zusätzlich Qualifikationen − wie die Erstellung oder Änderung von Maschinenlaufprogrammen − zuzuweisen und die Gesamtqualifikation aller Arbeitnehmer zu steigern. Selbstverständlich muß der Arbeitnehmer am CAD-Arbeitssystem oder im Bereich der Sachbearbeitung und Kundenbetreuung gleichfalls nicht zwangsläufig zum ausführenden Anhängsel des Computersystems werden, sondern könnte sich zur Bewältigung sogar inhaltsreicherer Arbeitsaufgaben der diversen unterstützenden Computerleistungen bedienen. Werden Arbeiter und Angestellte Nutzer oder Benutzer? Ob zur Produktion von Gütern und Dienstleistungen der Computer „genutzt" oder „benutzt" wird und ob die dafür entwickelten Systeme den Menschen steuern oder vom Menschen gesteuert werden, ist keine Frage der Naturgesetze und der auf ihnen beruhenden technologischen Zwänge, sondern eine Zukunftsfrage, die gegenwärtig nach betriebswirtschaftlichem Kalkül und nicht nach gesamtgesellschaftlichen Nützlichkeitserwägungen entschieden wird. Die Frage nach Sinn und Richtung des technischen Fortschritts ist damit aufgeworfen.

Aktuell dominierende Maßgabe ist in allen Bereichen der Wirtschaft, neue Technologien zur Steigerung der Produktivität einzusetzen. Entweder sollen mehr Produkte mit der gleichen Anzahl von Arbeitskräften erzeugt werden, oder die gleiche Zahl von Leistungseinheiten soll mit weniger Arbeitskräften produziert werden. Seit Anfang der 70er Jahre werden die technologischen Rationalisierungsprozesse durch die Ökonomisierung des Arbeitskräfteeinsatzes ergänzt. Scheinbar mathematisch genau erfolgt der Arbeitskräfteeinsatz nach den Ergebnissen vorausgegangener Effizienzberechnungen.[78] Hierbei wird die computergesteuerte Personalerfassung und Personalplanung voll ausgeschöpft. Die Betriebsräte können eine solche unternehmensbezogene Personalanpassungspolitik kaum mehr nachvollziehen. Ihre betriebsverfassungs- und arbeitsrechtliche

Schutzfunktion wird entwertet. Die bestehenden Mitwirkungs- und Mitbestimmungsrechte reichen weder aus, um die Einsatztechniken der modernen Personalsteuerung für eine konsequente Arbeitnehmerinteressenvertretung durchschaubar werden zu lassen, noch um die sozialen Auswirkungen der unternehmerseits verfügten Anwendung neuer Technologien zu kontrollieren. Bei gleichbleibender Arbeitszeit bewirkt die arbeitsorganisatorisch begründete Rationalisierung im Verein mit der Intensivierung der Arbeit infolge technologischer Rationalisierung eine höhere Ausbeutung der physischen und psychischen Reserven und Fähigkeiten der Arbeitnehmer. Im Endeffekt führt dies einmal direkt zur Vernichtung von Arbeitsplätzen, zum anderen zur Verbilligung bzw. Entwertung von Arbeitskraft und Qualifikation. Mit dem Wandel im Ablauf der Arbeit entstehen neue Anforderungen und Belastungen für die geistigen, körperlichen und sozialen Fähigkeiten der Arbeitnehmer. Die Kommunikation untereinander wird im großen Umfang durch die Anbindung der Arbeitsplätze an das betriebliche Computersystem ersetzt. Intensivierung der Arbeit, fortschreitende Arbeitsteilung, Verlust von Kommunikation, Verschleiß von Arbeitskraft und Qualifikationen sowie Vernichtung von Arbeitsplätzen statt einer möglichen Arbeitszeitverkürzung für alle stehen auf dem Negativ-Konto einer Entwicklung, die viele pauschal mit dem „technologischen Fortschritt" verwechseln. In einer solchen Sichtweise wird hervorgehoben, daß durch den Einsatz neuer Technologien − z.B. von Handhabungsautomaten und Robotern für Schweiß-, Spritz- und Lackierarbeiten in der Automobilfertigung − Arbeitsbelastungen reduziert werden konnten. Gefährliche und gesundheitsbelastende Arbeitsplätze sind in der Tat in großer Zahl überflüssig geworden oder konnten verbessert werden. Auch stumpfsinnige Routinearbeiten ließen sich bei moderner Fertigungstechnik anreichern. Doch nach wie vor gibt nicht die Aussicht auf gesteigertes Wohlbefinden der Arbeitnehmer, sondern auf gesteigerte Kapitalrenditen den Ausschlag für arbeitsorganisatorische oder technologische Rationalisierung. Die zweifellos positiven Nebeneffekte der Anwendung neuer Technologien sind sicher erwünscht und unter der Maßgabe, die Arbeitnehmerakzeptanz zu sichern, auch erforderlich. Trotzdem beweisen die bislang gemachten Erfahrungen und die Voraussicht auf die zukünftige Entwicklung, daß von einer Forcierung des Einsatzes neuer Technologien ein automatisches Erreichen sozial und wirtschaftlich wünschenswerter Ziele nicht zu erwarten ist.[79]

Die Bestandsaufnahme der IG Metall zur Rationalisierung in der Metallwirtschaft bestätigt die widersprüchlichen Auswirkungen einer Politik der Nutzung von Rationalisierungstechnologien um jeden Preis.[80] Einerseits hat durch die verstärkte Rationalisierung, besonders in den Großbetrieben, die Belastung durch körperlich schwere Arbeit abgenommen. Andererseits hat sich für die Angestellten wie für die Arbeiter das Arbeitstempo verschärft. Unter Zunahme körperlicher Zwangshaltungen, gewachsener Monotonie, bei verstärkter sozialer Isolation ist außerdem als weiterer Grundzug der feststellbaren Entwicklung die Belastung durch Schichtarbeit angewachsen. Bei diesen Erfahrungen wäre es Etikettenschwindel, schon von einer Humanisierung der Arbeitswelt zu sprechen, wenn lediglich auf eine Verschiebung der Belastungsfaktoren verwiesen werden kann. Trotz aller Humanisierungsanstrengungen und der gesteigerten Aufwendungen und Anstrengungen in den 70er Jahren folgt aus der repräsentativen Erhebung in mehr als 1.100 Betrieben der Metallwirtschaft, daß die Arbeitswelt nicht menschlicher, sondern in vielfältigen Hinsichten sogar unmenschlicher geworden ist.

Die Einrichtung von sogenannten Technologie-Parks mit finanzieller und ideologischer Unterstützung der staatlichen Politik[81], die als fortschrittlich geltende Ausrichtung der Bildungseinrichtungen auf die Computerarbeitswelt[82] und die auflagenfreie staatliche Förderung der Informations- und Kommunikationstechnologien sowie die staatlich geförderte Entwicklung der Mikroelektronik[83] sind praktisch-politische Konsequenzen des regierungsamtlich zur Schau gestellten Zutrauens in die zwangsläufig sich erschließenden Segnungen der Technikentwicklung. Es gehört auch in der Technologieförderung zu den Grundzügen der Marktwirtschafts-Propagandisten, von staatlichen Infrastrukturvorleistungen und auflagenfreier Förderung der privatwirtschaftlichen Initiative die Steigerung gesamtgesellschaftlicher Wohlfahrt zu erwarten. Es dient der ideologischen Verschleierung und Verharmlosung beschäftigungspolitischer und gesellschaftlicher Risiken, trotz wachsenden Handlungsbedarfes die politische Zurückhaltung und unternehmerische Rücksichtslosigkeit als Nachweis für Zutrauen in die Wachstumskräfte und Fähigkeit zur Zukunftsgestaltung zu feiern. Typisch für diese Haltung: die Paderborner Professorin Gertrud Höhler, vor Jahren im hessischen Schattenkabinett des Alfred Dregger als Kultusministerin vorgesehen und seither von Christdemokraten in Anspruch genommen, wenn es um wissenschaft-

liche Dekoration für die 'geistig-moralische Wende' geht. Als auf-
geschlossene Konservative verkündet sie im Sinne des gewünschten
Fortschrittsoptimismus: „Der Computer nimmt dem Gehirn Dinge
ab, die es nicht kann." Frau Professor wagt sodann einen Blick in
kommende Zeiten mit neuen Berufen im mitmenschlichen sozialen
Bereich. In ihrer Vision sind solche Zeiten geprägt von einer
Zunahme der Freizeit und der höher qualifizierten Arbeit. Vorbei
sollen die Zeiten sein, wo junge Menschen, „den Kopf voller
Ideen", am Fließband stehen und Tag für Tag einen Klebestreifen
an immer der gleichen Stelle ankleben. Ihr neues Leitbild: „Inge-
nieure, die ein Riesenvergnügen daran haben, die Computer zu
überwachen, weil sie sich dann endlich als Herren der Maschine fühlen dürfen". [84]

Insider aus der Industrie, so der langjährige Chef des Bosch-
Konzerns Hans L. Merkle, haben mehr Mühe, wider bessere Einsicht ähnlich rosige Zukunftsbilder auszumalen. Am Ende seines
Vortrags über die Auswirkungen der Mikroelektronik und der
Automatisierung auf die Beschäftigungssituation in der deutschen
Industrie, wo es auch Interessenvertreter des Kapitals und finanzielle Förderer der Bundesregierung für eine Beifallsgarantie halten, die Brutalität des zuvor referierten ökonomischen Denkens mit
humanistischem Tiefsinn zu dekorieren, findet sich bei Merkle die
folgende Mahnung: „Wir sprachen viel von Rationalisierung,
Mechanisierung, Automatisierung, von Robotern und Mikroelektronik, von Technik und modisch, von Technologie, zuwenig aber
vom Menschen. Humanisierung – ein schon fast abgegriffenes Wort
– erinnert zwar an das Menschliche, ist aber eher ein apparativer
Begriff, der häufig mißverständlich angewandt wird. Wichtiger
wäre es, dem Menschen den Ursinn der Arbeit wieder verständlich
zu machen, die bewußt aktiv nicht passiv getragene Last, die aus
unserem Erdenleben nicht wegzudenken ist. Die feindliche
Umwelt, in die der Mensch geworfen ist, zwingt ihn zu der Entscheidung, ob er handeln oder untergehen will. Die Geschichte der
Menschheit zeigt, daß sie sich zum Handeln entschlossen hat". [85]

Die abhängig beschäftigten Menschen dürften zunehmend der
Mühsal enthoben sein, sich in einer für sie feindlichen Arbeits-
Umwelt bewähren zu müssen. Einstmals in sie „geworfen", wird der
Mensch nun aus ihr herausgeworfen. Die Ideologen des Kapitals wol-
len dies erst dann registrieren, wenn die Menschen in ihrer Funktion

als Konsumenten jener Segnungen ausfallen, die in den hochmodernen Produktionsprozessen der Zukunft rund um die Uhr kosten- und arbeitsplatzsparend erstellt werden können. Wird sich erst dann bestätigen, ob „eure neuen Maschinen" „nur neue Drangsale bedeuten", wie es Bertold Brecht − den Wissenschaftlern zu Mahnung − Galileo Galilei aussprechen läßt?[86] Weiter heißt es bei Brecht: „Ihr mögt mit der Zeit alles entdecken, was es zu entdecken gibt, und euer Fortschritt wird doch nur ein Fortschreiten von der Menschheit weg sein. Die Kluft zwischen euch und ihr kann eines Tages so groß werden, daß euer Jubelschrei über irgend eine neue Errungenschaft von einem universalen Entsetzensschrei beantwortet werden könnte." Nicht nur hinsichtlich der „Fortschritte" bei der Fähigkeit zur atomaren Selbstvernichtung der Welt, sondern auch hinsichtlich des technologisch bedingten Strukturwandels in der Arbeitswelt stellt sich die Frage, ob alles, was technologisch möglich ist, auch Geltung als gesellschaftlich nützlich beanspruchen kann. Ob erst der „universale Entsetzensschrei" der zukünftigen Rationalisierungsopfer die Koppelung von technischem Fortschritt und sozialem Rückschritt aufbrechen helfen kann, oder ob die Menschen bereits unter den aktuell sichtbaren Herausforderungen die vom Bosch-Manager gestellte Entscheidungsfrage, „Handeln oder Untergehen", im Sinne des Handelns beantworten − wenn auch im gegenläufigen Sinne des von Merkle erwünschten − dürfte sich an der Fähigkeit der Gewerkschaften entscheiden, zu einem problembewältigenden Handeln anzuleiten.

III. Auf dem Weg zum Unternehmerstaat — Konsequenzen der Massenarbeitslosigkeit

Arbeitslosigkeit — Einstieg in die Armut

Mehr denn je — im dritten Jahr nach der Wende — ist es zum Politikritual geworden, die jeweils aus saisonalen Gründen leicht rückläufige Arbeitslosenzahl um die Jahresmitte bis zum Herbst als einen — wendebedingten — Aufschwungbeweis zu vereinnahmen. Die daran anschließend stets wieder steigende Arbeitslosenquote wird hingegen mit saisonalen Besonderheiten entschuldigt, die Schatten auf eine an sich als positiv proklamierte konjunkturelle Gesamtlage geworfen haben sollen. Wer noch aufmerksam hinhört, wenn jeweils in der ersten Woche des Monats durch die Bundesanstalt für Arbeit die Arbeitslosenzahlen des Vormonats bekanntgegeben und im Verein von Bundesregierung und Präsident der Bundesanstalt für Arbeit bagatellisiert werden, den konnte es nicht überraschen, daß selbst beim Arbeitslosenhöchststand von 2,619 Millionen am Jahresanfang 1985 wiederum nur der "außerordentlich strenge Winter" zur Erklärung angeführt wurde. Schon im Januar 1984, als die Arbeitslosenrekordmarke von 2,539 Millionen erreicht wurde, mußten zur Verharmlosung Wintereinflüsse bemüht werden. Das wahre Ausmaß der Arbeitslosigkeit wird unterschlagen. Denn die eigentliche Arbeitslosigkeit liegt erheblich über dem von der Bundesanstalt monatlich registrierten Stand. Unerwähnt bleibt in der amtlichen Berichterstattung die sogenannte stille Reserve jener, die eigentlich auch eine Arbeit suchen, sich aber aus den unterschiedlichsten Gründen nicht mehr als Arbeitssuchende registrieren lassen. Das Forschungsinstitut der Bundesanstalt für Arbeit schätzt die stille Reserve des Jahres 1984 auf 1,35 Millionen. Den größten Anteil haben daran mit 55 Prozent die Frauen. Zum Teil haben sie sich auf eine Hausfrauen- und Mutterrolle zurückgezogen. Dazu zählen ferner Jugendliche, die sich weiterbilden, weil sie keinen Arbeits- oder Ausbildungsplatz bekommen haben, Arbeitslose, denen nur für eine kurze Zeit eine Beschäftigung vermittelt wurde oder die sich in Umschulung oder in einer Arbeitsbeschaffungsmaßnahme befinden. Und nicht zuletzt befinden sich darunter Bewohner von Heimen und Anstalten sowie Nichtseßhafte. Um Arbeitslosigkeit in der Bundesrepublik zu beseitigen, müßten also zusätzliche 3,5 − 4 Millionen Arbeitsplätze geschaffen werden. Erst dann könnte mit Recht wieder von Vollbeschäftigung gesprochen werden.

Arbeitslosenunterstützung erhält schon in formaler Hinsicht nur, wer sich der Arbeitsvermittlung zur Verfügung stellt, Anwartschaftszeiten erfüllt und Arbeitslosengeld beantragt hat. Empfindliche Einkommenseinbußen bleiben allemal mit Arbeitslosigkeit verbunden. Das Arbeitslosengeld beträgt derzeit 68 Prozent des vorherigen Nettoeinkommens. Den gleichzeitig Kinder- und Arbeitslosen wurde die Unterstützungshöhe im Gefolge des Haushaltsbegleitgesetzes 1984 auf 63 Prozent heruntergesetzt. Läuft der Anspruch auf Arbeitslosengeld aus, reduziert sich die finanzielle Unterstützung als sogenannte Arbeitslosenhilfe weiter auf 58 Prozent des vorherigen Nettoeinkommens. Auch hier ist den Kinderlosen ein Sonderopfer abgepreßt worden. Sie erhalten lediglich 56 Prozent ihres früheren Nettoeinkommens. Die Arbeitslosenunterstützung ist weit davon entfernt, den sozialstaatlichen Auftrag zu erfüllen, jedem arbeitslosen und arbeitswilligen Bürger solange eine angemessene Lohnersatzleistung zu gewähren, bis er wieder frei gewählte Arbeit gefunden hat. Arbeitslosigkeit ist trotz verbreiteter Vorurteile in einem großen Umfang mit sozialer Verelendung verbunden. Immer weniger Arbeitslose erhalten Leistungen aus der Arbeitslosenversicherung. Waren es 1980 noch 79 Prozent der Leistungsempfänger, die das höchste Arbeitslosengeld erhielten, reduzierte sich dieser Anteil 1984 auf 59 Prozent. Entsprechend stieg der Anteil von Beziehern der geringeren Arbeitslosenhilfe, die ohnehin nur bei nachgewiesener Bedürftigkeit gezahlt wird. Bereits 1982 war dies nur knapp jeder zweite Antragsteller. Nur eine Minderheit der Erwerbslosen ohne Anspruch auf Arbeitslosenunterstützung ist darüber aufgeklärt, daß letztendlich ein rechtlicher Anspruch auf Sozialhilfe geltend gemacht werden kann. 1982 waren nur etwa 7 Prozent der ausgegrenzten Erwerbslosen als sozialhilfeberechtigt anerkannt. Diese Zahl ist inzwischen im Gefolge der Ausgrenzung von Arbeitslosen aus der Arbeitslosenversicherung weiter angestiegen. Wie sehr die Sozialetats der Kommunen durch wachsende Arbeitslosigkeit belastet worden sind, läßt sich am Beispiel der Stadt Stuttgart verdeutlichen: Im Jahre 1975 waren beim Sozialamt 6.237 Menschen gemeldet, die als Arbeitslose ohne Sozialhilfe nicht leben konnten. 1980 lag die Zahl bei 18.163 und erreichte 1982 den Stand von

20.434. Im Jahr 1984 wurde der bisherige Zuwendungsrekord für die Stadt erreicht: 28.812 als arbeitslos gemeldeten Menschen muß die Kommune mit Sozialhilfe unter die Arme greifen. Die Zahlungsfähigkeit der Kommunen − besonders in den Kommunen mit hoher Arbeitslosigkeit − hat durch die vom Bund verfügte Abwälzung von Soziallasten empfindlich gelitten.

Auch individuell ist Arbeitslosigkeit zu einem Dauerproblem geworden. Ein Drittel der Arbeitslosen 1984 war bereits seit einem Jahr oder länger als arbeitslos registriert. Ein Jahr zuvor lag dieser Anteil noch bei 29 Prozent, 1982 bei 21 Prozent. Die Risiken der Arbeitslosigkeit konzentrieren sich vor allem bei jenen Personengruppen, die aufgrund gesellschaftlicher Bedingungen auch hinsichtlich von Merkmalen wie Ausbildungsqualifikation und Haushaltsstruktur sowie Beschäftigungsgruppe bereits benachteiligt sind. Zum Beispiel erhalten 48 Prozent aller arbeitslosen Jugendlichen unter 20 Jahren keinerlei Leistung der Bundesanstalt für Arbeit. Da die meisten von ihnen noch bei ihren Eltern wohnen, entfällt auch der Anspruch auf Sozialhilfe. Insgesamt läßt sich sagen, daß Arbeitslosigkeit die finanziellen Ungleichheiten noch verstärkt hat. Eingeschränkte Zugangsvoraussetzungen und Kürzungen im Leistungsumfang haben zum Anwachsen neuer Armut erheblich beigetragen. [89]

Da fast 40 Prozent aller Erwerbslosen keinerlei finanzielle Unterstützung des Arbeitsamtes erhalten, kann es nicht verwundern, daß die Bundesanstalt 1984 am Jahresende trotz gestiegener Arbeitslosigkeit einen Jahresüberschuß von 3,1 Milliarden Mark angesammelt hat. Die Bundesregierung sah sich deshalb unter dem Druck, wenigstens für Arbeitslose im Alter von 49 und älter seit 1985 bis zu 6 Monate länger Arbeitslosengeld zu zahlen. Diese Regelung soll zunächst bis Ende 1986 gelten. Gleichzeitig wurde für den Fall der Eigenkündigung sowie für eine selbst herbeigeführte Fremdkündigung eine Verschärfung der Sperrzeiten eingeführt. Sie erhöht sich von 8 auf 12 Wochen. Die Arbeitslosenversicherung erspart sich dadurch einen Betrag von 250 Millionen jährlich. Bereits im Jahr 1982, noch vor der Wende, haben Politiker und Bundesanstalt den Schutz von Persönlichkeitsrechten und Qualifikation der Arbeitslosen durch eine verschärfte Zumutbarkeitsanordnung demontiert. Nach 4 Monaten Arbeitslosigkeit wird dem Arbeitssuchenden eine Beschäftigung zugemutet, die unterhalb seines Qualifikationsniveaus liegt. Schon während dieser Zeit muß der Arbeitssuchende auch Stellen annehmen, die mit Gehaltseinbußen um bis zu 20 Prozent verbunden sind. Für den täglichen Wechsel zum neuen Arbeitsplatz ist eine Fahrzeit von 2 1/2 Stunden als zumutbar festgesetzt worden. Der Arbeitssuchende, der auf seiner Qualifikationsstufe keinen neuen Arbeitsplatz findet, ist zudem nach jedem Quartal verpflichtet, Arbeit auch auf einer unteren von insgesamt 5 Qualifikationsstufen annehmen zu müssen. Was ein Beweis des gesellschaftlichen Versagens ist, wurde so zum Abqualifizierungsautomatismus, der individuellen Schuldzuweisungen Vorschub leistet. Zunehmend wird die Leistungsvergabe, auf die eigentlich ein Gesetzanspruch besteht, an Auflagen gebunden, die in die Persönlichkeitsrechte des Leistungsbeziehers eingreifen. Der bislang spektakulärste Fall vollzog sich 1983 in der Verantwortung des Stuttgarter Arbeitsamtes. Einem Jugendlichen wurde die Arbeitslosenhilfe verweigert, weil er sich eine Punk-Frisur zugelegt hatte. Das Arbeitsamt entschied, er wolle so die Vermittlungsbemühungen des Arbeitsamtes absichtlich sabotieren. Auch das Sozialamt verweigerte Zahlungen, weil es die Notlage als selbstverschuldet behauptete. Eine Arbeitsmarktpolitik, die so deutlich zum Nachteil der Arbeitslosen eingesetzt wird, folgt einer Logik, wie sie Gerhard Bosch beschreibt: "Die Arbeitsmarktpolitik hat eine strategische Funktion in den Verteilungsauseinandersetzungen von Kapital und Arbeit. Durch die Leistungen der BA wird der existenzielle Druck auf Arbeitslose verringert, in kürzester Zeit unter Aufgabe aller Ansprüche jede angebotene Beschäftigung anzunehmen. In der Krise verschärfen sich die Auseinandersetzungen. Der politische Druck der Unternehmer konzentriert sich auf die 'Konsolidierung' der Finanzen der Arbeitslosenversicherung. Durch Kürzungen des Arbeitslosengeldes, Verschärfung der Zumutbarkeit etc. soll die Furcht der Beschäftigten vor Arbeitslosigkeit und die Konzessionsbereitschaft in Tarifverhandlungen und beim Abschluß von Arbeitsverträgen erhöht werden."[90]

Als Fazit einer Betrachtung der politisch von der Bundesregierung gewollten finanziellen Belastung der Opfer von Arbeitslosigkeit gelangt der gleiche Autor zur folgenden Einschätzung: "Durch diese Kürzungen im Bereich der Arbeitsmarktpolitik werden viele Arbeitslose in die Armut abgedrängt. Die Unterhaltsgelder decken nicht mehr das Existenzminimum. Dies trifft in ganz besonderem Maße auf die wachsende Gruppe der Arbeitslosenhilfeempfänger zu... Ein wachsender Anteil von Arbeitslosen wird Sozialhilfeempfänger. Darüber hinaus wird bei unzureichender sozialer Absicherung die Motivation zu einer Weiterbildung oder einer Rehabilitation absinken, so daß diese Instrumente von vielen Arbeitslosen nicht mehr oder nur unter Druck in Anspruch genommen werden."[91]

Wenig beachtet: Psychosoziale Auswirkungen der Arbeitslosigkeit

Daß Arbeitslosigkeit für viele der Betroffenen gleichbedeutend mit dem Einstieg in die Armut ist und finanzielle Probleme verschärft, liegt auf der Hand. Doch nicht minder belastend erweist sich der Verlust sozialer Bindungen, was durch eine Untersuchung des Instituts für Arbeitsmarkt- und Berufsforschung der Bundesanstalt für Arbeit erneut bestätigt wurde. Als Hauptfolgen einer länger dauernden Arbeitslosigkeit werden erhebliche finanzielle Schwierigkeiten und Probleme bei der Bewältigung der freien Zeit genannt. Die in Wiederholung einer Umfrage von November 1981 im Sommer 1983 durchgeführte Umfrage ermittelte eine Langzeitarbeitslosenquote von 44 Prozent. Das persönliche Netto-Einkommen der Langzeitarbeitslosen betrug im Schnitt 675,-- DM oder 42 Prozent des Netto-Einkommens der beruflich wieder tätigen ehemaligen Arbeitslosen. 31 Prozent der Befragten fanden es besonders belastend, die zur Verfügung stehende freie Zeit nicht nutzen zu können. 60 Prozent der langfristig Arbeitslosen kamen sich "manchmal richtig überflüssig" vor. Bei den sozialen Beziehungen gibt jeweils ein Drittel an, nicht mehr so oft zu Freunden und Bekannten zu gehen, wie früher, bzw. in der Familie häufiger als sonst Ärger zu haben. 37 Prozent der langfristig Arbeitslosen beklagten Gesundheitsprobleme, im Vergleich zu nur 12 Prozent der wieder erwerbstätigen Personen. Gerade der letzte Aspekt unterstreicht, daß der Arbeit in subjektiver wie objektiver Sichtweise nicht nur die Funktion zugemessen wird, Voraussetzung für die materielle Lebenssicherung zu sein. Selbst die entfremdete Erwerbstätigkeit liefert den Orientierungsrahmen für individuelle Selbsteinschätzung und vermittelt das Gefühl von Handlungskompetenz und Verbindung mit der Gesellschaft außerhalb der Familie. Nach wie vor ist die Stellung im Arbeitsprozeß Grundlage für Selbstwertgefühl und soziales Ansehen. Der Verlust des Arbeitsplatzes hat somit zwangsläufig auch eine psychosoziale Auswirkung für den Arbeitslosen.[92]

Die Soziologin Marie Jahoda war wohl die erste, die dies durch eine empirische Untersuchung beweisen konnte.[93] Ihre Beobachtung der „Arbeitslosen von Marienthal" registrierte ein Aufgeben der Lebensperspektive, die Verlangsamung und Verdünnung des Tagesablaufes der Arbeitslosen, eine Auflösung der Zeitstruktur, soziale Isolation und ein Anwachsen von Familienkonflikten. Auch aktuelle Untersuchungen bestätigen diese frühen Beobachtungen Marie Jahodas. Nach Ansicht des Hannoveraner Psychiaters Prof. Erich Wulff wirkt dauernde Arbeitslosigkeit psychologisch ähnlich wie längere Haft, weil bei Arbeitslosigkeit ein wesentlicher Strang des menschlichen Wirklichkeitsbezugs durchschnitten werde. Der Arbeitslose erfährt, daß er seine Situation immer weniger in der Hand hat, sich selbst nicht mehr steuern und beeinflussen kann. Langfristig Arbeitslosen wird das eigenverantwortliche Beteiligtsein an der Wirklichkeit beschnitten. Solche Situationen werden als depressionsfördernd eingeschätzt. In einer gemeinsamen Stellungnahme von Verbänden der psychosozialen Versorgung zu den individuellen und sozialen Kosten der Arbeitslosigkeit wird unterstrichen, daß Massenarbeitslosigkeit in der Bundesrepublik zu einem psycho-sozialen Problem ersten Ranges zu werden droht.[94]

Die gesellschaftlichen Folgekosten der Arbeitslosigkeit, die allein durch Gesundheitsbeeinträchtigungen entstehen, gehen in die Milliarden. Harvey Brenner hat 1976 in einer vom amerikanischen Kongress in Auftrag gegebenen Studie über die Veränderungen der Sterblichkeits- und Erkrankungsquote unter den Bedingungen der Arbeitslosigkeit erstaunliche Ergebnisse vorstellen können[95]: Der von ihm beobachtete Anstieg der Arbeitslosigkeit um 1,4 Prozent im Jahr 1970 scheint in den fünf Folgejahren verantwortlich für den Tod von 50.000 Menschen gewesen zu sein. Brenner stellt die Berechnung auf, 1 Prozent Zuwachs an Arbeitslosigkeit gleich 35.000 Tote als Folge von Erkrankung, Selbstmord und Totschlag. Der US-amerikanischen Gesellschaft sind dadurch gesellschaftliche Kosten in Höhe von 10 Milliarden Dollar durch Wohlfahrtsleistungen, Auslagen für Polizei und Gefängnisse sowie psychiatrische Krankenhäuser entstanden. Wenn man Gesundheit im Sinne der Gesundheitsdefinition der Weltgesundheitsorganisation WHO als "einen Zustand vollständigen sozialen, psychischen und körperlichen Wohlbefindens" definiert, wird noch deutlicher, inwieweit Arbeitslosigkeit schon selbst ursächlich für gesundheitliche Belastungen geworden ist. Nur wer sich der Definition

anschließen will, „gesund ist, wer nicht krank geschrieben wird", kann den derzeit rückläufigen Krankenstand bei den gesetzlichen Krankenversicherungen für einen Nachweis wachsender Volksgesundheit halten. Nach einer Untersuchung des Arbeitsmediziners Prof. Rainer Müller ist der Rückgang des Krankenstandes von 1980 5,7 Prozent auf 4,4 Prozent aller Beschäftigten 1983 darauf zurückzuführen, daß ein großer Teil der kranken Arbeitnehmer sich aus Angst um den Arbeitsplatz nicht krank meldet. Müller und seine Mitarbeiter schätzen, daß täglich bis zu 2 Prozent der Arbeitnehmer in der Bundesrepublik zur Arbeit gehen, obwohl sie eigentlich krank ins Bett gehören. Hier hat sich für die Arbeitgeber die jahrelang betriebene Jagd auf Kranke[96] bereits bezahlt gemacht. Was in unternehmerischer Sicht als Bilanzverbesserung spürbar wurde, hat fatale gesellschaftliche Konsequenzen: "In Abhängigkeit von Anstieg und der Verfestigung von Massenarbeitslosigkeit sind gesamtgesellschaftlich folgende Auswirkungen festgestellt worden und auch für die BRD zu erwarten:
− Kriminalitätsgefährdung insbesondere Jugendlicher,
− Zunahme von Drogenabhängigkeit, depressiven Symptomen, Selbsttötungen und Selbsttötungsversuchen,
− Verstärkung von Alkoholismus und alkoholabhängigen Erkrankungen,
− Zunahme von Einlieferungen in psychiatrische Kliniken,
− Zunahme psychosomatischer Erkrankungen (wie z.B. Herzerkrankungen, Magengeschwüre, Rheumatismus, Bluthochdruck),
− Zunahme der Kindersterblichkeit,
− Verschlimmerung bereits vorhandener psychischer Störungen."[97]

Gesellschaftliche Kosten, privatwirtschaftlicher Nutzen und politische Indienstnahme der Massenarbeitslosigkeit

Die Kosten der Verwaltung von Massenarbeitslosigkeit und die mit ihr verbundenen Einnahmeausfälle an Steuern und Sozialversicherungsbeiträgen haben sich 1984 − wie schon im Jahr zuvor − zu einer Gesamthöhe von 55 Milliarden Mark summiert, da Arbeitslose bekanntlich ja keine Steuern und Sozialversicherungsbeiträge entrichten, sondern gegen ihren Willen zu ausschließlichen Leistungsnehmern der Gesellschaft herabgewürdigt werden. Nach Berechnungen des Instituts für Arbeitsmarkt- und Berufsforschung verursacht ein Arbeitslosengeldbezieher durchschnittlich insgesamt 29.500 Mark Mehrausgaben und Mindereinnahmen. Ein Empfänger von Arbeitslosenhilfe ist billiger: Er kostet jährlich 26.800 Mark. Noch kostengünstiger zu verwalten sind Arbeitslose ohne Leistungsansprüche an die Bundesanstalt für Arbeit. Sie schlagen mit durchschnittlich 15.600 Mark zu Buche. Durchschnittlich für alle drei Gruppen ergibt sich ein Aufwand von 23.000 Mark pro Person und Jahr. Berücksichtigt sind bei diesen Berechnungen noch nicht einmal die Kosten, die aus der stillen Reserve herrühren oder die sich aus psychisch-sozialen und gesundheitlichen Belastungen sowie beruflichen Qualifikationsverlusten durch Arbeitslosigkeit ergeben. Für die Volkswirtschaft bedeutet Arbeitslosigkeit auch einen Produktions- und Nachfrageausfall. Im Vergleich zum Zustand der Vollbeschäftigung wird der Produktionsverlust eines Jahres mit über 2 Millionen Arbeitslosen auf rund 110 Milliarden Mark geschätzt, etwa 7 Prozent des Bruttosozialproduktes.

Auch der Aspekt der enormen ökonomischen Belastung für staatliche Haushalte und Sozialversicherungen hat nicht bewirken können, die staatliche Selbstbeschränkung auf Verwaltung von Arbeitslosigkeit, die in ihrer Konsequenz selbst zur Ursache weiterer Arbeitslosigkeit wird, zugunsten einer aktiven Arbeitsmarktpolitik und eines Ausnutzens aller staatlichen Handlungsoptionen zur Bekämpfung der Arbeitslosigkeit aufzugeben. Um die Kostenbelastung durch Arbeitslosigkeit zu drücken, ging die Bundesregierung den Weg, Arbeitslosigkeit durch Ausgrenzung von Anspruchsberechtigten und Minderung der Unterstützungssätze zu verbilligen.

Daß jährlich mehr Arbeitsplätze vernichtet als neue eingerichtet werden, liegt in der verharmlosenden Sicht der Bundesregierung nicht an der staatlichen Wirtschafts- und Beschäftigungspolitik. Schließlich trägt dafür seit dem Oktober 1982 eine Regierung die Verantwortung, die sich auf das erklärte Wohlwollen und die Finanzkraft der Wirtschaft verlassen kann, wenn dies auch nicht immer so offen bekräftigt wird, wie es Friedrich Karl Flick für zweckmäßig hält.

Noch im Mai 1979 konnte Baden-Württembergs Ministerpräsident Lothar Späth öffentlich seine Überzeugung zum Ausdruck bringen, jeder zehnte Arbeitslose sei eigentlich "arbeitsunwillig". Seitdem die

Arbeitslosenzahlen die 2-Millionen-Grenze überstiegen haben und im Durchschnitt für 30 Arbeitssuchende nur eine Stelle offen steht, können auch borniertе Politiker nicht mehr glaubhaft über angeblich Arbeitsunwillige herziehen, die auf Kosten der Leistungsbewußten eine Arbeitsaufnahme verweigern und so die Arbeitslosenstatistik verzerren. An zu geringen Unternehmergewinnen kann es auch nicht liegen. Die sind allein im Jahre 1984 wieder um über 9 Prozent gestiegen. Wie die sogenannten Wirtschaftssachverständigen eilfertig bestätigen, soll 1985 ein weiteres Aufschwungjahr konjunkturelle Erholung von sozial-liberal zu verantwortenden Belastungen der Vergangenheit bringen. Wachsende Außenhandelsüberschüsse lassen auch nicht vermuten, daß es weltwirtschaftliche Faktoren geben könnte, die den deutschen Unternehmern die Lust an der Einrichtung von Arbeitsplätzen verderben. Selbst das Kieler Institut für Weltwirtschaft, im Vorfeld und im Verlauf der Tarifauseinandersetzungen des Jahres 1984 stets bereit, den Arbeitgebersorgen einen Anschein wissenschaftlicher Rechtfertigung zu liefern, tritt im Januar 1985 der immer noch populären, aber irrigen Auffassung entgegen, die Wirtschaft der Bundesrepublik befinde sich gegenüber vergleichbaren Industrieländern technologisch im Rückstand.

Auf das Konto der Arbeitskämpfe 1984 in der Metall- und Druckindustrie läßt es sich auch nicht schieben, wenn die Arbeitslosenzahlen weiter steigen. Im Gegenteil wies die Bundesanstalt für Arbeit darauf hin, daß ohne den Entlastungseffekt der Arbeitszeitentwicklung die Arbeitslosenzahl im Jahre 1985 um 120.000 Personen höher ausfallen müßte.

Da alle Voraussetzungen vorliegen, die seitens der christdemokratisch geführten Bundesregierung als notwendige Bedingungen für den Abbau der Arbeitslosigkeit genannt werden, die Arbeitslosigkeit sich allerdings trotzdem seit Regierungsübernahme zeitweise um über 600.000 erhöht hat, droht der Widerspruch zwischen regierungsamtlichen Sonntagsreden und Alltagshandeln offenkundig zu werden. In dieser Not bietet sich immer wieder an, die Wetterlage zu bemühen, wenn es darum geht, die Diskrepanz zwischen der rosig gemalten Konjunkturlage und der erfahrbaren Wirklichkeit steigender Arbeitslosigkeit zu erklären.

Jedenfalls ist es Regierung und Unternehmern bislang mit Erfolg gelungen, im öffentlichen Bewußtsein den Sachverhalt zu überspielen, daß infolge fortschreitender Rationalisierungsprozesse und als Ergebnis des strukturellen Wandels in der Arbeitswelt unter dem bestehenden Rahmen der Arbeitszeitverteilung eine Rückkehr zur Vollbeschäftigung völlig ausgeschlossen ist. Statt zur Bekämpfung von Arbeitslosigkeit trägt staatliche Politik zu ihrer Forcierung bei und beschränkt sich auf die Verwaltung der Probleme. Besonders deutlich wird dies in Zusammenhängen, wo Regierungshandeln oder Versäumnisse dazu beitragen, die Probleme der Arbeitslosigkeit zu eskalieren, statt zu minimieren. Zum Beispiel wird darauf verzichtet, Subventionen und Forschungsförderung mit vorausschauender Strukturpolitik und beschäftigungspolitischen Auflagen zu verbinden. Im Zusammenhang der schon chronischen Stahl- und Werftenkrise wird staatliche Hilfe in Form verlorener Zuschüsse sogar davon abhängig gemacht, daß ein weiterer Arbeitsplatzabbau eingeleitet wird.

Statt finanzielle Mittel zur Bekämpfung der Arbeitslosigkeit und zur Finanzierung von Arbeitsmarktpolitik einzusetzen, wird durch Manipulation an den Vergaberichtlinien und Unterstützungssätzen darauf orientiert, die Verwaltungskosten von Arbeitslosigkeit für den Bund zu verringern und auf die Kommunen zu überwälzen. Statt die öffentlichen Dienstleistungen bedarfskonform auszubauen und damit Arbeitsplätze in sechsstelligen Größenordnungen zusätzlich einzurichten, werden öffentliche Dienstleistungen eingeschränkt und Arbeitsplätze im Bereich von Bahn und Post abgebaut. Statt durch eine Begrenzung der gesetzlich zulässigen Wochenarbeitszeit die Mehrarbeit einzuschränken und damit Neueinstellungszwänge zu begründen, nutzt die Bundesregierung die hohe Arbeitslosigkeit zur Demontage von Arbeitnehmerschutzrechten. Wie noch ausführlicher zu zeigen sein wird, hat vor allem die bei der Haushaltspolitik verfolgte restriktive Linie dem Anwachsen der Arbeitslosigkeit Vorschub geleistet. Die krisenbedingten Belastungen wurden auf Sozialversicherungen und private Haushalte überwälzt, den Unternehmen wurde finanzielle Entlastung erteilt, obwohl bei alternativer Verwendung der Haushaltsmittel für den gezielten Abbau der Arbeitslosigkeit − nicht zuletzt zu Lasten der stetig gestiegenen Verteidigungsausgaben − eine deutliche Entlastung der öffentlichen Verschuldung möglich gewesen wäre. Schließlich hat die christdemokratisch geführte Bundesregierung mit einer Einseitigkeit wie keine Regierung vor ihr den Interessensstandpunkt der Unternehmer in der Auseinandersetzung um die Wochenarbeitszeitverkürzung bezogen und statt Arbeitslosigkeit die Gewerkschaften IG Metall und IG Druck bekämpft. Gemeinsam mit den Arbeitgeberverbänden tritt die Bundesregierung dafür ein, die kollektiv-vertragliche Regelung der Normalarbeitszeiten für alle Arbeitnehmer zu durchlöchern. Bislang bot die kollektiv-vertragliche Normierung einheitlicher Arbeitszeiten einen Mindestschutz vor der Konkurrenz der Arbeitskraftanbieter untereinander und garantierte ein existenzsicherndes Einkommen. Dies ist den Unternehmern in gleicher Weise wie dem Arbeitsminister ein Dorn im Auge. Unter dem Stichwort „Flexibilisierung der individuellen Arbeitszeiten" soll die bestehende Garantiefunktion kollektiv-vertraglich fixierter Arbeitszeiten durchbrochen werden. Die Unternehmer erhielten auf diese Weise den von Regierungspolitikern gewollten Ansatzpunkt, allgemein erkämpfte Einkommensverbesserungen auf dem Weg einer den einzelnen Arbeitnehmern zudiktierten Arbeitszeitverkürzung ohne vollen Lohnausgleich wieder kassieren zu können. Auch das Regierungsvotum für eine Vorruhestandsregelung ist einem unlauteren Motiv geschuldet. Der Versuch, durch eine gesetzliche Rahmenregelung Ende 1983 die Einigung der Tarifvertragsparteien auf Vorruhestandsregelungen zu erleichtern, diente nicht dem vorgeblichen Zweck, einen eigenen Beitrag zur Bekämpfung der Arbeitslosigkeit zu erbringen, sondern war als Störmanöver in der Auseinandersetzung um die 35-Stunden-Woche angelegt. Was der rhetorisch geübte Arbeitsminister nicht so eindeutig zum Ausdruck bringen wollte, erklärte sein Staatssekretär Vogt unverblümt so: "Wir wollen jenen Gewerkschaften, die sich der Kampagne der IG Metall zur Einführung der 35-Stunden-Woche nicht anschließen, eine Alternative bieten. Die IG Chemie, die Textil-Gewerkschaft, die Gewerkschaft Nahrung-Genuß-Gaststätten und einige andere Einzelgewerkschaften haben bisher nur ein geringes Interesse an der Verwirklichung der 35-Stunden-Woche gezeigt. Wenn die Bundesregierung diesen Gewerkschaften nur einen praktikablen Vorschlag zur Verkürzung der Lebensarbeitszeit anbietet, kommt die von der IG Metall gewünschte 'Einheitsfront' zur Durchsetzung der 35-Stunden-Woche nicht zustande."[98]

Da die Verantwortungsträger der staatlichen Politik sich in allen vorgenannten Fällen anders entschieden, als sie es im Interesse der Bekämpfung von Arbeitslosigkeit hätten tun müssen, drängt sich die Frage auf, welchen Interessen diese Politik verpflichtet ist.

Aus der unternehmerischen Interessenslage ist Arbeitslosigkeit erwünscht, selbst wenn dies öffentlich abgestritten wird. Eine hohe Arbeitslosigkeit bietet Unternehmern und Kapitalbesitzern eine hervorragende Ausgangsbasis, die eigenen Auffassungen in Betrieb und Gesellschaft durchzusetzen. Warum sollten sie also ein Interesse daran haben, daß sich z.B. durch Arbeitszeitverkürzungen die Zahl der Arbeitslosen verringert? Arbeitslosigkeit wird so lange als nützlich angesehen, wie sie nicht selbst zu einer politischen Bedrohung der eigenen Vormachtstellung wird. Zudem widerspricht es prinzipiell der Profitlogik des Kapitals, die Arbeitnehmer an den Ergebnissen der Rationalisierungsprozesse in Form kürzerer Arbeitszeiten zu beteiligen. Ein Zustand, bei dem schon heute mehr als 30 Arbeitslose um eine offene Stelle konkurrieren müssen, versetzt den Arbeitsplatzbesitzer in die günstige Lage, nach den unterschiedlichsten Gesichtspunkten eine Personalauswahl vornehmen zu können, Arbeitsbedingungen zu diktieren sowie selbst bei minimalem Arbeitsentgelt und inhumanen Arbeitsbedingungen für fast jede Arbeit noch Arbeitskräfte zu finden. Die Konzentration öffentlicher Mittel auf die Finanzierung von Massenarbeitslosigkeit schränkt schließlich den Finanzierungsspielraum für potentielle nicht-kapitalkonforme gesellschaftliche Reformen ein. Der Bundestagswahlkampf 1983 hat zahlreiche Belege geliefert, mit welcher Hemmungslosigkeit die Angst um den Arbeitsplatz politisch schon wieder mißbraucht werden kann. So CDU-Generalsekretär Heiner Geißler: "Wer am 6. März SPD wählt, gefährdet seinen eigenen Arbeitsplatz." Einzelne Unternehmer wagen sich noch weiter vor. Zum Beispiel ein Essener Unternehmer, der Lehrstellenbewerbern schriftlich mitteilte, sie könnten nur dann mit einer Einstellung rechnen, wenn die Regierung Kohl am 6. März die Wahl gewinnt. Anderenfalls nämlich sei die Existenz seiner Firma gefährdet. Die historische Erfahrung mit Massenarbeitslosigkeit lehrt, daß unter einer solchen Belastung eher ein Nährboden und Resonanzfeld für konservative und demokratie-feindliche Politikinhalte entsteht als ein kritisches Potential für die Aufnahme gewerkschaftlicher oder sozialdemokratischer Krisenbekämpfungsvorschläge. Auch neuere empirische Untersuchungen zum Arbeitnehmerbewußtsein in der Wirtschaftskrise bestätigen, daß die Neigung zu reduktionistischen Wahrnehmungsformen zunimmt. Probleme werden auf standardisierte Erklärungsmuster reduziert, während die objektive Gefahr, selbst zum Krisenopfer werden zu können, nicht thematisiert oder verdrängt wird. Auf der anderen Seite führt dies zur Zunahme fatalistischer Einschätzungen und zur Resignation.[99]

Für die noch nicht Arbeitslosen hat die verbreitete Arbeitslosig -

keit eine disziplinierende Wirkung. Anpassungsbereitschaft und Untertanenmentalität werden verstärkt. Die Angst um den Arbeitsplatz fördert betriebliche Entsolidarisierungsprozesse und Konkurrenzdenken und verstärkt die Neigung, sich mit den gegebenen Arbeitsbedingungen abzufinden oder sich an der Suche nach Sündenböcken zu beteiligen. Vor allem die ausländischen Arbeitnehmer werden in einem Klima der Angst um den Arbeitsplatz als lästige Konkurrenten verstanden. Die Spaltung der Arbeitnehmerschaft in Deutsche und Ausländer, in Arbeitende und Arbeitslose, in sogenannte Einfachverdiener und zweitverdienende Ehefrauen, in jung und alt wird von den Nutznießern der Arbeitslosigkeit systematisch gefördert. Gewerkschaftliches Handeln, das darauf angewiesen ist, daß sich die vielen einzelnen nicht aufspalten lassen, sondern sich solidarisch für den Erhalt und den Ausbau von Arbeitnehmerrechten engagieren, erfährt dadurch eine objektive Behinderung.

Die Gefahr, daß bei wachsender Arbeitslosigkeit aus dem sozialen Rechtsstaat ein rechter Unternehmerstaat wird, in dem die Gewerkschaften sich zunehmend in die Rolle des Bittstellers gedrängt sehen würden, ist für die Gewerkschaften zur größten politischen Herausforderung ihrer Nachkriegsgeschichte herangewachsen.

IV. Ein Sozialstaat wird demontiert – Die andere Front der Verteilungskämpfe

Preisgabe des Reformanspruchs – Sozialpolitik gerät in die Defensive

Jede Mark, die für die soziale Sicherung der Arbeitnehmer ausgegeben wird, ist eine Mark, die nicht mehr zum Nutzen derjenigen verausgabt werden kann, die als Kapitalbesitzer oder Eigner von Produktionsanlagen auch ohne staatliche Sozialleistungen Lebensunterhalt und Wohlstand sichern können. Wie bei der Tarifauseinandersetzung geht es bei der Ausgestaltung staatlicher Sozialpolitik um Verteilungspolitik. Unter der Bedingung wirtschaftlichen Wachstums und der erklärten Bereitschaft der staatlichen Politik, unter einem Reformanspruch den Sozialstaat ausbauen zu wollen, blieb die sozialpolitische Dimension des gesamtgesellschaftlichen Verteilungskampfes zwischen Kapital und Arbeit den Arbeitnehmern und lange Zeit gleichermaßen auch den Gewerkschaften und Sozialdemokraten verschlossen. Als die Sozialpolitik erklärtermaßen Bestandteil der Politik innerer Reformen war, ist es nicht gelungen, neben der systemlegitimierenden Funktion der Sozialpolitik auch ein Problembewußtsein für ihre systemverändernden Aspekte zu wecken. Karlheinz Blessing unterscheidet in der Sozialpolitik der sozialliberalen Koalition drei sich zum Teil überlappende Phasen:
„Die Phase der expansiven Entwicklung ist weitgehend identisch mit der 6. Legislaturperiode (1969–1972). Die Leitlinien dieser sozialpolitischen Expansion waren
– Ausdehnung des Personenkreises,
– Schaffung einer wohlfahrtsstaatlichen Grundausstattung,
– Dynamisierung und Erhöhung bestehender Leistungen...
Ihr folgte die Phase der präventiven Orientierung der Sozialpolitik, die ungefähr bis 1976 andauerte. Dies war ein qualtitativ neuer Ansatz, der geeignet war, die passive Nachrangigkeit der Sozialpolitik zu überwinden. Zugleich ist die Prävention die logische Konsequenz einer Sozialpolitik, die sich als gesellschaftsgestaltende Strukturpolitik

begreift und die von der Interdependenz der Lebensverhältnisse ausgeht. Die tatsächlich realisierten Maßnahmen bleiben allerdings bescheiden. In der Gesundheitspolitik muß man mehr von Früherkennung denn von Vorsorge sprechen. Einzig nennenswert bleiben die Versuche der auf die Arbeitswelt ausgerichteten Sozialpolitik. Während die tradierte Sozialpolitik in erster Linie Sozialversicherungspolitik war, die außerhalb der Werkstore ansetzte, schaffte die moderne Sozialpolitik die Anknüpfung an den Betrieb und stellte den Bezug zur realen Arbeitswelt her. Die Stichworte hierbei lauteten „Arbeitsstättenverordnung" und vor allem „Humanisierung der Arbeitswelt"...
Von diesen hoffnungsvollen qualitativen Ansätzen blieb nichts mehr übrig, als 1976 die Phase der finanziellen Konsolidierung der Sozialpolitik begann ... Nicht mehr sozialpolitische Notwendigkeiten, sondern finanz- und haushaltspolitische „Sachzwänge" bestimmten nun den Fortgang der Sozialpolitik. Eine reformpolitische Weiterentwicklung fand nicht mehr statt. Im Gegenteil: Es wurden sogar von Sozialdemokraten geschaffene Leistungen wieder zurückgenommen." [100]

Das Versäumnis, die Entscheidungen der Sozialpolitik nicht als Entscheidungen in der Verteilungsauseinandersetzung zwischen Kapital und Arbeit thematisiert zu haben, hat die Befürworter einer staatlichen Verantwortung für den Erhalt und Ausbau sozialer Sicherheit in die Defensive geraten lassen. Sozialpolitik geriet in den Sog der Wirtschaftskrise. [101]

Bundesregierung und SPD wurde es als Vorwurf zugeordnet, zu spät auf die notwendigen sozial- und wirtschaftspolitischen Folgen der Wirtschaftskrise reagiert zu haben. Wie ihre konservativen Kritiker sprachen die Regierungspolitiker davon, unter dem Problemdruck der 80er Jahre die bisherige Sozialpolitik nicht einfach fortschreiben zu können. Problemangemessen war eine solche Einsicht allerdings nur insoweit, wie sie anerkannte, daß zukünftige Sozialpolitik nicht bedeuten kann, immer mehr Geld für immer mehr Zielgruppen bereitzustellen. In der praktischen Regierungspolitik war die Bereitschaft, über eine effizientere Verwendung der zur Verfügung stehenden Ressourcen nachzudenken und den Sozialstaat ohne Aufgabe eines Reformanspruches weiterzuentwickeln, nur noch symbolisch vorhanden. [102]

Die Möglichkeiten, in der Wachstumskrise den erreichten Stand des sozialen Sicherungs- und Leistungssystems zu bewahren und auf dem Weg „organisierter Solidarität" weiterzuentwickeln, wie dies z.B. Johano Strasser als Mitglied der Grundwerte-Kommission beim Parteivorstand der SPD forderte [103], versuchte die Regierungspolitik gar nicht erst auszuloten. So blieb ihr nur der Weg der Anpassung an die aktuellen wirtschaftspolitischen Gegebenheiten durch Leistungsbegrenzungen und Beitragserhöhungen.

Overtüre der Demontagepolitik – Angriffe auf den Sozialstaat

Für die Interessenvertretungen der Unternehmer bedeutete die Preisgabe des Anspruchs, über Sozialpolitik auch gesellschaftliche Reformpolitik betreiben zu wollen, einen entscheidenden Durchbruch in Richtung Rückkehr zum sozialpolitisch ungebundenden Kapitalismus. Dabei eröffnete sich die Perspektive, mit fortschreitender Massenarbeitslosigkeit Arbeitseinkommen der Arbeitnehmer gleichzeitig mit den Sozialeinkommen drücken zu können. Da die sozialdemokratischen Regierungspolitiker und lange Zeit auch die Gewerkschaften wenig dazu beitrugen, Angriffe auf den Sozialstaat auch als Angriffe auf Arbeitnehmerrechte zurückzuweisen, gelang es den konservativen Sozialstaatsgegnern, soziale Leistungen als Belastungen für die gesamtwirtschaftliche und individuelle Leistungsbereitschaft zu diskreditieren. Konservative und scheinbar progressive Sozialstaatskritik pflegten das Zerrbild vom immer mehr Sozialleistungen für immer ausgedehntere Zielgruppen vergebenden Versorgungsstaat [104], zumal dem Eindruck nur schwer zu widersprechen war, arbeitnehmerorientierte Sozialpolitik erschöpfe sich bereits in der Ausweitung sozialpolitischer Leistungskataloge und Dynamisierung der Sozialeinkommen. Die prinzipiellen Sozialstaatsgegner nutzten ein solches Mißverständnis – zum Teil auch vermischt mit berechtigter Bürokratiekritik – als Auftrieb für die gezielte Diskriminierung staatlicher Sozialpolitik, die sich als Ouvertüre anschließender Demontage erwies.

Im Vorfeld der Diskussion um die Aufstellung des Bundeshaushalts für das Jahr 1982 schienen die Hüter von Unternehmerinteressen entschlossener denn je, ihre Angriffe gegen den Sozialstaat und den erkämpften Besitzstand der Arbeitnehmer zu richtungsprägenden Erfolgen zu führen. Nach dem Motto, steter Tropfen höhlt den Stein, war aus Politik und Wirtschaft zu hören, die Arbeitnehmer hätten über ihre Verhältnisse gelebt, zu viel konsumiert und zu wenig produziert. Gesprochen wurde von der sozialen Hängematte des Sozialstaats, von Parasitentum, von Krankfeiern auf Kosten der Gesunden, von Minderleistungsfähigen und Anspruchsdenken. Vorrangig beklagt wurden die drückenden, angeblich investitionshemmenden Lohnkosten. Erfolge staatlicher Sozialpolitik und gewerkschaftlicher Tarifpolitk wurden mit dem verteilungspolitischen Abwehrargument von den Grenzen des Wohlfahrtsstaates zur Disposition gestellt. Einzelbeobachtungen über mißbräuchliche Inanspruchnahme von Sozialleistungen wurden zum Kernproblem erklärt, während z.B. der Beitrag von Pharmaindustrie und Standesvertretungen der Ärzte an der Kostenflut im Gesundheitswesen kaum Kritiker fand. So war mehr von der Wiedereinführung der Karenztage die Rede als von der Notwendigkeit, die kostentreibenden Strukturmängel im System der gesundheitlichen Versorgung zu beseitigen. Die Jagd auf Kranke stand höher im Kurs als die Suche nach den Krankheitsursachen. Erfolg: 1981 sank die Zahl der Krankmeldungen mit 5,2 Prozent unter den Jahresdurchschnitt von 1970. Sozialhilfebedürftige fühlten sich als Almosenempfänger. Die Schieflage in der Diskussion um die Grenzen des Sozialstaats zeigte sich an der Ignoranz,mit der sich darüber hinweggesetzt wurde, daß nach Einschätzung von Experten höchstens 3 Prozent der Sozialleistungsempfänger sich mißbräuchlich oder gar betrügerisch den Zugang zu öffentlichen Mitteln erschleichen, während über die Hälfte der eigentlich Anspruchsberechtigten freiwillig auf Sozialleistungen des Staates verzichten, obwohl sie einen Rechtsanspruch gelten machen könnten.

Ein wichtiger Grund für den Verzicht auf Sozialhilfe ist nach den Ergebnissen einer Untersuchung des Kölner Instituts für Sozialforschung und Gesellschaftspolitik die Scham der Sozialhilfebedürftigen, auf staatliche finanzielle Hilfe angewiesen zu sein. Die Hälfte der Berechtigten, die freiwillig auf Sozialhilfe verzichteten hatte bei einer Umfrage 1979/80 den Aussagen zugestimmt: „Ich will vom Staat nichts geschenkt haben". „Sozialhilfe ist wie Almosen", „da kommt man sich wie ein Bettler vor". Die Angst vor Stigmatisierung durch die Mitmenschen und Schwierigkeiten im Umgang mit den Behörden schreckten über dies zusätzlich davon ab, Sozialhilfeansprüche geltend zu machen. Eine umfassende Inanspruchnahme der Sozialhilfe würde zweifellos die kommunalen Haushalte sprengen, dann aber vielleicht eher den Blick auf die wirklichen Ursachen wachsender Sozialhilfebedürftigkeit freimachen.

Allein die Abschaffung der unteren Lohngruppen oder eine deutliche Anhebung der unteren Einkommen würde dem Staat Milliarden für Wohngeld und Sozialhilfe sparen helfen. Doch lehnten die gleichen Interessenvertreter der Unternehmer, die öffentlich die Kürzung staatlicher Sozialausgaben forderten, in den Tarifverhandlungen der IG Metall die Forderung nach einer deutlichen Anhebung der Einkommen in den unteren Einkommensgruppen mit dem Hinweis ab, dies sei die Aufgabe staatlicher Sozialpolitik und nicht Unternehmerverpflichtung. So wird bis heute auf Kosten der Gesamtheit der Steuerzahler soziale Bedürftigkeit produziert. Welche Teufelskreise dabei wirksam werden können, erfuhr eine ausländische Arbeitnehmerin, die zu ihrem Antrag auf Aufenthaltsberechtigung im März 1983 vom Einwohneramt der Stadt Ulm den folgenden Antwortbrief erhielt: „Sie haben einen Antrag auf Aufenthaltsberechtigung gestellt. Eine wesentliche Voraussetzung für die Aufenthaltsberechtigung ist, daß Sie sich in das wirtschaftliche Leben der BRD eingefügt haben. Das bedeutet, daß Sie in der Lage sein müssen, für sich und ihre unterhaltsberechtigten Angehörigen auf Dauer sorgen zu können, ohne staatliche Leistungen in Anspruch nehmen zu müssen. Obwohl Sie in Arbeit stehen und einen Nettomonatslohn von DM 1.346, 45 erhalten, sind Sie nicht ausreichend wirtschaftlich integriert. Zum Vergleich haben wir die Sozialhilferichtlinien herangezogen. Diese Beträge sollen nicht nur das Lebensnotwendige finanzieren, sondern auch die persönlichen Bedürfnisse des täglichen Lebens, wozu auch die Beziehungen zur Umwelt und die Teilnahme am kulturellen Leben gehören. Sie sollen also eine angemessene Teilnahme an der Gesellschaft ermöglichen. Legt man diese Beträge der Berechnung zugrunde, können Sie einen Bedarf von 1.517 DM geltend machen. Vergleichen Sie diesen Betrag mit Ihrem Einkommen, erkennen Sie selbst, daß die Existenzgrundlage nicht auf Dauer gesichert ist. Um sich und uns eine ablehnende Entscheidung zu ersparen, empfehlen wir Ihnen, Ihren Antrag zurückzunehmen."

Die Vertreter von Kapitalinteressen haben nicht verheimlicht, daß es ihnen nicht um punktuelle Korrekturen und Atempausen in der Sozialpolitik geht, sondern um die Gesamtrevision des Sozialstaatsgefüges. So verlangte Arbeitgeberpräsident Otto Esser bereits von der sozialliberalen Regierung, in die Pläne für die Sanierung der Staatsfinanzen auch eine Kürzung des Arbeitslosengeldes sowie die Wiedereinführung zahlungsfreier Karenztage bei der Lohnfortzahlung im

Krankheitsfalle einzubeziehen. Die Ebbe in den öffentlichen Kassen sei die Folge verschwenderischer Sozialpolitik, die von der Substanz des Wohlstandes gelebt und keine finanz- und kapitalpolitische Vorsorge getroffen habe. „Üppig wuchernde Konsumentenmentalität, die verhängnisvolle Spirale von Forderungen und Gewähren" hätten das System der sozialen Sicherung ausufern lassen. In ähnlichem Sinne hatte in den 70er Jahren der CSU-Bundestagsabgeordnete und damalige Bundestagsvizepräsident Dr. Richard Jaeger gemahnt: „ Wird in einem Staat wie diesem erst eine Wohlfahrt gewährt, folgt gleich eine zweite usw. Eine einmal gewährte Wohlfahrt bekommt man nur durch einen Weltkrieg wieder weg." Arbeitgeberpräsident Esser begnügte sich bei seiner Forderung nach einem sozialpolitischen Kurswechsel mit der Propagierung eines Vorranges der privaten Selbstversorgung vor den Ansprüchen an die Gemeinschaft. Auch diese Forderung hat ihre Tradition. Spektakulär votierte bereits Kurt Biedenkopf 1977 für eine solche grundlegende Änderung des Systems der sozialen Sicherung, welche die „kollektive Daseinsvorsorge" abbauen und den einzelnen zu mehr individueller Zukunftssicherung nötigen soll. Biedenkopf sieht es als entscheidende Schwäche des Sozialsystems an, „daß seine Strukturen den Bürger nicht mehr ermutigen, selbst für seine Zukunft Vorsorge zu treffen". In der Denkschrift der Arbeitgeberverbände „Leitlinien für die soziale Sicherung unter veränderten wirtschaftlichen, sozialen und demographischen Bedingungen" aus dem Jahr 1982 heißt es: „Für die notwendige Reform des sozialen Sicherungssystems reichen kleine Korrekturen und Maßnahmen zur Verhinderung von Mißbrauch nicht aus. Vielmehr ist eine Straffung des Systems über ein Gesamtkonzept erforderlich, das auch mittel- und längerfristig tragfähig ist."

Es wurde zur politischen Funktion der FDP, ihre Regierungsbeteiligung für die Weichenstellung zu einer arbeitgeberkonformen Sozialpolitik zu nutzen. Politischen Ausdruck erhielten die Arbeitgeberwünsche in zahlreichen Stellungnahmen von FDP- und Unions-Politikern, die für den Rückzug des Staates auf eine quasi Nachtwächterfunktion plädierten, Lohnpausen, Abbau angeblich ausufernder Sozialleistungen und übertriebener Schutzgesetze verlangten und sich für Steuererleichterungen zugunsten der Reichen sowie für undifferenzierte Förderungen von Investitionen nach dem Gießkannenprinzip stark machten.

Die gesamte Kampagne der Kapital-Interessenvertreter gegen

Gedanke und Praxis des Sozialstaats und vor allem das inszenierte Gerede von der Überbeanspruchung des sozialen Netzes konnte davon ablenken, daß der Staat die Pflicht hat, für einen Ausgleich der sozialen Gegensätze und damit für eine gerechte Sozialordnung zu sorgen. [105] In Artikel 20, Abs. 1 des Grundgesetzes heißt es unmißverständlich: „Die Bundesrepublik Deutschland ist ein demokratischer und sozialer Bundesstaat." Zu den nach Artikel 79, Abs. 3 des Grundgesetzes geschützten zentralen Strukturprinzipien von Staat und Gesellschaft gehört somit neben Demokratie und Bundesstaatlichkeit eben auch die Sozialstaatlichkeit. In einem Grundsatzurteil vom 18.7.1967 hat der zweite Senat des Bundesverfassungsgerichts dazu ausgeführt: "Wenn Artikel 20 Abs. 1 des Grundgesetzes ausspricht, daß die Bundesrepublik ein sozialer Bundesstaat ist, so folgt daraus, daß der Staat die Pflicht hat, für den Ausgleich der sozialen Gegensätze und für eine gerechte Sozialordnung zu sorgen." Wenn auch konkrete Handlungen im einzelnen daraus nicht ableitbar sind, ist damit eine Richtung des staatlichen Handelns vorgegeben. Bei diesem klaren Auftrag an die Träger staatlicher Verantwortung schien es zunächst unmöglich, die von den Unternehmern gewünschte gegenläufige Politik der sozialen Demontage zu legitimieren. Um solchen Legitimationszwängen zu entgehen und in einem öffentlichen Konsens Sozialabbau betreiben zu können, bot sich eine Anlehnung an die in den USA und in Großbritannien zeitgleich praktizierten neokonservativen Politikrezepte geradezu an. [106]

Maßnahmen der Wirtschaftsförderung und das verbale Bekenntnis zur Haushaltskonsolidierung beanspruchten und gewannen schließlich auch in der Politik der Bundesregierung Vorrang und Leitzielfunktion.

Selbstproduzierter Sachzwang Haushaltskonsolidierung, Vorwand für den Abschied von sozialpolitischer Verantwortung

Bei wachsender sozialer Bedürftigkeit infolge steigender Arbeitslosenzahlen und wachsender Krisenverwaltungskosten erwies es sich als immer problematischer, öffentliche Leistungen aus stetig steigenden

Staatseinnahmen zu finanzieren. Im Verteilungskampf um knapper werdende Haushaltsmittel bestätigte sich die strukturelle Überlegenheit der Vertreter wirtschaftlicher Macht. Mit der Drohung nachlassender Investitionsbereitschaft, unterstützt von Stellungnahmen der systemkonform funktionierenden Konjunkturforschungsinstitute[107], fiel es den Unternehmensvertretern und ihren politischen Fürsprechern nicht mehr sonderlich schwer, auch die noch sozialdemokratisch geführte Bundesregierung für eine Konjunkturförderungspolitik zu Lasten von Ausgaben im Sozialetat zu gewinnen. Wo die Förderung der Kapitalrenditen zu Lasten von Arbeitnehmereinkommen und Sozialleistungen gemeint war, wurde von der Reduzierung staatlicher Haushaltsdefizite geredet. Der Appell an die Träger staatlicher Verantwortung, die marktwirtschaftlichen Wachstumskräfte zu fördern und damit die angeblich einzige erfolgreiche Perspektive zur Bekämpfung der Massenarbeitslosigkeit öffnen zu helfen, verband sich mit dem Argument, erst durch eine staatliche Politik der Verteilung von Wohltaten seien die öffentlichen Haushalte in eine Krise getrieben worden, die es nun erfordere, die öffentlichen Ausgaben drastisch einzuschränken. In der Auseinandersetzung zwischen den Tarifparteien stellte sich diese Doktrin als Appell an die Gewerkschaften dar, vorübergehend doch nicht auf Einkommenszuwächse der Arbeitnehmer bestehen zu wollen. Für diesen Fall wollten die Arbeitgeber nach eigenen Bekundungen höher investieren und dadurch zusätzliche Arbeitsplätze schaffen. Auf den Sachverhalt, daß ein großer Teil der Produktionskapazitäten unausgelastet bleibt, weil die notwendige Nachfrage fehlt und Investitionen infolgedessen vorrangig als Rationalisierungsinvestitionen und nicht zur Kapazitätsausweitung vorgenommen werden, wollte sich die staatliche Wirtschaftspolitik nicht einstellen.

Die restriktiven Auswirkungen prozyklischer Finanzpolitik hatten über zusätzliche Ausgaben der Arbeitslosenversicherung und geringere Steuereinnahmen zu wachsenden Haushaltsdefiziten geführt. Ein gezieltes Programm zur Arbeitsplatzbeschaffung wäre selbst unter diesen Umständen im Hinblick auf mittelfristige Haushaltsentlastung zweckmäßiger gewesen als die Inkaufnahme weiterer Arbeitslosigkeit. Der sozialdemokratisch geführten Bundesregierung fehlte es in ihrem letzten Jahr der Regierungsbeteiligung entweder an Weitsicht oder Konfliktbereitschaft, um das Ziel Vollbeschäftigung unmißverständlich in den Mittelpunkt der Wirtschaftspolitik zu stellen. Die Ziele Beseitigung des Leistungsbilanzdefizits, Stabilisierung der D-Mark sowie Reduzierung der öffentlichen Verschuldung gewannen Priorität.

Aus heutiger Sicht überrascht die Naivität, mit der die Bereitschaft der Kapitalbesitzer überschätzt wurde, durch Investitionen zum Abbau der Arbeitslosigkeit beizutragen. Weder maßvolle Lohnabschlüsse noch staatliche Investitionszuschüsse und steuerliche Entlastungsmaßnahmen konnten die Unternehmen hinlänglich ermuntern, arbeitsplatzsichernde Investitionen in der Bundesrepublik zu tätigen. Selbst noch geringere Lohnabschlüsse als die des Jahres 1981 und ausgeweitete staatliche Investitionsanreize hätten nicht garantieren können, daß die Unternehmer ihr gezeigtes Investitionsverhalten zugunsten einer verantwortlichen Arbeitsplatzsicherungspolitik verändern. Mit der Standardklage über sinkende Gewinne und angeblich fehlende Investitionsvoraussetzungen gelang es den Unternehmern, darüber hinwegzutäuschen, daß sie seit Mitte des Jahres 1974 − mit Ausnahme eines kurzen Zeitraums Ende 1978/79 − sowohl im Vergleich zum Arbeitnehmereinkommen als auch im Vergleich zum Wachstum des Volkseinkommens überdurchschnittliche Gewinne aus den Unternehmen entnommen hatten. Die fehlenden Eigenmittel zur Investition beruhten deshalb keineswegs auf einem sinkenden Einkommen aus Unternehmertätigkeit und Vermögen, sondern auf dem überproportionalen Anteil der zu anderen Zwecken aus den Unternehmen entnommenen Gewinne. Bei der eingeschränkten Binnennachfrage und der zunehmenden Konkurrenz auf dem Weltmarkt erscheint für die Kapitalbesitzer unter der Bedingung des hohen nationalen und internationalen Zinsniveaus der Kauf hochverzinslicher Wertpapiere allemal rentabler als die Investition in Erweiterung der eigenen Produktionsanlagen. Wo es im Interesse einer Erhöhung der Kapitalrentabilität notwendig war und der Stand des technischen Fortschritts es ermöglichte, wurden produktivitätssteigernde Rationalisierungsinvestitionen getätigt, die zur Senkung der Lohnstückkosten und zur weiteren Arbeitsplatzvernichtung führten. Es ist deshalb nicht überraschend, daß in den ersten drei Wende-Jahren steigende Arbeitslosenzahlen einhergingen mit erheblich verbesserten Unternehmerprofiten bei gleichzeitiger Zunahme der Investitionsbereitschaft. Im März 1985 sank die Lohnquote erstmals seit über 10 Jahren wieder unter 70 Prozent. Die Arbeitnehmer sind am gesamtwirtschaftlichen Produktivitätsfortschritt weder in Form höherer Einkommen noch in Form anteiliger Arbeitszeitverkürzung beteiligt worden. Es hat sich somit 1985 eindrucksvoll bestätigt, was in der Phase des Niedergangs der sozialliberalen Koalition seit dem Herbst 1981 noch als gewerkschaftliche Schwarzmalerei abgetan wurde: Der von den Unternehmen angepriesene Weg einer weiteren Kostenentlastung kann zwar allemal die schon Reichen noch reicher machen, nicht jedoch die Arbeitslosigkeit beseitigen helfen. Trotz steigender Unternehmerprofite, rückgehender Arbeitnehmereinkommen und wachsender Investitionen steigen die Arbeitslosenzahlen. Dennoch wird von den Vertretern unternehmerischer Interessen die Glaubensformel verkündet, Lohnverzicht der Arbeitnehmer ermöglicht steigende Kapitalrenditen und höhere Investitionen und schließlich ein Arbeitsplatzwachstum. Diese von der Wirklichkeit mehrfach widerlegte Unternehmer-Philosophie erwies sich als zentraler Baustein zur Sicherung ökonomischer Macht. Dies in der Diskussion um die Sinnhaftigkeit staatlicher Sparpolitik und Kürzungen im Sozialbereich unbeachtet gelassen zu haben, erwies sich als Voraussetzung für den Abschied von der sozialpolitischen Verantwortung des Staates, der gleichzeitig für die Sozialdemokraten auch den Abschied von der Regierungsführung einleitete. Ein selbst auferlegter Verzicht, die Zusammenhänge von aktueller Wirtschafts- und Beschäftigungskrise und kapitalistischer Wirtschaftsordnung aufzuzeigen und zum Ansatzpunkt politischer Initiativen zu machen, sowie der fehlende Wille, die Struktur der Steuereinnahmen zu Lasten der Begüterten zu verändern und Haushaltsentlastung über Reduzierung der Verteidigungskosten herbeizuführen, hat die Sachzwänge erst geschaffen, denen folgen zu müssen seither als Regierungskunst gilt. Bereits zu einer Zeit, als das wirtschaftspolitische Nichtstun und das Vertrauen auf die Selbstheilungskräfte der sogenannten sozialen Marktwirtschaft durch die eingetretenen Ergebnisse schon gründlich diskreditiert worden war, verzichtete der sozialdemokratische Teil der Bundesregierung dennoch darauf, in Übereinstimmung mit den Gewerkschaften nach Mehrheiten für eine Politik aktiver Krisenbekämpfung zu suchen.

Selbst, wenn im Herbst 1981 tatsächliche Notwendigkeiten und nicht nur behauptete Zwänge vorgelegen hätten, die öffentlichen Ausgaben einzuschränken, hätte für die sozialliberale Regierungskoalition noch eine Voraussetzung bestanden, andere Kürzungsprioritäten zu setzen. So ermittelte die Forschungsgruppe Wahlen im Auftrag des Zweiten Deutschen Fernsehens im Juli 1981 in einer repräsentativen Umfrage andere Sparprioritäten als die regierungsamtlich verfolgten.

Jeder zweite Befragte vertrat die Meinung, im Verteidigungsbereich solle weniger ausgegeben werden. Drei Viertel der Befragten votierten für ein Sparen staatlicher Leistungen für Großbetriebe. 66 Prozent befürworteten Einsparungen im öffentlichen Dienst, und 55 Prozent der Bürger hielten Ausgabenkürzungen im Bereich der Landwirtschaft für richtig. Eine Mehrheit von 53 Prozent lehnte Kürzungen des Arbeitslosengeldes genauso ab wie 68 Prozent der Befragten Einsparungen bei Renten und Pensionen. Noch höher lag der Anteil der Ablehnung einer Rotstift-Politik, die beim Wohngeld oder beim Kindergeld ansetzt. Politiker, die in Konsens mit den Bürgern Haushaltskürzungen vornehmen wollten, hätten 1981 also noch Alternativen zur Einschränkung der Sozialleistungen gehabt. Knapp zwei Jahre später, im April 1983, hat die Kampagne zur Verhöhnung des Sozialstaats und zur Verbreitung von Verzichtsmentalität zu einem Meinungsumschwung geführt. Zwar ermittelte Infra-Test für die Studie "Einstellung der Bundesbürger zu notwendigen politischen Maßnahmen zur Absicherung des Systems der sozialen Sicherung" immer noch Mehrheiten für Einschränken bei den Verteidigungsausgaben, doch erklärte sich knapp die Hälfte der Bundesbürger gleichzeitig auch bereit, Leistungseinschränkungen im sozialen Bereich hinzunehmen, wenn der Staat sparen müsse.

Den Nutznießern der Sparpolitik ging es darum, die Staatsverschuldung weniger als ökonomisches denn als moralisches Problem zu diskutieren. Sie machten sich den Umstand zunutze, daß die psychologische Grenze der Staatsverschuldung enger gezogen blieb, als es die ökonomische Situation tatsächlich verlangte. Wenn es bereits ein für sich erstrebenswertes wirtschaftspolitisches Ziel wäre, einen schuldenfreien Bundeshaushalt aufzulegen, ließe sich dies in wenigen Jahren ohne Kürzungen im Sozialhaushalt erreichen. Mit öffentlicher Zustimmung wäre es möglich, im Verteidigungshaushalt weniger auszugeben. Bei der Umrüstung der Bundeswehr auf unzweideutige Defensivaufgaben wäre dies sogar ohne Schwächung der Verteidigungskraft zu realisieren. Unter ökonomischen Gesichtspunkten wäre selbst eine vorübergehende Kreditausweitung zur Finanzierung von Beschäftigungsprogrammen sinnvoller als die kurzfristigen Einsparungen im Sozialhaushalt, die zwangsläufig mittel- und langfristig weitere Schuldenaufnahmen zur Finanzierung von Arbeitslosigkeit verursachen dürften. Wie an der Haushaltspolitik der Wende-Regierung noch nachzuweisen sein wird, lassen sich durch Maßnahmen der Kürzung von Sozialeinkommen und durch Reallohnsenkung kurzfristig Engpässe in den öffentlichen Haushalten schließen und die Kapitalrenditen verbessern, nicht aber Arbeitsplätze sichern oder Massenarbeitslosigkeit bekämpfen. Eine Politik nach diesem Muster vermag lediglich vorübergehend die Verwaltungskosten der Arbeitslosigkeit zu senken, ohne daß Arbeitslosigkeit abgebaut wird. Produziert werden auf diese Weise jeweils nur neue Vorwände für weitere Kürzungen der Sozialetats. Zur Rechtfertigung und Sicherung von Akzeptanz für die staatliche Sparpolitik wird immer wieder das Argument bemüht, es sei im höchsten Umfang unsozial, wenn der Staat sich immer höher verschuldet und zu Lasten der Ärmeren und der zukünftigen Generationen die Kapitalbesitzer durch hohe Zinszahlungen des Staates immer reicher werden könnten. Dieses Argument besitzt sicherlich Überzeugungskraft. Gebraucht von Arbeitsminister Blüm und Finanzminister Stoltenberg, dient es jedoch dazu, den Arbeitnehmern und Bedürftigen Opfer einsichtig zu machen, die man nicht bei den Kapitalbesitzern und Privilegienträgern einklagen will. Ginge es wirklich um die Vermeidung hoher Zinszahlungen des Staates zugunsten der ohnehin schon Wohlhabenden, bestünde auch die Alternative, die Einkommen der Reichen und Kapitalbesitzer höher zu besteuern. Es ist ökonomisch völlig unsinnig, wenn der Staat den Unternehmern Steuern schenkt, um sich hinterher von ihnen das geschenkte Geld gegen hohe Zinsen wieder auszuleihen. Die staatlichen Haushalte könnten sich wesentlich auf der Einnahmenseite verbessern, wenn nicht nur über „Weiße-Kragen-Kriminalität" geklagt, sondern Wirtschaftskriminalität mit der vollen Härte der Gesetze bekämpft würde. [108] Untere Schätzungen gehen davon aus, daß durch Wirtschaftskriminelle pro Jahr Schäden in Höhe von 48 Milliarden Mark verursacht werden. Wenn allein ein Wirtschaftsprüfer durch seine Arbeit Steuernachforderungen von 825.000 Mark pro Jahr einbringen kann, wäre einer kostenbewußten Bundesregierung wohl dringend zu empfehlen, weniger Stellen für Offiziere einzurichten und stattdessen Steuerprüfer in gesellschaftlich nützliche Arbeit zu bringen. Doch von der Wende-Regierung Konsequenzen zur Bekämpfung der Wirtschaftskriminalität zu erwarten, heißt offenbar, vom Bock die Leistungen eines Gärtners einklagen.

Den prinzipiellen Gegnern des Sozialstaats mußte es bereits am Ende der sozialliberalen Reformphase einsichtig gewesen sein, daß eine Totalrevision der Ergebnisse dieser Politik kurzfristig nicht zu

realisieren sein würde. Zwar wurde in der Rhetorik der Verbandser-
klärungen ein solches Ziel nie aufgegeben, für die praktische Politik
erwies es sich jedoch erfolgversprechender, eine systematische Ero-
sion und einen Abbau nach der Salami-Taktik anzustreben. Die im
öffentlichen Bewußtsein verankerte Abneigung gegen Schuldenma-
cher drängte sich geradezu auf, um soziale Demontage im Windschatten des allgemein eher akzeptierten Zieles der Haushaltskonsolidierung zu betreiben. An den konkreten Entscheidungen staatlicher
Haushaltspolitik — spektakulär einsetzend im Jahr 1981, als es um den
Bundeshaushalt für das Jahr 1982 ging — läßt sich nachweisen, mit welcher Systematik und Zielstrebigkeit unter dem Vorwand der Haushaltskonsolidierung Jahr für Jahr mit größerer Konsequenz Vermögensbildung und Umverteilungspolitik zu Lasten der Arbeitnehmer
und des Sozialstaats betrieben worden ist.

Von der Sozialpolitik zur Sparpolitik —
Sozialliberale Operationen am sozialen Netz

Erstmals in der Beratung um den Etat 1982 stellte die Bundesregierung zum Zweck der Begrenzung von Haushaltsdefizit und staatlicher
Nettokreditaufnahme erklärtermaßen Einsparungen im Bereich der
Kosten sozialer Sicherung in das Zentrum ihrer Haushaltspolitik. Die
sogenannte „Operation '82" lief an. Auf die eigentlichen Defitursa-
chen, steigende Kosten der Arbeitslosigkeit, krisenbedingte Steuerausfälle und höhere Zinsausgaben als Folge der Hochzinspolitik der
Bundesbank, vermochte sie keine Anworten zu geben.

Mit dem Bekenntnis zur restriktiven Haushaltspolitik verband die
Bundesregierung die Hoffnung, mittelfristig jenen wirtschaftspolitischen Spielraum für Beschäftigungspolitik sichern zu können, den
man unter dem Druck außenwirtschaftlicher Abhängigkeiten als nicht
vorhanden behauptete. Die Vertröstung auf bessere Arbeitsmarktzei-
ten in der Zukunft begründete sich auf eine immer noch nicht erschüt-
terte Zuversicht in die Segnungen steigener Unternehmerprofite, die
steigende Investitionen und damit eine Arbeitsplatzvermehrung nach
sich ziehen sollten. Selbst Bundesfinanzminister Matthöfer erklärte
eine Umstrukturierung der öffentlichen Haushalte von konsumtiven

Ausgaben zugunsten investiver Verwendungen als unumgänglich. Einschränkungen beim privaten Konsum und bei den konsumtiven Dauerleistungen des Staates wurden aus der Regierungssicht als Voraussetzungen betrachtet, die es der privaten Wirtschaft erleichtern sollten, trotz amerikanischer Hochzinspolitik auf den enger werdenden Kreditmärkten genügend Mittel zur Finanzierung eines steigenden Investitionsbedarfes vorzufinden. Wie Hans Matthöfer forderte auch Otto Wolff von Amerongen, Präsident des Deutschen Industrie- und Handelstages, von den Arbeitnehmern kurzfristige Opfer im Konsum, um mittelfristiges Wachstum durch mehr Investitionen möglich zu machen. Dabei sollte es keine sozialpolitischen Unantastbarkeiten geben dürfen. Industrieverbandspräsident Rolf Rodenstock präzisierte, es könne angesichts der Konjunktur und der Erfordernisse verstärkter Investitionen und Innovationen keine Absicherungspolitik für die Reallöhne geben. Ähnliche Bekenntnisse wiederholte wöchentlich der mutmaßlich von Flick bestochene Wirtschaftsminister Lambsdorff. Ihm beipflichtend verkündete Bundesbankvizepräsident Helmut Schlesinger in einer der zahllosen Erklärungen zur ideologischen Vorbereitung der Operation '82, der bisherige wirtschaftliche Anpassungsprozeß sei überwiegend zu Lasten der Unternehmen gegangen. Seiner persönlichen Einschätzung nach müßten nunmehr die Arbeitnehmer 1982 ein leichtes Minus bei den Realeinkommen hinnehmen.

Auch die meisten Konjunkturforschungsinstitute verweigerten sich nicht, wenn Kronzeugen für den Unternehmerstandpunkt gefragt waren. Von den Konjunkturforschern des Kieler Instituts für Weltwirtschaft war die Auffassung zu hören, die sie für wissenschaftlich belegt hielten, der Anstieg der Reallöhne müsse für eine Reihe von Jahren hinter dem verteilbaren Produktivitätsanstieg zurückbleiben, wolle man nicht eine weitere Verschlechterung der Beschäftigungslage in Kauf nehmen. Fast täglich konnte man in der veröffentlichten Meinung ähnliche Empfehlungen an die Gewerkschaften finden. Nach Motiv und Zielsetzung solcher Erklärungen muß man nicht lange suchen. Gewerkschaftliche Alternativvorschläge zur Einnahmenerhöhung sowie für sozialstaatsschonende Ausgabenbegrenzungen fanden genauso wenig Gegenliebe wie die Forderung nach aktiver Beschäftigungspolitik und Investitionsprogrammen zur Förderung des qualitativen Wachstums. [109] Im Mittelpunkt staatlicher Konsolidierungsbemühungen standen Leistungsbeschränkungen der Bundesanstalt für Arbeit, die verbunden wurden mit der Anhebung der Beiträge zur Ar-

beitslosenversicherung um 1 Prozent auf 4 Prozent. Der Gesamtkatalog der praktischen Maßnahmen im Rahmen der Operation '82 umfaßt die folgenden Punkte:
- Beschränkung der Bezugsmöglichkeiten von Arbeitslosenunterstützung bei Beitragserhöhung und Leistungssenkung.
- Kürzung des Kindergeldes für das 2. und 3. Kind um jeweils 20 DM.
- Selbstbeteiligung an Krankheitskosten (Rezeptgebühren, Zahnersatz, Brillen, Kuren).
- Streichung der Ausbildungsförderung im Berufsgrundbildungsjahr.
- Korrekturen bei Arbeitnehmersparzulagen.
- Kürzung des Bundeszuschusses für die Rentenversicherung.
- Begrenzung der Anpassungsraten der Sozialhilferegelsätze für je 2 Jahre auf 3 Prozent.
- Kürzungen im Bereich der Beamtenbesoldung.
- Erhöhung der Verbrauchssteuer für Tabak, Branntwein und Sekt.
- Verbesserte Abschreibungsmöglichkeiten für Gebäude und Wohneigentum.

In der Summe haben die Sparmaßnahmen der Operation '82 für die Arbeitnehmerhaushalte im Jahr 1982 eine Belastung in Höhe von 11 Milliarden DM gebracht, während Selbständige und Unternehmer um 0,7 Milliarden DM Entlastung erfahren haben. Die soziale Unausgewogenheit der Sparmaßnahmen lag auf der Hand. Der Prioritätsverlust der Sozialpolitik läßt sich am besten ermessen, wenn die Einsparungen beim Kindergeld in Höhe von 1,8 Milliarden DM bezogen werden auf die im gleichen Haushalt für das Kampfflugzeug Tornado eingesetzten 3,6 Milliarden DM. Kinderreiche, Arbeitslose, Kranke, Rentner und Sozialhilfeempfänger wurden zur Kasse gebeten, um den Militärs neue Kriegsspielzeuge kaufen zu können.

Mit der Operation 82 erfolgte eine historische Weichenstellung: „Der Sozialabbau fällt in eine Situation, in der als Folge von wirtschaftlicher Krise und ansteigender Massenarbeitslosigkeit die sozialen Probleme und Notlagen sprunghaft zunehmen und immer mehr Menschen, vor allem Arbeitnehmer und ihre Familien, auf staatliche Unterstützung und Hilfe angewiesen sind. Genau in diesem Augenblick also, in dem der Anspruch auf Sozialstaatlichkeit eingelöst werden muß und die Bewährungsprobe für die Sozialpolitik im Kommen ist, werden die Leistungen gekürzt oder ganz zurückgenommen."[110] Die Gewerkschaften hatten vergeblich versucht, die in Regierungsverantwortung stehenden Sozialdemokraten daran zu erinnern, auf welchen Säulen ihre Regierungsführung ruht. [111] Der Wähler hatte sich 1980 für eine Fortsetzung der sozialliberalen Reformpolitik entschieden. Die fehlende Entschlußkraft, sozialdemokratische Grundsätze der Gesellschafts- und Sozialpolitik in praktische Regierungspolitik umzusetzen, ermunterte die FDP, in der Koalition mit der SPD bereits eine CDU-Politik zu erzwingen. Sichtbaren Ausdruck gewann der gewerkschaftliche Protest gegen die Sparbeschlüsse der Bundesregierung in einer Großdemonstration am 8.11.1981 in Stuttgart, zu der auf Anregung der IG Metall der baden-württembergische DGB aufgerufen hatte. Statt der erwarteten 20.000 Protestteilnehmer folgten 70.000 dem Demonstrationsaufruf. Vergeblich forderte IG Metall-Bezirksleiter Franz Steinkühler als Kundgebungsredner die sozialdemokratische Regierungsmehrheit in Bonn auf, eine Politik für die Arbeitnehmer zu machen und aus der Geschichte zu lernen, um nicht gegenüber der FDP die gleichen unheilvollen Fehler zu begehen wie einst gegenüber der Brüning-Regierung. Wie sehr die Bereitschaft schon verbreitet war, diese alten Fehler zu wiederholen, zeigte sich an der Aufgeregtheit und Entrüstung, mit der in Teilen der SPD und auch der Gewerkschaften der IG Metall-Kundgebungsaufruf zum „Widerstand gegen Sozialabbau" quittiert wurde. Mit der Drohung vor den noch größeren Grausamkeiten einer möglichen CDU-Regierung wurde dem politischen Selbstmord das Wort geredet.

Unter dem Eindruck gewerkschaftlicher Proteste verstärkten sich auch in der SPD wieder die Stimmen, die zusätzliche beschäftigungswirksame Maßnahmen der Regierung forderten. Nach vorausgegangenen wochenlangen Diskussionen und internen Koalitionsberatungen entschloß sich die Bundesregierung im Februar 1982 schließlich zu einer sogenannten „Gemeinschaftsinitiative für Arbeitsplätze, Wachstum und Stabilität". Den gewerkschaftlichen Forderungen wurde dabei nur hinsichtlich eines 400-Millionen-Mark-Programmes Rechnung getragen, das bis 1985 für Maßnahmen zur Bekämpfung der Jugendarbeitslosigkeit ausgegeben werden sollte. Kern der Gemeinschaftsinitiative, die der Bundeskanzler als zweiten Teil der Operation '82 gewertet wissen wollte, war die Einführung einer zeitlich begrenzten Investitionszulage für den Teil der Jahresinvestitionen, der über dem durchschnittlichen Investitionsvolumen der vorangegangenen drei Jahre lag. Erwartet wurde, daß mit zusätzlichen Haushaltskosten von 4 Milliarden Mark ein zusätzliches Investitionsvolumen von 40 Milliarden angeregt werden könnte. Finanziert werden sollte diese

Investitionshilfe für Unternehmen und Selbständige ursprünglich mit der Erhöhung des Mehrwertsteuersatzes zum 1.7.1983 von 13 auf 14 Prozent. Die Unionsmehrheit im Bundesrat verhinderte schließlich durch ihr Veto, daß diese neuerlichen Steuergeschenke an die Wirtschaft mit direktem Griff in die Tasche der kleinen Einkommensbezieher auf dem unsozialen Weg der Mehrwertsteuererhöhung finanziert werden konnte. Zwar votierten die Konservativen nicht gegen Investitionsgeschenke nach dem Gießkannenprinzip, doch sollten diese mit weiteren Kürzungen im Sozialhaushalt erkauft werden. Die Opposition konnte so auch noch Stimmung gegen die SPD machen, während diese lediglich darauf zu verweisen wußte, daß ihr ja eine andere Finanzierung auch lieber gewesen wäre, der Koalitionspartner FDP diese aber nicht mitgetragen hätte. Angesichts des ständigen Kokettierens der FDP mit dem Koalitionsbruch sah sich die SPD wohl genötigt, eine problemangemessenere Finanzierung in Form einer allgemeinen Arbeitsmarktabgabe für alle Erwerbstätigen und einer Ergänzungsabgabe für Einkommen- und Körperschaftssteuer auf dem Altar eines brüchigen Koalitionsfriedens zu opfern.

Wenig Widerspruch bei Opposition und FDP fanden die im Rahmen der Gemeinschaftsinitiative zusätzlich vorgesehenen Belastungen für Mieter und Rentner. Von einer Anhebung des Vergleichsmietniveaus zugunsten der Vermieter versprach man sich eine mittelfristige Verbesserung der Rahmenbedingungen für Bauinvestitionen. Durch ein Vorziehen der ursprünglich zum 1. 1. 1985 vorgesehenen Rentnerbeteiligung an den Kosten ihrer Krankenversicherung in Höhe von 1 Prozent schon auf den Jahresbeginn 1984 wurde der Kurs hin zu weiteren Einschränkungen konsumtiver Staatsausgaben konsequent weiterverfolgt. Wohl aus taktischen Gründen ließ sich die Opposition dennoch nicht bewegen, der bedrängten Koalition durch Zustimmung zu einer Erhöhung der Mehrwertsteuer aus der Finanzierungsklemme zu helfen. Die SPD hatte sich in die fatale Situation hineinmanövriert, daß CDU-Abgeordnete mit sozialdemokratischen Argumenten Steuergeschenke für Unternehmer ablehnten, während der Wirtschaftsminister mit Argumenten der CDU gerade solche Geschenke als Beitrag zu einer vernünftigen Beschäftigungspolitik verklären konnte. Schon die Verabschiedung im Bundestag gelang bei den heftigen Protesten aus der SPD-Fraktion nur, weil der Kanzler die Zustimmung mit der Vertrauensfrage verband. Um doch noch die Zustimmung der Opposition zur Erhöhung der Mehrwertsteuer im Vermittlungsausschuß zu erreichen, betonten Sprecher der Koalition ihre Absicht, ab 1985 die Mehreinnahmen durch die Mehrwertsteuererhöhung für die Senkung von Lohn- und Einkommenssteuer zu verwenden. Selbst unter dieser Voraussetzung ließ sich die Opposition nicht umstimmen. Schließlich wurde ganz darauf verzichtet, zur Finanzierung der Gemeinschaftsinitiative eine Erhöhung der Mehrwertsteuer vorzunehmen. Die Investitionszulage blieb damit allein aus den ordentlichen Haushalten von Bund, Ländern und Gemeinden zu bestreiten. Die Gesamtbelastung wurde auf etwa 2 Milliarden Mark geschätzt. Da die Investionszulage auf die Einkommens- und Körperschaftssteuer der Unternehmen angerechnet werden sollte, einigte man sich, diese zusätzliche Belastung zu einem Anteil von je 42,5 Prozent von Bund und Ländern und zu 15 Prozent von den Gemeinden tragen zu lassen. Mit der Unionsmehrheit im Vermittlungsausschuß wurde gleichzeitig abgelehnt, den Gemeinden zusätzliche Mehreinnahmen von etwa einer Million Mark durch eine Neubewertung unbebauter, baureifer Grundstücke zuzugestehen.

Offenbar war es der Regierung wichtiger, über eine Begünstigung von Investitionen dem Vorwurf beschäftigungspolitischer Untätigkeit zu entgehen, als durch gezielte Investitionsmaßnahmen in gesellschaftlichen Bedarfsfeldern − z.B. im Umweltschutz − tatsächliche Impulse für die Einrichtung zusätzlicher Arbeitsplätze zu geben. Unter dem Aspekt der Beschäftigungssicherung blieb die Gemeinschaftsinitiative eine Fehlkonstruktion. Sie bewirkte lediglich, daß ohnehin beabsichtigte Investitionsvorhaben vorgezogen wurden, um in den Vorteil der staatlichen Zuschüsse zu gelangen. Zu den finanziellen Begünstigungen der Wirtschaft im Rahmen der Operation '82 in Höhe von 11 Milliarden Mark erbrachte die Gemeinschaftsinitiative zusätzliche Begünstigungen um weitere 4 Milliarden Mark. Mit diesem Finanzaufwand hätte fraglos ein hoher Anteil von Arbeitsplätzen geschaffen werden können, wenn diese Mittel gezielt für arbeitsplatzschaffende Investitionen − etwa nach den Vorstellungen des DGB − eingesetzt worden wären. Die vorhergesagten Wachstumseffekte der pauschalen Investionsbezuschussung vermochten ohnehin nur wenig mehr als die Schrumpfungseffekte der Operation '82 auszugleichen.

Die beschäftigungspolitische Ineffiktivität dieser Lösung konnte der Regierung nicht verborgen geblieben sein. Z.B. verkündete der Freidemokrat Martin Grüner, Parlamentarischer Staatssekretär im Bundeswirtschaftsministerium, schon im März − allerdings fernab von den Metropolen des bundesrepublikanischen Journalismus – auf einer Veranstaltung der Industrie- und Handelskammer Ostwürttemberg in Aalen, daß durch die „beschäftigungspolitische Initiative der Bundesregierung" eine Wende in der konjunkturellen Entwicklung nicht eingeleitet werden könne. Man hätte vor allem aus psychologischen Gesichtspunkten gegenüber den Gewerkschaften tätig werden müssen. Zweifellos hat Grüner die Bereitschaft der Gewerkschaften, sich mit symbolischen Gesten der Regierung abzufinden, stark überschätzt. Da der Widerstand der Union, in unerklärter Koalition mit der Führungsspitze der FDP, gegen jede Form effektiver Regierungsmaßnahmen zum Abbau der Arbeitslosigkeit vom Weheklagen der Unternehmerverbände begleitet wurde und auch die meisten Konjunkturforschungsinstitute eine aktive Beschäftigungspolitik des Staates als Angriff auf die Selbstheilungskräfte der Marktwirtschaft herabsetzten, ließ sich voraussehen, daß bei der Aufstellung des Bundeshaushaltes für das Jahr 1983 dem Sozialstaat nochmals weitere Einschnitte drohten.

Durch die Finanzierungskonstruktion zu Lasten der Einnahmeseite der öffentlichen Haushalte sowie durch weitere konjunkturbedingte Steuerausfälle und bei dem ohnehin erwarteten finanziellen Mehrbedarf infolge der wachsenden Kosten von Arbeitslosigkeit hatten sich die Haushaltsprobleme weiter zugespitzt. Die zu deckende Finanzierungslücke wurde auf 10 bis 12 Milliarden DM geschätzt. Da die Neuverschuldung gesenkt werden sollte, entstand ein zusätzlicher Druck, entweder die Haushaltsprioritäten neu zu ordnen oder durch Einschränkungen bei den Leistungsgesetzen weitere Haushaltsmittel einzusparen. Im Interesse sozialer Ausgewogenheit wurde im sozialdemokratischen Teil der Regierung über Streichung von Subventionen und Sparopfer auch für die besser verdienenden Einkommensgruppen nachgedacht. Das neue Defizit sollte nach SPD-Vorstellungen in den Koalitionsberatungen um den Haushalt 1983 zur Hälfte über Einsparungen von Steuerbegünstigungen gedeckt werden. Die FDP verlangte in diesen Verhandlungen, nach Deckungsvorschlägen für das erwartete Defizit vornehmlich zu Lasten der Sozialausgaben zu suchen. Besonderes FDP-Anliegen wurde das Beharren auf eine direkte Kostenbeteiligung der Patienten bei Krankenhausaufenthalten und Kuren. Wie sich später zeigen sollte, schraubte die FDP ihre neuerlichen Sparforderungen weniger aus finanz- denn aus koalitionspolitischen Gründen in die Höhe. Bundeskanzler Schmidt sah sich schließlich selbst herausgefordert, einen Einigungsvorschlag zu präsentieren, den die FDP zunächst durch Drohung mit dem Koalitionsbruch abzuwehren versuchte, dann aber doch akzeptierte. Die am 1. Juli einmütig verabschiedeten Eckwerte zum Bundeshaushalt waren in einen Ausgaberahmen von 250,5 Milliarden DM eingepaßt. Die Zuwachsrate blieb auf 2 Prozent beschränkt, die vorgesehene Neuverschuldung wurde auf 28,5 Milliarden DM gedrückt. Die FDP rechnete es sich als ihre Leistung zu, weitere Kürzungen im Sozialbereich in Höhe von 8 Milliarden DM durchgesetzt zu haben. Die vorgesehene Eigenbeteiligung der Patienten an Krankenhauskosten von 5 DM täglich in den ersten 7 Tagen des Krankenhausaufenthaltes sowie die Zahlung von 10 DM pro Tag bei Kuraufenthalten begrüßten die FDP-Politiker als „Einstieg in eine Wende, weg vom bloßen Anspruchsdenken und hin zu mehr Selbstverantwortung". Wichtigster Einsparungsposten war die Heruntersetzung der Bemessungsgrundlage für die Renten- und Krankenversicherungsbeiträge der Arbeitslosen auf 70 Prozent ihres letzten Bruttoverdienstes. Die Zeiten der Arbeitslosigkeit sollten damit wieder zur Minderung der zukünftigen Renten beitragen, was erst im Jahre 1978 durch ein entsprechendes Reformgesetz ausgeschlossen worden war. Zur Einnahmeverbesserung und Entlastung des Bundeshaushaltes von der Verpflichtung zur Defizitabdeckung wurde − auf 3 Jahre befristet − die Anhebung der Arbeitslosenbeiträge um 0,5 auf 4,5 Prozent beschlossen. Die einschneidendste Veränderung für die Rentner bestand in der Absicht, die Selbstbeteiligung bei der gesetzlichen Krankenversicherung in Höhe von 1 Prozent bereits auf das Jahr 1983 vorzuziehen und stufenweise bis 1986 auf 4 Prozent auszuweiten. Die Bundeszuschüsse für die Rentenversicherung wurden um 1,5 Milliarden gekürzt. Zur Erhöhung von Steuereinnahmen sollte der Splitting-Vorteil bei der Steuerberechnung für Verheiratete auf jährlich 10.000 DM begrenzt bleiben. Ferner wurde der private Nutzungsanteil bei der Steuerabzugsfähigkeit von Geschäftswagen auf 50 Prozent verdoppelt.

Trotz derartiger Korrekturen zu Lasten traditioneller Steuervergünstigungen wurde die unsoziale Sparpolitik der Operation '82 fortgesetzt. In erster Linie blieben Arbeitslose, Rentner und Kranke die Sparopfer. Die beschäftigungsfördernden Maßnahmen beschränkten sich nur auf die Bereitstellung von 1,4 Milliarden Mark für die Bereiche Stahl und Kohle, Luftfahrtindustrie (Air-Bus), fortgeschrittene Reaktorlinien (Schneller Brüter und Hochtemperatur-Reaktor) sowie

für die Bekämpfung der Jugendarbeitslosigkeit. Bei einer Schrumpfung des Sozialetats um fast 10 Prozent auf 53,2 Milliarden und einer
Steigerung des Verteidigungshaushaltes um 4,1 Prozent auf 46,1 Milliarden DM wurde es als eine besondere Leistung herausgestellt, die
Neuverschuldung auf 28,4 Milliarden DM begrenzt zu haben. Angesichts des Riesen-Defizits von über 100 Milliarden Dollar der US-
Haushaltsbilanz schien der Streit um die Vermeidung zusätzlicher
Kreditaufnahmen immer weniger nur ein Streit um die Anerkenntnis
angeblich ökonomischer Notwendigkeiten zu sein. Deutlicher als
zuvor geriet er zum Vorwand für den Sozialabbau und lieferte für die
FDP Ansatzpunkte für gezielte Provokationen zur Vorbereitung einer
konservativen Machtübernahme.

Per saldo aller Belastungs- und Entlastungsmaßnahmen der Spar-
und Ausgabenumverteilungslasten im Rahmen von Operation '82,
Gemeinschaftsinitiative und der Haushaltsbeschlüsse für den Etat 1983
ergibt sich für die Zeit 1983 bis 1985 eine jahresdurchschnittliche
Gesamtbelastung für Arbeitnehmerhaushalte von 21,5 Milliarden
Mark. Im gleichen Zeitraum beläuft sich die jährlich Belastung für die
Haushalte von Selbständigen und für die Betriebe jeweils auf 0,6 Milliarden Mark. Allein die mehrfach höhere Belastung der Arbeitnehmerhaushalte unterstreicht, in welchem Stil es um die Umverteilung
des gesellschaftlichen Reichtums zu Lasten seiner Produzenten
ging. [112] In Verkennung unternehmerischer Investitionsmotive wurde
statt einer aktiven Beschäftigungspolitik der Konsolidierungspolitik
eine Schlüsselrolle für die Belebung von Konjunktur und Beschäftigung zugewiesen. Ohne die Bereitschaft, die eigentlichen Ursachen
der wachsenden Haushaltsdefizite anzugehen, konnten die vorübergehenden Entlastungen der öffentlichen Haushalte, die in jährlichen
Sparoperationen durch Minderausgaben und Mehreinnahmen zu
erzielen waren, lediglich eine ideologische Funktion erfüllen und der
Umverteilungspolitik durch Abbau von Sozialstaatlichkeit dienen.
Hinsichtlich des regierungsamtlich behaupteten Nutzens für eine spürbare Haushaltskonsolidierung und für die Schaffung zusätzlicher
Arbeitsplätze gelangt Claus Schäfer nach Überprüfung der verteilungs- und beschäftigungspolitischen Konsequenzen der sozialliberal
verantworteten Gesamtoperationen am sozialen Netz zu der folgenden Einschätzung: „Die Operation '82 und '83 sowie die Gemeinschaftsinitiative belasten nicht nur die Arbeitnehmer-Haushalte und
den Arbeitsmarkt, sie belasten auch über kreislaufmäßige Rückwir-

wirkungen die öffentlichen Haushalte selbst. Oder noch anders: Das, was zunächst durch Konsolidierungsmaßnahmen in den öffentlichen Haushalten eingespart wird, muß wenig später, meist schon gegen Ende des jeweils laufenden Haushaltsjahres, wegen gestiegener Kosten für Arbeitslosigkeit doch ausgegeben werden. Und deshalb kann keine der beiden ... offiziellen Zielsetzungen der Operation '82 und '83 sowie der Gemeinschaftsinitiative realisiert werden." [113]

Bereits wenige Wochen nach der zunächst noch koalitionsrettenden Einigung auf einen Haushaltsentwurf '83 wurde wieder in Zweifel gezogen, ob das zugrunde gelegte Einsparungsvolumen zum Ausgleich erwarteter Defizite ausreichen werde. Die Bereitschaft der Sozialdemokraten zu weiteren Einschnitten in das soziale Netz war hinlänglich ausgetestet. Die FDP widersetzte sich nach wie vor mit Unterstützung der Opposition neuen Vorschlägen zur Ausweitung der Steuereinnahmen und höheren Kreditaufnahmen. Zunehmend mehr bewies die FDP ihre Entschlossenheit, die Durchsetzung der von ihren Geldgebern gewünschten Politik wieder im Bündnis mit den Christdemokraten anzustreben. Um sich nicht länger erpressen lassen zu müssen und um dem Koalitionsbruch der FDP vorzugreifen, entschlossen sich die SPD und Bundeskanzler Schmidt Mitte September 1982 zur Aufgabe der Regierungsverantwortung. Daß die SPD ein ganzes Jahr lang den ständigen FDP-Drohungen mit dem Koalitionswechsel nachgegeben hatte, hat sich weder für ihre Wähler noch für sie selbst ausgezahlt. Im Gegenteil belastete die gezeigte Kompromißbereitschaft und der Verzicht auf eigene Alternativen zur Bewältigung der Wirtschafts- und Beschäftigungskrise das traditionell gute Verhältnis mit den Gewerkschaften. Mit dem Sozialstaat war auch die sozialdemokratische Partei in die Defensive geraten. [114]

Soziale Demontage und forcierte Umverteilung – Die Wende-Regierung bittet zum Opfergang

Bei der Verfolgung unternehmerischer Interessen wird die seit dem 1. Oktober 1982 amtierende Regierung Kohl/Genscher deutlich von weniger Skrupel geplagt als die abgelöste. Mußte diese noch unter den ständigen Kündigungsdrohungen der FDP – zum Teil wider besseren Wissens – in mehreren Teiloperationen zur Abwendung vom Sozial- staat gezwungen werden, rückte mit der CDU/CSU/FDP-Regierung nicht mehr bloß eine Wende, sondern eine Umkehr zur Ellbogen- Gesellschaft auf die politische Tagesordnung.

Wohin die Reise gehen sollte, hatte Wirtschaftsminister Graf Lambsdorff mit seinem schon am 9. September veröffentlichten „Kon- zept für eine Politik zur Überwindung der Wachstumsschwäche und zur Bekämpfung der Arbeitslosigkeit" offenbart, das als Scheidungs- papier für die sozialliberale Koalition verstanden wurde[115]. Es enthält eine Zusammenstellung von Vorschlägen mit dem Ziel, „in der Wirt- schaft neues Vertrauen zu schaffen und den Mut zur Investition zu stärken". Statt für soziale Zwecke sollen die öffentlichen Mittel für öffentliche Investitionen und Investitionsförderung verwendet wer- den. Besoldungserhöhungen im öffentlichen Dienst sollen mehrere Jahre lang begrenzt bleiben. Plädiert wird für einschneidende Lei- stungskürzungen bei der Arbeits- und Bildungsförderung. Empfindli- che Abstriche sollen auch im Renten-, Kranken- und Sozialhilfebe- reich getätigt werden. Den Unternehmern sollen Steuern gesenkt und sämtliche Verpflichtungen aus anderen Zielen wie Umweltschutz, Chancengleichheit oder Gleichberechtigung erlassen werden. Die Zeche für Finanzgeschenke und Steuernachlässe für Unternehmer und Gutverdienende sollten nach Lambsdorffs Vorstellungen die Arbeitnehmer, die Sozialversicherungsnehmer sowie über eine Erhö- hung der Mehrwertsteuer auch die Verbraucher bezahlen. Realisti- scherweise sieht Lambsdorff „Auseinandersetzungen mit den Gewerkschaften" voraus. Ihnen hält er als Bekenntnis entgegen: "Wer bei einer solchen Politik den ... Vorwurf einer sozialen Unausgewo- genheit oder einer Politik 'zu Lasten des kleinen Mannes' macht, dem kann und muß entgegengehalten werden, daß nur eine solche Politik in der Lage ist, die wirtschaftliche Grundlage unseres bisherigen Wohl- standes zu sichern und die Wachstums- und Beschäftigungskrise all- mählich und schrittweise zu überwinden."

Die Exekution der proklamierten Umverteilungspolitik startete mit drei Überraschungen: Bundeskanzler Schmidt war noch nicht durch ein konstruktives Mißtrauensvotum abgewählt, als die drei zukünftigen Regierungsparteien verkündeten, als Sofortprogramm zum Ausgleich des Haushalts 1983 eine Erhöhung der Mehrwertsteuer veranlassen, eine zeitlich befristete sogenannte Konjunkturförderungsabgabe für Besserverdienende einführen und zusätzliche Schulden durch Kreditaufnahme machen zu wollen. Die Mehrwertsteueranhebung von 13 auf 14 Prozent wurde zum 1. Juli 1983 wirksam. In der Opposition hatte die Union eine solche Belastung für die Verbraucher als unsozial abgelehnt, selbst als die sozialdemokratisch geführte Bundesregierung ihre Erhöhungspläne mit der Zusicherung einer späteren steuerlichen Entlastung der unteren Einkommensgruppen verbunden hatte. Nicht einmal diese Zielsetzung hat die neue Regierung übernehmen wollen. Die Mehreinnahmen aus der Erhöhung sollten nicht zum sozialen Ausgleich im System der Steuererhebung benutzt werden, sondern zur Finanzierung von Investitionserleichterungen. Zur Tarnung von Umverteilungspolitik sollten symbolisch auch die höheren Einkommensschichten Belastungen tragen müssen. Zum einen waren für diesen Kreis Abstriche beim Kindergeld vorgesehen, obwohl sich die FDP in der sozialliberalen Koalition solchen Änderungen zu Lasten der Besserverdienenden stets energisch widersetzt hatte. Zum anderen sollten die Besserverdienenden durch eine obligatorische Anleihe in Höhe von 5 % ihrer Steuerschuld besonders veranlagt werden. Ähnliche Forderungen aus Gewerkschaftskreisen und der SPD wurden vor Regierungsübernahme als „sozialistisch" und „Rückfall in den Klassenkampf" abqualifiziert. Doch ist die Bundesregierung in dieser Beziehung den gewerkschaftlichen Forderungen nach der Erhebung einer Ergänzungsabgabe nur scheinbar entgegengekommen: Während Sozialhilfeempfänger, Rentner, Kranke, Arbeitslose, Schüler, Studenten und die Beamten ohne Aussicht auf spätere Rückzahlung von Sparmaßnahmen betroffen werden, sollten die höheren Einkommensschichten ihr Sonderopfer in späteren Jahren zurückbezahlt bekommen. Ungeachtet der über Jahre vorgebrachten Kritik an der staatlichen Neuverschuldung hatte sich die Wende-Regierung damit eine Form zinsfreier Nettokreditaufnahme gewährt. Unbekümmert früherer Einwände, die als Ausdruck von Sachverstand galten, einigte sich die konservativ-liberale Bundesregierung auf eine deutliche Aufstockung der Netto-Neuverschuldung auf 40,9 Milliarden Mark, was sicherlich gleichermaßen notwendig, wie sinnvoll war. Bemerkenswert ist daran aber doch, daß Finanzminister Stoltenberg die von der sozialliberalen Regierung im Haushalt 1983 vorgesehene Netto-Kreditaufnahme von 28,4 Milliarden Mark als finanzpolitischer Sprecher der Opposition noch heftig bekämpft hatte.

Aufbauend auf die lange Phase der Diskreditierung des Sozialstaats und anknüpfend an die Logik der sozialliberal verantworteten Sparoperationen, befand sich die Wende-Regierung mit ihrem Bekenntnis zum Ziel Haushaltskonsolidierung und Konjunkturbelebung durch Unternehmerbegünstigungen im Konsens mit der veröffentlichten Meinung. Auch im öffentlichen Bewußtsein war bereits die Bereitschaft verankert, im Interesse des wirtschaftlichen Aufschwungs und der damit versprochenen besseren Zeiten die weiteren auferlegten finanziellen Opfer zu tragen. Nicht nur quantitativ, sondern auch in qualitativer Hinsicht wurde eine neue Phase sozialer Demontage und Umverteilung begonnen. [116] Im Regierungsprogramm stellte sich die Wende-Politik in den folgenden Konturen dar:

− Kürzung der Leistungsdauer und Leistungshöhe beim Bezug von Arbeitslosenunterstützung, Reduzierung der Bemessungsgrundlage für Renten- und Krankenversicherungsbeiträge der Arbeitslosen auf die Höhe der Lohnersatzleistungen, Anhebung der Arbeitslosenversicherungsbeiträge von 4 auf 4,6 Prozent.

− Anpassungstermine für Beamtengehälter, Renten- und Sozialhilfeleistungen werden auf den 1. Juli 1983 verschoben. Für Einkommenssteigerungen im öffentlichen Dienst wird ein Gesamtrahmen von 2 Prozent festgelegt. Auch die Anhebung der Sozialhilfebedarfssätze soll mit 2 Prozent deutlich geringer ausfallen als der Anstieg der Lebenshaltungskosten (1983: 3 Prozent).

− Beitragserhöhung zur Rentenversicherung zum 1.9.1983 von 18 auf 18,5 Prozent, vorzeitige Einführung des Krankenversicherungsbeitrages der Rentner zum 1.7.1983 und Ausweitung des Anteils in den Folgejahren.

− Eigenbeteiligung der Krankenversicherten bei Kuren von 10 DM pro Tag, beim Krankenhausaufenthalt von 5 DM pro Tag bis zum 14. Tag, Erhöhung der Rezeptgebühr.

− Streichung der Ausbildungsförderung für Schüler, Umstellung der Ausbildungsförderung für Studenten auf Volldarlehen.

− Abbau des Mieterschutzes, Wohngeldbeschneidungen.

− Mehrwertsteueranhebung zum 1.7.1983 auf 14 Prozent.

− Obligatorische Anleihe für Besserverdienende in Höhe von 5 Prozent ihrer Steuerschuld, befristet auf 2 Jahre, rückzahlbar ab 1987.

− Einkommensabhängige Kürzung des Kindergeldes, die durch Wiedereinführung steuerlicher Kinderfreibeträge später wieder kompensiert werden sollte.

Gegenüber den Etat-Planungen der SPD/FDP-Regierung wurden im

Haushalt 1983 zusätzliche Einsparungen von 5,65 Milliarden Mark durchgesetzt. Die Sozialetatkürzungen im Rahmen der Operation '83 kletterten damit auf die Gesamthöhe von rund 14 Milliarden Mark. Bundeskanzler Kohl, der als Oppositionsführer im Sommer vom DGB erwartet hatte, daß dieser „mit großem Ernst und aller Deutlichkeit der Bundesregierung ins Stammbuch schreibt, wie sehr sich ihre Politik gegen die Arbeitnehmerschaft und gegen die sozial Schwachen richtet", ließ sich nicht beirren, als im Herbst − noch vor der Verabschiedung des Haushalts − die Gewerkschaften seiner Aufforderung nachkamen. An den DGB-Demonstrationen gegen die Wirtschafts- und Sozialpolitik der neuen Bundesregierung beteiligten sich in den Großstädten Frankfurt, Nürnberg, Dortmund, Stuttgart, Hannover, Hamburg und Saarbrücken eine halbe Million Menschen. Die Regierung blieb bei ihren Demontageplänen und ließ sich auch nicht durch den Nachweis davon abbringen, daß alle Einsparungsbemühungen der vergangenen Jahre nur dazu geführt haben, die Arbeitsmarktprobleme zu vergrößern. Um öffentlichen Sparwillen unter Beweis zu stellen, erklärten sich alle Minister des neuen Bundeskabinetts demonstrativ mit einer Kürzung ihrer Gehälter um 5 Prozent einverstanden. Sieht man davon ab, daß ein Minister auch mit 95 Prozent seines Gehalts das Mehrfache eines Facharbeiters verdient, konnte mit dieser Effekthascherei darüber hinweggetäuscht werden, daß durch die Stellenvermehrung der neuen Bundesregierung um vier Posten der genannte Einsparungseffekt durch zusätzliche Ausgaben etwa um das Doppelte übertroffen wurde. Durch den vorübergehenden Einkommesverzicht der Minister fühlte sich Arbeitsminister Norbert Blüm legitimiert, die Gewerkschaften mit dem Ansinnen zu konfrontieren, aus Solidarität mit den Opfern der christdemokratischen Sparpolitik für ein halbes Jahr einer Lohnpause zuzustimmen. Sichtbar wurde zugleich mit diesem Vorschlag die Bereitschaft der Bundesregierung, in den Verteilungsauseinandersetzungen zwischen Kapital und Arbeit zugunsten des Unternehmerstandpunktes Stellung zu beziehen.

Mit welcher Entschlossenheit die staatliche Sparpolitik in den Dienst der Zementierung ökonomischer und sozialer Ungleichheit gestellt wurde, erweist sich nicht nur an der Umverteilungsbilanz der Sparmaßnahmen, sondern vor allem an ihren gesellschaftspolitischen Konsequenzen. So liegt es z.B. auf der Hand, daß durch die weitgehende Streichung der Ausbildungsförderung für Schüler und die Umstellung der Ausbildungsförderung für Studenten auf Volldarlehen mit der Aussicht, sich bei einem normalen Studium bis zu einer Höhe von 40.000 Mark verschulden zu müssen, der Weg zu einer weiterführenden Bildung für Kinder aus einkommensschwachen Familien wieder verengt wird. Die einschneidenden Veränderungen im Bereich der Bildungsförderung ebnen den Weg zurück in das partiell schon überwundene 3-Klassen-Bildungssystem. Nur noch für ein Fünftel der bisher geförderten 520.000 Schüler an allgemeinbildenden und beruflichen Schulen blieb der Anspruch erhalten. Durch diese Streichungen sollten 1983 200 Millionen und von 1984 an jährlich 600 Millionen eingespart werden. In Beziehung zu jenen 450 Millionen Mark Steuerersparnis gesetzt, die unter skandalösen Begleitumständen dem Flick-Konzern gewährt worden waren, zeigt sich, daß es bei der Streichung der Ausbildungsförderung nicht so sehr um den Einsparungseffekt geht. Vielmehr will man den Anteil von Arbeiterkindern unter den Studierenden wieder einschränken. Während der Zeit sozialliberaler Koalitionen konnte dieser Anteil durch staatliche Studienförderung von 6 % auf 13 % gesteigert werden. [117] Die tatsächliche Nachfrage nach Bildung will die Wende-Regierung durch einschneidende Veränderung im Bereich der Schüler- und Studentenförderung nach unten heruntermanipulieren. Auf diese Weise entgeht sie gleichzeitig dem Druck, das Bildungssystem bedarfsgerecht ausbauen zu müssen.

Der Staat zieht sich aus seiner Verantwortung für Herstellung von Chancengleichheit zurück, das Vorrecht auf eine bessere Bildung für Kinder der Begüterten wird konserviert, obwohl alle Arbeitnehmer über ihre Steuerzahlungen zur Finanzierung des Bildungssystems beitragen. Mit welcher Perspektive die Wende-Regierung den Anspruch auf Chancengleichheit umdeutet, ließ Bundeswohnungsbauminister Schneider erkennen, der im Zusammenhang mit der Demontage des Mieterschutzes von der Erhöhung „der Chancengleichheit auf dem Wohnungsmarkt" sprach. Auch auf dieser Ansatzebene wurde im Windschatten der Operation '83 ein Restbestand sozialliberaler Gesellschaftsreform angegriffen. Unter dem beschönigenden Titel „Gesetz zur Erhöhung des Angebots an Mietwohnungen" verabschiedete die Regierungsmehrheit im Dezember ein Gesetz zur Stärkung der Vermieter-Macht. Staffelmieten können damit nicht nur für neue, sondern auch für alte Mietverhältnisse vereinbart werden. Neben der Staffelmiete erlaubt das neue Mietrecht auch Zeitmietverträge für die Dauer von höchstens 5 Jahren. Eine erhebliche Mietverteuerung ergibt sich aus der eingeräumten Möglichkeit, die Vergleichsmiete an die durchschnittlichen Mietabschlüsse der letzten drei Jahre anzupassen. Als Höchstgrenze für Mietpreissteigerungen innerhalb von drei Jahren wurde ein Steigerungssatz von 30 Prozent festgesetzt. Der Wohnungsbauminister vertrat sogar die Auffassung, die Erhöhung der Mieten auf bis zu 25 Prozent des Einkommens der Mieter sei sozial zumutbar. Aber: „Ein langer Urlaub auf den Canarischen Inseln und eine optimale Wohnung wird dann für viele nicht mehr möglich sein." Das heißt, die Mieter sollen sich aussuchen, ob sie einen optimalen Urlaub oder eine optimale Wohnung haben wollen. Beides zusammen soll offensichtlich zum Privileg der Wohnungsvermieter werden.

Dem Prinzip sozialer Gerechtigkeit wurde im Rahmen der proklamierten Wende in der Politik der Bundesregierung kein Platz mehr eingeräumt. Die Politik der Privilegierten erhielt Vorrang gegenüber einer Politik zum Schutze der Unterprivilegierten. Eine Politik im Interesse der Besitzenden wurde zu Lasten der Nicht-Besitzenden betrieben. Im Rahmen einer Gesamtpolitik zur Begünstigung des Kapitals wurde der Förderung von Interessen der Großindustrie unmißverständlich ein Vorrang eingeräumt, wie sich an der Investitionspriorität für die Verkabelung und an der Politik des Forschungsministeriums zeigte: Trotz einer gigantischen Finanzierungslücke von 3 Milliarden Mark wurde grünes Licht zum Weiterbau des schnellen Brutreaktors in Kalkar und des Hochtemperatur-Reaktors gegeben. Diese beiden sowohl energiepolitisch als auch ökonomisch fragwürdigen Projekte sollten mit erheblichen Steuermitteln weiter finanziert werden. Ginge es der Bundesregierung tatsächlich um die Sicherung und Neuschaffung von Arbeitsplätzen, ließen sich die dafür vorgesehenen ökonomischen Ressourcen effektiver nutzen, um gezielt im Bereich einer rationelleren Energieausnutzung zu investieren. Viele tausend Handwerker und kleinere Unternehmen könnten Nutznießer eines solchen Programmes werden. Die stereotypen Lobpreisungen zum Wert des Handwerks und des mittleren Unternehmertums, die in Sonntagsreden der Regierungspolitiker immer wieder zu hören sind, offenbaren in Konfrontation mit dem konkreten Regierungshandeln ihre Ideologiefunktion.

Die im Herbst 1982 schon sichtbar gewordenen Konturen der Wende-Politik veranlaßten selbst den als besonnen bekannten Ex-Bundeskanzler Helmut Schmidt auf dem Gewerkschaftstag der IG Bau Steine Erden, vor der Gefahr einer „Neuauflage des Klassenkampfes von Oben" zu warnen.

Wie berechtigt es war, in der Operation '83 den Ausdruck einer Klassenpolitik zu sehen, erwies sich in der Fortsetzung dieser Politik bei der Aufstellung des Etats 1984.

Mit der Überzeugung, weitere Opfer zum Abbau der Staatsverschuldung und zur Förderung des Aufschwungs seien geboten, wie sie auch aus den Vorstandsetagen der Wirtschaft zu hören war, stellte die Wende-Regierung nach gewonnener Bundestagswahl den Haushalt 1984 gleichfalls in den Dienst von Sozialabbau und Umverteilung. [118]

Erstmalig wurde eine direkte Kürzung von Lohnersatzleistungen durchgesetzt. Im sozialen Netz ergaben sich nachhaltige Lücken, die ursächlich für den Zuwachs sozialer Bedürftigkeit und neuer Armut wurden, durch folgende Maßnahmen:

- Kürzung des Arbeitslosengeldes und der Arbeitslosenhilfe für Arbeitslose ohne Kinder von 68 auf 63 Prozent bzw. von 58 auf 56 Prozent des vorherigen Nettoeinkommens,
- Kürzung der Bemessungsgrundlage für jugendliche Arbeitslose nach Abschluß von Ausbildungsverhältnissen von 75 auf 50 Prozent des fiktiven Arbeitsentgelts im erlernten Beruf,
- Kürzungen des Mutterschaftsurlaubsgeldes,
- Kürzungen des Krankengeldes durch Beitragsabzüge zur Renten- und Arbeitslosenversicherung,
- Rentenkürzung durch aktuellere Anpassung der Renten an die Lohnentwicklung,
- Verschlechterungen beim Behindertenrecht.

Zudem kam es zu Einsparungen infolge einer Kürzung der Eingangsbesoldung für den öffentlichen Dienst. Für eine generelle Einkommenserhöhung der Beschäftigten im öffentlichen Dienst wurden 1984 keine Haushaltsmittel bereitgestellt. [119]

Das Einsparvolumen im Sozialbereich betrug 6,7 Milliarden Mark. Es wurde auf diese Weise möglich, der unternehmerischen Wirtschaft durch Vermögenssteuerentlastung und Sonderabschreibungsmöglichkeiten um weitere 3,5 Milliarden Mark Entlastung zu erteilen. Gespart wurde wiederum nicht beim Zuwachs im Verteidigungsetat, der um 2,4 Prozent auf 47,8 Milliarden Mark angehoben wurde. Wie schon im vorausgegangenen Haushalt war ein Finanzierungsplan für ein Beschäftigungsprogramm nicht enthalten. Allein das Steuergeschenk an die Unternehmer und Vermögensbesitzer in Höhe von 3,5 Milliarden Mark hätte ausgereicht, um einen Staatskredit in Höhe von über

40 Milliarden Mark zu verzinsen. Mit diesem Volumen hätten sich Zukunftsinvestitionen finanzieren, qualitatives Wachstum fördern sowie hunderttausende von Arbeitsplätzen schaffen lassen.

Es gehört zum schon beschriebenen strategischen Grundmuster der Politik sozialer Demontage und Umverteilung, diesen eigentlichen Zielen als übergeordnetes Leitziel den Anspruch Haushaltskonsolidierung voranzustellen. Die Wende-Regierung führte in diesem Rahmen neue Verkaufselemente ihrer Politik ein. Zur generellen Entschuldigungsklausel geriet der Verweis auf die „Schuldenpolitik" der sozialdemokratisch geführten Regierung. Oft im Widerspruch zu dieser Sündenbock-These wurde zugleich darauf verwiesen, bei Einsparungen in der Sozialpolitik nur fortzusetzen, was auch schon die abgelöste Regierung begonnen habe. Als einsichtiger Erfolg der Konsolidierungspolitik wurde auf die erreichte Preisstabilität verwiesen, während die gleichzeitig gestiegene Zahl der Arbeitslosen in diesem Argumentationszug ausgeblendet blieb. Mit einem erheblichen Propagandaaufwand wurde die restriktive Haushaltspolitik als Voraussetzung für zukünftige Steuerentlastungen herausgestellt. Das Entlastungsvolumen sollte zunächst 25 Milliarden Mark betragen, wurde dann aber auf 20 Milliarden zurückgenommen. Die Entlastung soll in zwei Schritten ab 1986 und ab 1988 spürbar werden. Im ersten Entlastungsschritt sollen Familien mit Kindern durch steuerliche Entlastungen wieder einen Teil von dem zurückerhalten, was ihnen durch die diversen Sparoperationen in den Jahren zuvor genommen wurde. Über Aufstockung von Kinderfreibeträgen und Grundfreibeträgen wird selbst durch diese Art der Steuerentlastung noch Umverteilungspolitik betrieben. So können Spitzenverdiener mit einer vielfach höheren Entlastung rechnen als Normalverdiener[120]. Was in der Regierungspropaganda als Erfolg der Sparpolitik und quasi Belohnung für die dabei von den Arbeitnehmern gezeigte Duldsamkeit herausgestellt wurde, ist in Wirklichkeit nicht mehr als ein Versuch, die Konsequenzen einer unsozialen Steuerpolitik abzumildern. So ist das Lohnsteueraufkommen allein in den Jahren 1980 bis 1983 um 15 Prozent geklettert, während die Bruttolöhne und -gehälter nur um 7,5 Prozent anstiegen. Ginge es bei der Steuerentlastung tatsächlich um einen sozialen Ausgleich, müßte die Struktur der Steuereinnahmen sich deutlich zu Lasten von Körperschaftssteuer, Gewerbesteuer und Vermögenssteuer verändern, zumal dieser Anteil am Gesamtsteueraufkommen stetig gefallen ist, während der Anteil des Lohnsteueraufkommens stieg.

Als Muster zur Akzeptanz-Sicherung der christdemokratischen Sparpolitik bewährte sich gleich mehrfach, im Vorfeld der Haushaltsbeschlüsse auch Einsparungen anzukündigen, die im Endeffekt dann doch unterblieben. Die Tatsache, daß angekündigte Grausamkeiten – zum Teil erst unter Protest der potentiell Betroffenen – doch nicht Gesetz wurden, ließ sich dann als ein besonderer Regierungserfolg herausstellen. Dazu drei Beispiele:

1. In der Vorbereitung des Haushalts 1984 wurde zunächst zur Verbesserung der Einnahmen für die Rentenversicherung angekündigt, die Rentengesetzgebung so umzugestalten, daß Frauen nicht mehr schon im Alter von 60, sondern ebenso wie Männer erst mit 63 Jahren in Rente gehen können. Die öffentliche Diskussion ließ den Befürwortern solcher Pläne schnell einsichtig werden, daß es nicht opportun ist, auf der einen Seite über Verkürzung der Lebensarbeitszeiten nachzudenken, auf der anderen Seite die Verlängerung der Lebensarbeitszeit für Frauen in Angriff zu nehmen. Den ersten Ankündigungen folgte deshalb schon bald das endgültige Dementi.

2. Zur Eröffnung der Haushaltsberatungen verlangte Finanzminister Stoltenberg die Begrenzung des Anstieg der Sozialhilfesätze auf 1,5 Prozent. Es wurde als Erfolg verbucht, bei erneutem Nachrechnen die Sozialhilfe doch wieder um den Satz zu steigern, auf den sich auch die Lebenshaltungskosten erhöht haben. Im Gegenzug verlangte Sozialminister Geißler, daß künftig auch Großeltern zur Erstattung von Sozialhilfe herangezogen werden sollen, die ihren Enkeln gezahlt werde, und die Enkel für die ihren Großeltern gewährte Sozialhilfe haftbar gemacht werden können. Erst bei der endgültigen Verabschiedung des Haushalts wurde dann großmütig darauf verzichtet, die Unterhaltspflicht für bedürftige Familienmitglieder auf Enkel und Großeltern auszudehnen.

3. Erhebliche Koalitionsstreitigkeiten lösten die Pläne zur Kürzung des Mutterschaftsgeldes aus. Arbeitsminister Blüm votierte für eine Kürzung von 25 auf täglich 20 Mark und für eine Befristung der Zahlung auf 3 statt 4 Monate. Da die bayerische und baden-württembergische Landesregierung erkennen ließen, die SPD-Kritik im Bundesrat stützen zu wollen, setzte unter dem Gezeter der FDP-Politiker in der Union ein erneutes Nachdenken ein. Ergebnis: Das Mutterschaftsgeld wird auch ab 1984 4 Monate lang gezahlt, jedoch von 750 auf 510 Mark gekürzt. Zum ursprünglich verlangten Sparopfer gab es damit einen Rabatt von 240 DM.

Was sich im Nachhinein als Beweis sozialer Verantwortung verklären ließ, hatte offensichtlich jeweils die Funktion eines Testballons zur Überprüfung von Belastungsgrenzen der Arbeitnehmer.

Für den taktischen Umgang mit dem Argument von der Beachtung sozialer Symmetrie bei den Sparmaßnahmen spricht vor allem das Schicksal der sogenannten Zwangsanleihe für die Bezieher höherer Einkommen. Die Einkommensgrenze wurde bei 4.560 Mark bzw. für verheiratete Arbeitnehmer bei 9.024 Mark gezogen. Konstruiert war diese Zwangsanleihe als unverzinsliche Steuerrücklage für 2 Jahre in Höhe von 5 Prozent der Steuerschuld, rückzahlbar in 2 Raten 1986 und 1987. Tatsächlich getätigte Investitionen in Bauten und Anlagekapital sollten zu einer gänzlichen Befreiung von der zusätzlichen Rücklageverpflichtung führen. Der Rechtsausschuß des Bundestages hielt diese Konstruktion schon im November 1982 für verfassungswidrig, da die Bundesregierung die Zwangsanleihe ausdrücklich als „Abgabe" und nicht als „Steuer" deklariert hatte. Als Ausweg wurde vorgeschlagen, die Zwangsabgabe in eine Steuer umzuwandeln, die dann allerdings nicht rückzahlbar sein sollte, da der Steuerbegriff eine Rückzahlbarkeit ausschließt. Da bei einer Steuer dieser Art die FDP sich geweigert hätte, dem Bundeskanzler weiter den Regierungssteigbügel zu halten, besann sich die Union im Hinblick auf den Bundestagswahltermin im März 1983 mit viel Hintersinn auf eine zunächst kosmetische Lösung des Problems:

Um dem Vorwurf zu entgehen, bei der Sparpolitik die Spitzenverdiener auszuklammern, wurde im Wahlprogramm die Absicht verankert, aus der Zwangsanleihe für Besserverdienende doch noch eine nicht mehr rückzahlbare Zwangsabgabe zu machen. Realisieren wollte man diese Absicht allerdings nur für den Fall einer Alleinregierung nach dem 6. März (!). Jeweils aus Rücksichtnahme auf das eigene Wählerpotential vermeldeten Unionspolitiker im Wahlkampf die Nichtrückzahlbarkeit der Investitionsabgabe, während die FDP mit gegenteiligen Versicherungen die Chance für eine Profilierung bei den besserverdienenden Wählerschichten nutzte. Auf dem Hintergrund bestätigter Regierungsführung konnte die Union dann durchsetzen, daß die Zwangsabgabe zusätzlich auch noch für das Jahr 1985 erhoben werden sollte und − wie von der FDP gefordert − in voller Höhe, aber erst ab 1990 − und damit drei Jahre später als ursprünglich vorgesehen − zurückgezahlt werden muß. Das Bundesverfassungsgericht bestätigte im November 1984 schließlich doch die zwei Jahre alte Einschätzung des Bundestags-Rechtsausschusses und erklärte die Zwangsanleihe für verfassungswidrig. Als Alibi für die Politik der sozialen Demontage und Belastung der unteren Einkommensbezieher hatte sie ihre Funktion allerdings bereits erfüllt. Da es in der CDU dennoch Forderungen gab, über eine Ersatzlösung nachzudenken, die auch den Beziehern höherer Einkommen Sparopfer abverlangt, schien es zunächst so, als könnte eine solche Lösung darin bestehen, bei der für 1986 geplanten Steuerentlastung die höheren Einkommensbezieher auszuklammern. Vorstellungen dieser Art scheiterten am entschiedenen Einspruch von CSU und FDP. Als FDP-Vorsitzender versuchte Außenminister Genscher die Interessenvertretungspolitik für die Reichen gar nicht erst zu kaschieren. So warnte er ausdrücklich vor einer Kampagne gegen die sogenannten Besserverdienenden, die klassenkämpferische Emotionen erkennen lasse. In diesem Zusammenhang kreierte er das Schimpfwort von der „Neid-Steuer". Mit der Begründung, ein Einvernehmen sei in den Parteien der Regierungskoalition nicht zu erreichen, verzichtete dann auch die CDU darauf, den höheren Einkommensbeziehern das abzufordern, was man z.B. den Rentnern und Arbeitslosengeldbeziehern ohne Skrupel zugemutet hatte. Die SPD-Initiative für die Einführung einer Ergänzungsabgabe scheiterte an der Bundestagsmehrheit der Koalition. Lediglich 4 Abgeordnete der CDU-Fraktion konnten sich noch zu einer Abstimmungsenthaltung durchringen.

Auf dem Weg zu einer anderen Republik stand nicht ein ausgewogenes Sparen zum Ausgleich von Haushaltsdefiziten, sondern der Rückzug des Staates aus seiner sozialen Verantwortung sowie Umverteilungspolitik auf der Tagesordnung. In dieser Beziehung hat die Wende-Regierung ihr Klassenziel erfüllt. Als Gesamtergebnis aller Haushaltsoperationen ergibt sich für den Zeitraum 1982 bis 1985 eine Belastung der abhängig Beschäftigten von 58,9 Milliarden DM. Die Sozialeinkommen werden im gleichen Zeitraum um 75,5 Milliarden DM belastet und die Masseneinkommen um 42,2 Milliarden beschnitten. Dem steht eine Entlastung der Unternehmen in Gesamthöhe von 9,3 Milliarden gegenüber. Durch Rückzug aus seiner sozialpolitischen Verantwortung gewinnt der Staat Einsparungen bis 1985 in Gesamthöhe von 25,8 Milliarden DM. [121] Wie zu erwarten war, übertrifft die christdemokratische Regierung die Vorgängerregierung mit ihren Plünderungsoperationen gegen den Sozialstaat sowohl hinsichtlich der Belastungshöhe wie auch der Belastungsbreite (Tabelle 3). [122]

Tabelle 3

Übersicht zu den wichtigsten Sparmaßnahmen der Wende-Regierung

Arbeitslosengeld	Bei Arbeitslosen ohne Kinder Senkung von 68% auf 63% des früheren Nettoentgelts
Arbeitslosengeld	Kürzung bei Arbeitslosen nach erfolgreich abgeschlossener Berufsausbildung
Arbeitslosenhilfe	Bei Arbeitslosen ohne Kinder Senkung von 58% auf 56% des früheren Nettoentgelts
Arbeitslosenversicherung	Anhebung des Beitragssatzes
BAföG	Einschränkung der Schülerförderung, Umstellung der Studentenförderung auf Darlehen
Kindergeld	Einkommensabhängige Reduzierung
Krankheit	Erhöhung der Rezeptgebühr, Selbstbeteiligung an Kosten für Krankenhaus–aufenthalt und Kuren
Landwirte	Kürzung des Bundeszuschusses zur landwirtschaftlichen Altershilfe
Mutterschaftsurlaubsgeld	Kürzung der Dauer von vier auf drei Monate; des Tagesgeldes von 25 auf 20 Mark; (vom 1. Jan. 1986 an Umwandlung in Erziehungsgeld für Mütter)
Renten	Einschränkung bei Zuerkennung von Berufs- und Erwerbsunfähigkeitsrente
Renten	Herabsetzung der Witwen- und Witwerabfindungen bei Wiederverheiratung von fünf auf zwei Jahre
Rentner	Einführung eines Krankenversicherungsbeitrages
Sozialabgaben	Einbeziehung von Kranken-, Verletzten- und Übergangsgeld in die Beitragspflicht
Sozialabgaben	Stärkere Einbeziehung von Sonderzahlungen (z.B. Weihnachts- und Urlaubsgeld) in die Beitragspflicht
Sozialhilfe	Stärkere Einbeziehung von Verwandten in die Unterhaltspflicht
Schwerbehinderte	Einschränkungen der unentgeltlichen Beförderung und Kfz-Steuerbegünstigung
Wohngeld	Einschränkungen

Quelle: Der Spiegel Nr. 9/1985, S. 27

Mit entsprechenden Folgewirkungen ergeben sich über die Operation '83 und '84 Belastungen für die abhängig Beschäftigten, Sozial- und Masseneinkommen in Gesamthöhe von 96 Milliarden DM. Die mit dieser Verteilungsbilanz und einem Rekordstand von 2,6 Millionen Arbeitslosen im Februar 1985 erreichte konjunkturelle Belebung verschaffte dem reichlich geplünderten Sozialstaat zunächst eine Atempause. Weitere Kürzungen und Streichungen drohen, wenn unter verschlechterten Konjunkturbedingungen die Folgewirkungen dieser Politik sich erneut als Belastungen für die öffentlichen Haushalte und Einrichtungen des Sozialstaats bemerkbar machen werden. [123] Der vorläufige Abschluß der Abbauphase des Sozialstaats ermöglicht es seinen Gegnern, das politische Interesse zunächst wieder stärker auf das Ziel des Umbaus seines Restbestandes zu lenken.

Rückzug des Staates aus sozialpolitischer Verantwortung − Das Beispiel Alterssicherung

Es ist der tragende Gedanke der Alterssicherung, daß jeder Erwerbstätige, der aus Alters- oder Gesundheitsgründen aus dem Erwerbsleben ausscheidet, aufgrund seiner Zugehörigkeit zur Solidargemeinschaft aller Rentenversicherten einen Anspruch auf eine materiell gesicherte Lebensführung erwirbt.

Zu diesem Zweck wird ein bestimmter Anteil des Bruttoeinkommens, derzeit 19,2 Prozent als Beitrag zur Rentenversicherung erhoben. Arbeitnehmer und Arbeitgeber tragen diesen Anteil jeweils zur Hälfte. Die Höhe der durchschnittlich gewährten Renteneinkommen läßt es sehr fraglich erscheinen, ob der Anspruch auf Garantie einer angemessenen Lebensführung für alle Rentner erfüllt ist. Wer z.B. 40 Jahre lang rentenversichert war, kann beim Ausscheiden aus dem Arbeitsleben lediglich eine Rente erwarten, die etwa 65 Prozent des durchschnittlichen Nettoeinkommens erreicht. Die Rentenhöhe bei 40-jähriger Beitragszeit liegt damit noch unterhalb des Niveaus der ebenfalls unzureichenden Arbeitslosenunterstützung. Im Durchschnitt lagen die im Jahr 1983 gezahlten Renten bei 45 Prozent der Bruttoverdienste. Da Arbeiter im Schnitt nur 35,7 und Arbeiterinnen nur 22,6 Versicherungsjahre erreichen, müssen 20 Prozent der Arbeiter und 78 Prozente der Arbeiterinnen mit einer monatlichen Rente auskommen, die noch unterhalb der in der Arbeiterrentenversicherung gezahlten Durchschnittsrente von 768,70 DM im Monat liegt. Die Angestellten erreichen durchschnittlich eine Rentenhöhe von 1.147,60 DM. Etwa 2.500 Rentner leben in Haushalten, die insgesamt keine 1.000 DM im Monat ausgeben können. Im angeblichen Wohlfahrtsstaat ist Armut und Alter als Normalzustand vorprogrammiert. Für die Vielzahl der Rentenbezieher gilt immer noch das Motto: „Zum Leben zu wenig, zum Sterben zu viel." Die im Arbeitsleben erfahrene Lohndiskriminierung von Arbeitern im Vergleich zu Angestellten und zu Beamten sowie von Frauen gegenüber Männern findet auch im Rentenalter eine Fortsetzung. [124]

Auf diesem Hintergrund wären staatliche Initiativen zur Bekämpfung anwachsender Sozialbedürftigkeit im Alter eigentlich ein Gebot der verfassungsrechtlich verlangten sozialstaatlichen Verantwortung. Seit der Operation 82 wurde eine gegenteilig Entwicklung eingeleitet, die Armut im Alter zementiert. So ergaben sich allein durch Veränderungen im Berechnungsverfahren der Renten ab 1984 und durch die Beteiligung der Rentner an der Krankenversicherung politisch gewollte Minderungen der Rentenzuwächse. Bis 1984 orientierte sich das Anpassungsverfahren am 3−jährigen Durchschnitt der Einkommensentwicklung. Seither ist für die Rentenanpassung allein der Lohnanstieg im jeweiligen Vorjahr maßgebend. Nach dem alten Verfahren hätten 1984 die Renten um 5,1 Prozent angehoben werden müssen. Nach dem neuen Berechnungsverfahren konnten sie auf den Satz von 3,3 Prozent herunter gedrückt werden. Weitere Renteneinkommensverluste sind den Rentnern seit 1983 durch Verschiebung der Rentenanpassung um ein halbes Jahr zudiktiert worden. Nach Abzug des außerdem auferlegten Beteiligungsbetrages an der Krankenversicherung ergab sich 1984 nur eine Minimalanpassung der Renten um 1,3 Prozent, was nicht einmal ausreichte, um die um 2,5 Prozent verteuerte Lebenshaltung auszugleichen. Da für das Jahr 1985 eine weitere Erhöhung des Krankenversicherungsbeitrages der Rentner von 3 auf 5 Prozent vorgesehen war, mußte auch die Rentenanpassung für 1985 weitere Verschlechterungen bringen. Unter dem Eindruck der anstehenden Landtagswahlen sah sich die Wende-Regierung allerdings doch veranlaßt, bei der Rentenanpassung zum Juli 1985 nur auf die Anhebung des Krankenversicherungsbeitrages auf 4,5 Prozent zu bestehen. Der Zuwachs von 1,4 Prozent wird nicht einmal zur Hälfte die neuerlichen Preissteigerungen des Jahres 1985 ausgleichen. Die mehr symbolische Aufbesserung der Renten wurde trotzdem als Regierungserfolg gefeiert. Arbeitsminister Blüm frohlockte: „Keine Rente wird gekürzt". (Er ließ unerwähnt, daß dies auch erst über die Preisfestsetzungsmacht der Unternehmer besorgt wird.)

Das bestehende Rentensystem benachteiligt in erheblichem Umfang die Frauen und die Arbeiterrentenversicherten. Das Bundesverfassungsgericht hat bereits im März 1975 dem Gesetzgeber auferlegt, bis 1984 die Gleichstellung von Mann und Frau bei der Hinterbliebenenrente zu verwirklichen. Bis 1985 haben die Bundesregierungen diese Auflage nicht erfüllt. Der Vorschlag der Sozialdemokraten, dem hinterbliebenen Ehepartner 70 Prozent der von beiden Ehepartnern vor und in der Ehe erworbenen Versorgungsbezüge zuzugestehen, mindestens jedoch die selbst erworbene Rente, scheint die obere Grenze dessen abgesteckt zu haben, was sich an Problemlösungen in diesem Fall in Vorbereitung befindet. Immerhin wäre dies im Vergleich zum heutigen Recht eine Besserstellung von 85 Prozent der Witwen. In der Union werden allerdings Pläne verfolgt, die neue Benachteiligungen der Frau in der Rentenversicherung bringen. Die mit großem Propagandaaufwand angekündigte Anrechnung eines Kindererziehungsjahres bei der Rente soll nur für die heute im Arbeitsleben stehenden Frauen gelten. Den Rentnerinnen von heute sollen ihre früheren Erziehungsleistungen nicht honoriert werden. Noch größere Benachteiligungen im Rentenversicherungssystem der Bundesrepublik ergeben sich im Vergleich der Rentenversorgung des öffentlichen Dienstes mit den Normalrenten. Fast 90 Prozent aller Renten in der gesetzlichen Rentenversicherung liegen im Bereich zwischen 500 und 2.000 DM im Monat. Bei den Beamtenpensionen liegen fast 80 Prozent über der 2.000-DM-Grenze. Bei gleich langer Lebensarbeitszeit kommt der Normalrentner des Jahres 1981 auf eine Rente von durchschnittlich 1.407 DM, während der Beamte 2.095 DM erhält. Noch krasser ist die Benachteiligung im Vergleich mit den Angestellten im öffentlichen Dienst. Bei einem gleichen Bruttomonatsverdienst von 4.800 DM bezieht ein Beamter ein Altersruhegeld von 3.018 DM. Ein Angestellter des öffentlichen Dienstes eine Rente und Zusatzversorgung von 3.581 DM, während der Angestellte der privaten Wirtschaft nur eine Rente von 1.923 DM erwarten kann. Während Beamte bereits Anspruch auf eine Mindestversorgung von rund 1.600 DM nach 5 Jahren Dienstzeit erwerben und nach 35 Dienstjahren bereits den Spitzenpensionssatz von 75 Prozent des letzten Bruttogehalts erreichen, muß der Normalrentner für die Mindestversorgung jahrzehntelang Beiträge leisten, ohne in den meisten Fällen den gleichen Abdeckungsgrad seiner Rente erreichen zu können. Während nicht auszuschließen ist, daß die Wende-Regierung ihr Interesse am Ausgleich dieser Benachteiligungen über eine Beschneidung der Besserversorgung Praxis werden läßt, bietet sich für eine sozial verantwortliche Harmonisierung der Alterssicherungssysteme die Übertragung der Mindestnormen des öffentlichen Dienstes auch für die Gruppe der bislang benachteiligten Rentenbezieher an. Daß auch Haushaltsmittel vorhanden sind, sofern die Prioritäten stimmen, demonstrierte Verteidigungsminister Wörner, der im Dezember 1984 im Bundeskabinett offene Ohren für seine Forderung gefunden hatte, in den Jahren von 1986 bis 1991 insgesamt 1200 Bundeswehroffizieren den vorzeitigen Ruhestand mit 45 Jahren bei Zahlung von 70 Prozent ihres Endruhegeldes zu ermöglichen. Die Kosten dieser Regelung werden auf insgesamt 600 Millionen Mark geschätzt.

Es ist vorherzusehen, daß in Auswirkung von Wirtschaftskrise und Massenarbeitslosigkeit die zukünftigen Einnahmen der Rentenversicherung zur Deckung der Ausgaben nicht mehr ausreichen werden. [125] Die Rücklagen der Rentenversicherung sind weitgehend aufgezehrt. 1974 reichten sie noch aus, um für 8 Monate die Rente zu zahlen. Heute reicht die Schwankungsreserve knapp noch für einen Monat. Zum Jahresende 1984 mußte bereits die Rente auf Pump finanziert werden. Derzeit sichern noch 100 Rentenbeitragszahler die Einkommen für ca. 46 Rentenbezieher. In Fortschreibung der gegenwärtigen Trends wird sich dieses Verhältnis bis zum Jahre 2030 drastisch verändern. Die Beiträge eines Arbeitnehmers müßten dann die Lebensführung eines Rentners sichern. In der Logik der gegenwärtig praktizierten Rentenpolitik müßten für diesen Fall die Rentenbeiträge entweder auf 35 Prozent gesteigert werden oder die Rente dürfte nur noch 23 Prozent des einstigen Bruttoverdienstes betragen. Die Krise der Rentenfinanzierung war vorherzusehen und ist durch politische Entscheidungen forciert worden.

Immer mehr ältere Arbeitnehmer müssen wegen Erwerbs- und Berufsunfähigkeit vorzeitig aus dem Arbeitsleben ausscheiden. Trotzdem wurden die einstigen Ansätze einer staatlichen Verantwortung für die Humanisierung des Arbeitslebens zurückgeschnitten. Die Arbeitsmarktpolitk der Wende-Regierung zieht es erklärtermaßen

vor, statt der Zahl der Arbeitsplätze eher die Zahl der Rentner zu vermehren. Wobei die Zahl der 1.200 Offiziere, die schon mit 45 Jahren
zu Rentenbeziehern gemacht werden sollen, nicht einmal besonders
ins Gewicht fällt. Obwohl der Bundesgesetzgeber der Rentenversicherung zusätzliche Aufgaben übertragen hat, deren Finanzierung in den
staatlichen Verantwortungsbereich fällt, hat der Bund seine
Zuschüsse zur Rentenversicherung seit 1965 von 30 auf 15 Prozent
halbiert. Im Gefolge der Haushaltsbeschlüsse des Jahres 1983 ist der
Arbeitslosenversicherung zur Vermeidung staatlicher Zuschüsse die
Verpflichtung erlassen worden, Beiträge an die Rentenversicherung
auf der Bemessungsgrundlage des ehemaligen Bruttoeinkommens zu
zahlen. Sie reduzierten sich damit auf rund die Hälfte der Beiträge des
vergleichbaren Erwerbstätigen. Dies hat eine Doppelwirkung: Einmal
werden die Arbeitslosen von heute mit geringen Renten in der
Zukunft zusätzlich belastet. Zum anderen entgehen der Rentenversicherung auf diese Weise jährlich etwa rund 5 Milliarden DM. Mit steigender Arbeitslosigkeit wachsen auch die Beitragsmindereinnahmen
der Rentenversicherung. Auf Kosten der Rentenversicherung konnte
sich der Bund auf diese Weise im Zeitraum von 1982 bis 1985 um rund
26,4 Milliarden Mark entlasten. Hier zeigen sich die Konsequenzen
des staatlichen Rückzugs aus der sozialpolitischen Verantwortung mit
aller Deutlichkeit. In der Regierungssicht bleibt als Lösung der absehbaren Finanzierungsschwierigkeiten lediglich eine Kombination von
Beitragssteigerungen und Leistungskürzungen übrig. Während die
CDU in Wahlanzeigen zur hessischen Landtagswahl sich damit noch
bescheiden konnte, den „Alten" und „seinen Enkel" als ausschließli-
che „Garantie für sichere Renten" hervorzuheben, zeichnen sich in
Unionskreisen, wo gründlicher über die Sicherung der Renten nachgedacht wird, zwei Lösungen ab:
1. Rückverlagerung der Alterssicherung auf Privatinitiative des einzelnen. Über eine Mindestpflichtversicherung ist eine staatlich
   garantierte Grundversorgung zu erhalten. Prononciert vertreten
   wird diese Auffassung seit Jahren von Kurt Biedenkopf. [126]
2. Wie der „Spiegel" erfahren haben will [127], denkt man im Arbeitsministerium über eine zusätzliche Einnahmequelle in Ankoppelung
   an die Mehrwertsteuer nach. Auf diese Weise könnten die Kosten
   für die Lösung des Rentenproblems über die Verbraucherpreise
   abgewälzt werden, was Bezieher kleinerer Einkommen erneut
   zusätzlich belasten würde.

Bei dieser Interessenlage dürften Vorschläge für eine zukunftsorientierte Reform der Rentenversicherung auf wenig Gegenliebe stoßen. Kern solcher Vorschläge ist es, den Automatismus von Beitragserhöhungen bei Leistungsminderungen zu durchbrechen und die staatliche Verantwortung für die Alterssicherung wieder ernst zu nehmen.
Jede Rentenreform, die diesen Namen verdient, muß einerseits die
bestehenden Rentenversicherungssysteme harmonisieren und auch
die bisherige Pensionsregelung der Beamten einbeziehen und andererseits die Unternehmer als Verursacher wachsender Arbeitslosigkeit
zusätzlich zur Finanzierung der zukünftigen Renten heranziehen.
Konkret bietet sich dabei die Ergänzung der Bemessungsgrundlage
des Arbeitgeberanteils zur Sozialversicherung durch die Einführung
einer Wertschöpfungsabgabe an. Denn infolge fortschreitender Rationalisierungsprozesse verliert die Lohn- und Gehaltssumme als Bemessungsgrundlage für Sozialversicherungsbeiträge an Bedeutung. Ein
kapitalintensiver Betrieb, wie z.B. ein Mineralölkonzern mit über 10
Milliarden Mark Umsatz trägt derzeit nur mit 0,13 Prozent zur Rentenfinanzierung bei. Für einen personalintensiven Handwerksbetrieb
mit einem 4-Millionen-Mark-Umsatz macht der Rentenversicherungsbeitrag allerdings schon eine Belastung von 5 Prozent aus. Eine Orientierung der Arbeitgeberbeiträge an der Formel Nettowertschöpfung
plus Abschreibungen ist zudem geeignet, die Erhebung von Sozialbei-
trägen an die tatsächliche Leistungskraft der Unternehmen zu binden.

Die Risiken, die sich aus der Arbeitsmarktentwicklung ergeben,
dürfen nicht auf die Rentenversicherung geschoben werden. Die
Bekämpfung der Arbeitslosigkeit durch eine staatliche Beschäftigungspolitik wird damit gleichzeitig eher zur Garantie für die Sicherung der zukünftigen Renten als die Kanzler-Beschwörung des Aufschwungs. Erforderlich ist dabei eine Prioritätenverschiebung im
öffentlichen Haushalt.

Um den Militärhaushalt von Sozialausgaben zu entlasten, wurden
in der Vergangenheit mehrfach die Rentenversicherungsbeiträge für
Wehr- und Zivildienstleistende gesenkt, die allgemeinen Verteidigungsausgaben erhöht. Eine Umkehr dieser Entwicklung wird zur
unverzichtbaren Voraussetzung für die Sicherung des gesamten
Sozialstaats. [128] Wenn wachsende Armut im Alter wirkungsvoll
bekämpft werden soll, ist es schon im Arbeitsleben erorerlich, daß die
Arbeitnehmer für ihre Arbeitsleistung ein höheren Einkommen erhalten. Die gewerkschaftliche Tarifpolitik hat in dieser Beziehung auch

unmittelbare Bedeutung für die Sicherung der zukünftigen Renten. Damit die krasse Benachteiligung von Beziehern geringer Einkommen nicht im Alter fortgeschrieben wird und zu einem Anwachsen der materiellen Not führt, muß sich auch das Prinzip der linearen Erhöhung der Renten in Frage stellen lassen. Wie in der Lohnpolitik ist die Einführung einer sozialen Komponente bei den zukünftigen Rentensteigerungen dringend geboten.

Die Bundesregierung hat bei ihrer Lösung der aktuellen Rentenprobleme im Frühjahr 1985 ein Interesse an einer zukunftsweisenden Lösung noch nicht erkennen lassen. Um das geschätzte Loch in der Rentenkasse von rund 3 Milliarden Mark zu stopfen, wurden die Rentenversicherungsbeiträge befristet vom 1. Juni 1985 bis zum Jahresende 1986 von 18,7 auf 19,2 Prozent angehoben. Im gleichen Zeitraum sinken die Beiträge in der Arbeitslosenversicherung von 4,4 auf 4,1 Prozent. Aus dem Bundeshaushalt sollen 1,5 Milliarden Mark einmalig zusätzlich überwiesen werden, ein erster Schritt zur Rückgabe der vorher abgepreßten Einsparungsvorteile, dem aber nicht die Wiedereinführung der Entrichtung von vollen Beiträgen für die Arbeitslosen durch die Bundesanstalt für Arbeit folgen soll. Für das Jahr 1987 hat Arbeitsminister Blüm eine große Rentenstrukturreform angekündigt, die für einen langsameren Anstieg der Renten sorgen soll. Zukünftige Finanzierungslücken möchte Blüm durch Zusatzbelastungen von Staat, Beitragszahlern und Rentnern gestopft wissen. Vorschläge von SPD und Gewerkschaften anstelle der lohnbezogenen Arbeitgeberbeiträge zur Rentenversicherung einen sogenannten „Maschinenbeitrag" oder – korrekter – eine Wertschöpfungsabgabe einzuführen, haben bereits den erbitterten Widerstand der Wirtschaftslobby in der Regierung hervorgerufen. Die Interessen seiner Geldgeber wahrend, verunglimpfte z.B. Außenminister Genscher eine Abgabe dieser Art als „Arbeitsplatzvernichtungssteuer". Mit einer solchen Forderung könne man nur neue Umsicherheiten bei den Investoren schaffen und die Aufwärtsentwicklung der Wirtschaft sowie die Bekämpfung der Arbeitslosigkeit gefährden. Die Maschinensteuer sei in Wahrheit „eine Steuer zur Bestrafung des technologischen Fortschritts", ereiferte sich der Außenminister.

Bei dieser stupiden Frontstellung der Wende-Regierung gegen jede Form einer zukunftsweisenden Lösung der Rentenprobleme jenseits der Praxis von Beitragssteigerungen und Leistungskürzungen wird es zu einer zusätzlichen Herausforderung für die gewerkschaftliche Interessenvertretung, den Zusammenhang zwischen Rentensicherung, arbeitsplatzvernichtender Zunahme von Rationalisierungsinvestitionen, soziale Beherrschung der Produktivitätsenwicklung und Tarifpolitik in der Anlage gewerkschaftlicher Arbeit selbst sichtbar zu machen.

Die Mission der Wende-Regierung: Stärkung von Unternehmermacht

Die Politiker der Wende begründen den Rückzug des Staates aus seiner sozialpolitischen Verantwortung mit der ideologischen Absicht, Eigenverantwortung und Freiheit des einzelnen stärken zu wollen. Die Verantwortung für den Schutz vor Lebensrisikern wie Krankheit, Arbeitslosigkeit und Alter soll dem einzelnen und nicht mehr dem Kollektiv übertragen werden. Sozialversicherungen sollen nach diesem Leitbild nur noch einen gewissen Grundbedarf sichern, damit.den privaten Versicherungsgesellschaften neue Betätigungsfelder erschlossen werden können. (Insofern dient die Erfüllung des ideologischen Ziels natürlich auch einem ökonomischen Zweck.) Diese Wende in der Sozialpolitik soll nach Vorstellungen, wie sie stets deutlich der westfälische CDU-Politiker Kurt Biedenkopf ausspricht, von einer Wende in der Gestaltung der Arbeitsverhältnisse begleitet werden. Einerseits soll die soziale Sicherung „entstaatlicht" werden. Andererseits sollen in dieser Sicht Arbeitsverhältnis und Sozialverhältnis entkoppelt werden, um Flexibilität und Eigenverantwortung der Arbeitnehmer zu stärken. Als wesentliche Fehler des Arbeitsmarktes ortet Biedenkopf „das hohe Anspruchsdenken und die Lohnnebenkosten". Seine handlungsleitende Schlußfolgerung: „Es gilt, das Gebirge von Besitzständen einzureißen und die Privatinitiative zu fördern." Soweit ihm aus der Perspektive eines deutschen Professors ein Einblick in die Vermögenslage der Arbeitnehmer möglich ist, stellt er fest: „Die von einer beachtlichen Mehrheit der Privathaushalte inzwischen erworbenen Vermögen werden für die wichtigste Aufgabe, die Vermögen eigentlich haben sollte, nicht oder nur am Rande benutzt: Für die Sicherung der eigenen Unabhängigkeit von staatlichen oder kollektiven Zwangseinrichtungen und für die eigenverantwortliche

Bewältigung von Lebensrisiken. Der ‚kleine Mann' ist zwar groß geworden. Er fährt Auto im dichten Verkehr, wählt seine Haftpflichtversicherung nach eigenem Ermessen, finanziert sein Haus langfristig, kauft wertvolle Investitionsgüter, reist ins Ausland und entscheidet mit seiner Stimme über die Zukunft unseres Landes. Aber er wird weiterhin unmündig behandelt, wenn es um seine soziale Sicherheit geht. Selbstverständlich könnte er auch einer Verpflichtung zur Versicherung gegen Krankheitsrisiken nachkommen, die er allein nicht tragen kann; er könnte eine geeignete Versicherung auswählen, den Umfang seiner Selbstbeteiligung festlegen oder für Lohnausfall im Krankheitsfall vorsorgen." [129]

Mit seltener Unbekümmertheit wird offenbart, in welche Küche der Hase getrieben werden soll. Wirtschaftsminister Otto Graf Lambsdorff, der den Interessen der Versicherungskonzerne bis zur Übernahme seines Regierungsamtes auch als Vorstandsmitglied der Victoria Rückversicherungs AG diente, hat sich selbst mit hohem persönlichen Einsatz erfolgreich für die Entstaatlichung der sozialen Sicherung engagiert und dem Gedanken einer sogenannten „Selbstbeteiligung der Patienten" an den Kosten ihrer Krankheit zum praktischen Durchbruch verholfen. Unter dem Vorwand einer Entlastung der Sozialversicherung wurde den privaten Versicherungen eine bislang versperrte Tür geöffnet. So wie das Interesse am Abschluß privater Ausbildungsversicherungen nach dem Kahlschlag in der staatlichen Ausbildungsförderung gewachsen ist, hofft man wohl zurecht auch im Gesundheitsbereich auf neue Kunden. Konkret wird diskutiert, bei der Reform der Krankenversicherung sogenannte Risikogruppen entweder mit zusätzlichen Beiträgen zu belegen oder aber Leistungen für solche Gruppen auszuklammern. So war es der Arbeitsminister selbst, der zu bedenken gab, ob die Übernahme der Kosten von Sportunfällen noch eine zweckmäßige Aufgabe der gesetzlichen Krankenversicherung sein kann und ob es nicht vielmehr vertretbar sei, wenn sich Sportler gegen die mit dem Sport verbundenen Risiken privat versichern. Um diesen Gedanken Popularität zu verschaffen, wurde die demagogische Frage gestellt, warum der private Skiunfall anders behandelt werden solle als die privat veranlaßte Schönheitsoperation.

Daß es bei dem Gedanken ausgeweiteter Selbstbeteiligung der Kranken an den Kosten ihrer Krankheit mehr um ein Prinzip als um Kosteneinsparung geht, unterstreichen die inzwischen gemachten Erfahrungen: Die im Rahmen der Operation 83 verfügte Selbstbeteiligung der Kurteilnehmer in Höhe von 10 DM täglich dürfte ursächlich dafür sein, daß die Inanspruchnahme von Kuren zurückgegangen ist, was sich als Verlust von Arbeitsplätzen im Kurbetrieb bemerkbar gemacht hat und sich wohl auch als Verschlechterung des allgemeinen Gesundheitszustandes der eigentlich Kurbedürftigen zukünftig noch kostentreibend für die Krankenversicherungen auswirken dürfte. Das Bundesarbeitsministerium hat aus der Sicht des Jahres 1985 eingeräumt, daß die Selbstbeteiligung der Patienten an den Kosten für Heilmaßnahmen nicht zur Stabilisierung der Ausgabenentwicklung für Krankenhauspflege, Arzneimittel und Kuren geführt hat. Dennoch will man den Gedanken nicht prinzipiell aufgeben, sich ausgerechnet über die Selbstbeteiligung der Kranken gesundzustoßen. Die Krankenversicherungen sind in dieser Beziehung kritischer als das zuständige Ministerium. Sie warnen vor weiteren Selbstbeteiligungsmodellen und sehen in ihnen keine Steuerungswirkung, sondern ausschließlich eine Kostenverlagerung von der Solidargemeinschaft auf den einzelnen Versicherten. Von den Kassen mußte sich der verantwortliche Minister sagen lassen, daß auf diesem Wege vielleicht die Beitragssätze optisch erträglich gestaltet werden könnten, doch eine solche Politik an den Grundsätzen der sozialen Krankenversicherung rüttle. Da nicht zu erwarten ist, daß sich die Parteien der Wende-Koalition mit ihren Wählern und Geldgebern aus dem Bereich der Ärzte und der Pharmaindustrie anlegen wollen, ist prinzipiell nicht ausgeschlossen, daß auch Billigmacher-Patentrezepte aus den Hinterbänken der CDU-Fraktion wieder ernsthaft diskutiert werden. So hat bereits vor der Wende der CDU-Bundestagsabgeordnete Bernhard Friedmann in der Bild-Zeitung − ähnlich dem Wehrdienst für junge Männer − für alle Frauen und Mädchen in der Bundesrepublik ein „soziales Pflichtjahr" vorgeschlagen. Friedman will erfahren habe, „daß sich viele junge Mädchen und Frauen für unseren Staat engagieren wollen" und möchte seinen Vorschlag ernsthaft verfolgt sehen, weil Krankenkassen, Städte und Gemeinden die sozialen Leistungen kaum noch bezahlen könnten. Zudem: „ In einer Zeit leerer Kassen und hoher Jugendarbeitslosigkeit wäre ein solches soziales Jahre eine gute Sache."

Hinter dem ideologischen Nebel, mit dem die Wende-Regierung ihre Demontage-Politik verkleidet, hat sich der ökonomische Nutzen dieser Politik bereits bewiesen. [130] Durch Belastung breiter Bevölkerungsschichten konnte der Staat für die Förderung der unternehmerischen Wirtschaft Finanzierungsspielräume rückgewinnen und ausweiten. Im Gegenzug haben die seit 1981 auf Feldern der Sozialpolitik eingeleiteten Sparmaßnahmen die aktuellen und zukünftigen Einkommen und Einkommensbestandteile der Arbeitnehmer in einem Ausmaß gemindert, das durch tarifliche Einkommensverbesserungen auf Jahre hin nicht mehr auszugleichen ist. Denn auch auf dem Feld der Tarifpolitik hat sich eine Wende zugunsten der Unternehmereinkommen durchsetzen lassen. Begünstigt wurde diese Entwicklung durch den Verzicht der Wende-Regierung, alle staatlichen Handlungsmöglichkeiten zur Beseitigung der Arbeitslosigkeit auszunutzen. Mit politischer Flankensicherung ist es den Unternehmern in den Tarifauseinandersetzungen der letzten Jahre schrittweise gelungen, ihre strukturelle Überlegenheit im Verteilungskampf noch weiter auszubauen. Erst nach drei Jahren ohne Verbesserung der Realeinkommen ist es den Gewerkschaften erstmals im Jahre 1984 wieder gelungen, Einkommensverbesserungen durchzusetzen, die nicht schon allein durch die Preisfestsetzungsmacht der Unternehmer wieder kassiert werden konnten. [131]

Da die Einkommensverbesserungen der letzten Jahre weit hinter der Summe von Produktivkraftsteigerung und Preisanstieg zurückblieben, ist es nicht verwunderlich, daß 1984 der Anteil der Einkommen aus unselbstständiger Arbeit am Volkseinkommen seit über 10 Jahren wieder unter die 70 Prozent-Marke rutschte. Für die Zukunft erwartet die Bundesregierung eine Fortsetzung dieses Trends, was sie als Erfolg der Wende-Politik wertet. Bis 1988 rechnet sie mit einer Zunahme der Einkommen aus Unternehmertätigkeit und Vermögen um knapp 52 Prozent gegenüber 1982. Die Arbeitnehmereinkommen sollen sich nach dieser Einschätzung im gleichen Zeitraum lediglich um 28 Prozent erhöhen. Unter dem Druck wachsender Massenarbeitslosigkeit wird es den Gewerkschaften kaum gelingen, diesen Trend umzukehren. Wie das Beispiel der US-Automobilbranche beweist, gewinnen die Unternehmer bei hoher Arbeitslosigkeit sogar eine Machtposition, um Verhandlungen über die Rate der Lohnkürzungen auf die Tagesordnung setzen zu können. Der Tarifabschluß vom April 1985 in der deutschen Bauwirtschaft weist in diese Richtung. Den Unternehmern ist es über einen Schlichterspruch gelungen, eine Lohnpause für vier Monate durchzusetzen. Die IG Bau-Steine-Erden sah sich nicht zuletzt zur Annahme dieser Entscheidung gezwungen, weil bei 400.000 beschäftigungslosen und kurzarbeitenden Bauarbeitern — infolge der 1984 auf das Niveau der Jahre 1963/64 gesunkenen öffentli-

chen Bauaufträge – sowohl die gewerkschafliche Kraft als auch die
ökonomische Voraussetzung fehlte, über einen Arbeitskampf Druck
auf das Arbeitgeberlager ausüben zu können. In dieser Situation werden Gewerkschaften zu Bittstellern an den Toren der Inhaber ökonomischer und politischer Macht.

Die Regierungspartei CDU hat kein Geheimnis daraus gemacht,
daß die Schwächung der Gewerkschaften nicht nur Nebenziel ihrer
Politik ist. Sie wußte warum: „Bei der Verwirklichung von Sparmaßnahmen muß besonders darauf geachtet werden, daß die großen Organisationen, die über die entsprechenden Droh- und Störpotentiale verfügen, sich nicht zu Lasten der Nichtorganisierten oder der Minderheiten durchsetzen." [132]

Der Ausbau der unternehmerischen Macht und die Zementierung
der eigenen Regierungsführung sind zur politischen Mission der
Wende-Regierung geworden, Arbeitnehmerschutzrechte, Tarifverträge und Gewerkschaften sind in dieser Sicht Störfaktoren. Folgerichtig gehen die Angriffe auf Arbeitnehmerschutzrecht einher mit
Angriffen auf die Gewerkschaften, deren „Droh- und Störpotentiale"
die Wende-Parteien und Unternehmerverbände am meisten fürchten.
Unionsabgeordnete und Unternehmer zeigten sich vielfältig bemüht,
die Wahlentscheidung für die CDU zur Voraussetzung für Investitionsentscheidungen und Arbeitsplatzsicherheit zu erklären. Ein Kon-
stanzer Unternehmer schloß gar einen arbeitsgerichtlichen Vergleich,
der für einen gekündigten türkischen Arbeitnehmer die Wiederein-
stellung ausdrücklich vom Wahlsieg der Unionsparteien abhängig
machte. Der Verband der Automobilindustrie bestätigte die Existenz
von sogenannten Auflösungsklauseln, wonach Investitionsaufträge
für den Fall eines SPD-Wahlsieges hinfällig würden.
Finanzminister Stoltenberg bestätigte die Absicht bundesdeutscher
Firmen, bei einem SPD-Wahlsieg bereits erteilte Aufträge wieder
rückgängig zu machen. Niedersachsens Ministerpräsident Albrecht
nannte den „Investitionsstreik" eine pflichtgemäße Entscheidung der
Unternehmer aus der Verantwortung, daß jeder, der investiere, ein
Risiko für die Zukunft übernehme. Staatsminister Jenninger bezeichnete die Rückkehr der SPD an die Regierungsverantwortung als
„Investitionsrisiko erster Ordnung" und als „auslösender Faktor für
eine beispiellose Kapitalflucht". Bemüht, den Vogel abzuschießen,
versicherte Außenminister Genscher: „Nicht böser Wille in der Wirtschaft, sondern die Parolen der Vogel-SPD sind das psycholo-

gische Investitionshindernis Nr. 1".

Gestützt auf eine angebliche Zusage der Spitzenverbände der Wirtschaft sprach Bundeskanzler Kohl im Wahlkampf eine wählerwirksame Ausbildungsplatzgarantie für junge Menschen aus. 30.000 zusätzliche Ausbildungsplätze wolle die Wirtschaft 1983 anbieten, versicherte der Kanzler. Die Ausbildungsplatzgarantie solle allerdings nicht „für jeden Traumberuf und nicht an jeden Ort" gelten. Doch: „Wer willens und fähig ist, kann einen Ausbildungsplatz bekommen." Kurz vor der Wahl scheint es den Spitzenverbänden der Wirtschaft unheimlich geworden zu sein, daß die CDU in ihren Wahlanzeigen den Eindruck erweckte, man habe dem Kanzler die 30.000 zusätzlichen Ausbildungsplätze verbindlich zugesagt. So ließ der Deutsche Industrie- und Handelstag vorbeugend wissen, daß dies „selbstverständlich keine Garantie im Sinne einer rechtsverbindlichen Zusage" sei. Um das ganze Ausmaß der bestehenden Jugendarbeitslosigkeit zu verbergen, hat es zwischen der Bundesanstalt für Arbeit und den entsprechenden Parteifreunden im Bildungsministerium offenbar auch Absprachen gegeben, vor der Wahl keine monatlichen Zahlen über Ausbildungsplatzdefizite mehr zu veröffentlichen. Unter dem Beifall der versammelten Unternehmerschaft warnte Bundeskanzler Helmut Kohl anläßlich des Jahresempfangs des Deutschen Industrie- und Handelstages davor, seine Politik der einseitigen Begünstigung der Wirtschaft als Politik der „einseitigen Begünstigung der Wirtschaft" zu verstehen, und kündigte eine „Schritt für Schritt erfolgende investions- und leistungsfördernde Umgestaltung des Steuersystems" an. Und zwar solle, so der Kanzler, die Ertragskraft der Firmen gestärkt werden, und je mehr der Staat die Rahmenbedingungen verbessere, desto besser könnten die sozialen Gruppen nach ihrer eigenen Verantwortung für die Wirtschaft handeln. Kohl: „Dabei geht es um Partnerschaft und nicht um Klassenkampf."

Nach dem Wahlsieg meldeten die im Wahlkampf beschworenen Geister in der konservativen Publizistik und die Unternehmerverbände ihre Wende-Forderungen mit größerer Lautstärke an. Eine lange Kette wohl aufeinander abgestimmter Stellungnahmen mahnte die Regierung zur Eile. Die bis heute auf den Weg gebrachten Regierungsinitiativen sprechen für die Zielstrebigkeit, mit der die Bundesregierung sich für die vielen unternehmerischen Vertrauenbeweise zu revanchieren trachtet. Aus dem sozial gesicherten Arbeitnehmer, der
− durch Tarifverträge und Sozialgesetze geschützt − auch Mitbestim-

mungsansprüche gelten macht, soll ein Untertan werden, der schon allein aus dem alternativlosen Zwang, seine eigene Existenz sichern zu müssen, sich jedem Ausbeutungsverhältnis kritiklos unterwirft und auf Tarifansprüche verzichtet. Zu diesem Zweck folgten nach der Phase der Operation am Sozialstaat über die Haushaltspolitik Gesetzesinitiativen mit dem Ziel, die Arbeitnehmer rechtlos zu stellen und dadurch williger und die Arbeit billiger zu machen.

Schon im Lambsdorff-Papier ist der Angriffskurs auf die Schutzfunktion von Tarifvertragsnormen zu erkennen. Doch genauso, wie ein Baum noch keine Allee ergibt, konnte ein Lambsdorf-Papier noch nicht die Grundlage zum völligen Bruch mit dem Sozialstaatsprinzip liefern. [133]Lambsdorff selbst konnte im September 1982 aus der BDA-Denkschrift „Soziale Sicherung in der Zukunft" abschreiben, die seit März 1982 vorlag. Aus gleicher Quelle schöpfte auch der sozialpolitische Sprecher der CDU-Bundestagsfraktion und ehemalige Manager des Siemens-Konzerns Haimo George. Im offiziellen Presse-Dienst seiner Fraktion veröffentlichte er im Juli 1983 „Vorschläge zur Eindämmung der Arbeitslosigkeit", die auf die Rückkehr in den sozial ungebundenen Kapitalismus hinausliefen. Das Problem der Arbeitslosigkeit läßt sich nach Georges Auffassung nur durch eine Verbilligung der Arbeitskraft wieder abbauen. Verkürzungen der Arbeitszeit werden als beschäftigungsschädlich abgelehnt. Weil die Tariflöhne zu hoch seien, hätten „Berufsanfänger, wenig oder falsch Ausgebildete, ältere Arbeitnehmer, Langzeitarbeitslose, Behinderte, Berufswechsler und Arbeitslose in strukturschwachen Gebieten" das Nachsehen. Der CDU-Abgeordnete empfahl deshalb, Klauseln in den Tarifverträgen, die eine „begrenzte Unterschreitung" der Tarifbedingungen erlauben. Als Sperre für die Einstellung arbeitsloser Behinderter wurde der Behindertenschutz ausgemacht. In gleicher Weise erhöhe das Jugendarbeitsschutzgesetz die Jugendarbeitslosigkeit. In dieser Optik wird es dem Kündigungsschutz angelastet, daß sich die Bereitschaft zu Neueinstellungen starkt eingeengt habe. George verlangte die Diskussion darüber, „ob Arbeitssuchende durch formale Erklärung – befristet – auf bestimmte Rechte und Ansprüche verzichten können". Nachdem Haimo Georges „Denkanstöße" die Schmerzgrenze der Arbeitnehmer einmal ausgelotet hatten, sah die Dramaturgie des Abbaus von Arbeitnehmerrechten im August 1983 den Auftritt des niedersächsischen Ministerpräsidenten Ernst Albrecht vor. Gleichfalls nach den Bundestagswahlen, ohne taktische

Rücksichtnahme auf die öffentliche Meinung, offenbarte er mit einem Thesenpapier zum Problem der Arbeitslosigkeit [134], was man bislang in den Zirkeln des CDU-Wirtschaftsrates und in den Unternehmer-Chefetagen diskutiert hatte. Albrechts Vorschläge sehen vor, die unternehmerische Wirtschaft auf steuerlichem und administrativem Gebiet noch stärker zu begünstigen. Konkret vorgeschlagen wurde eine deutliche Senkung der Unternehmenssteuerbelastung um etwa 20 Prozent. Infrage stellte Albrecht die in Aussicht genommene Steuerentlastung im Rahmen einer Lohn- und Einkommenssteuerreform. Die Senkung von Unternehmenssteuern solle Vorrang genießen. Eine wachsende „Verkrustung des wirtschaftlichen und sozialen Systems" will Albrecht u.a. beseitigt sehen über den Abbau von Kündigungsschutzbestimmungen, durch Rückschritte im Bereich des Jugendschutzgesetzes und durch einschränkende Maßnahmen bei dem, was Konservative schon für Mitbestimmung halten.

Offenbar glaubten die Autoren, jeden Angriff auf Arbeitnehmerschutzrechte bereits legitimiert, wenn er mit rhetorischen Floskeln dem vorgeblichen Ziel des Abbaus von Arbeitslosigkeit gewidmet bleibt. Haimo George stellte unmißverständlich klar, der soziale Friede sei zwar ein wertvoller Produktionsfaktor, dürfe jedoch im Vergleich zu den anderen Produktionsfaktoren keine Überpriorität beanspruchen. Dies lag ganz auf der Linie des CDU-Wirtschaftsrates, eine Art Aufsichtsrat der Union, deren früherer Geschäftsführer Haimo George war. Zum Jahresende wurde in einem Grundsatzpapier des Wirtschaftsrates mit dem Titel „Freiheit und Leistung als Strategie für die Zukunft" dem Arbeitsminister der Handlungsrahmen abgesteckt. Eingefordert werden darin ein Abbau von Arbeitsschutzrechten und weitere Kürzungen sozialer Errungenschaften. Verlangt wurde z.B. eine Teilzeitarbeitsfähigkeitsbescheinigung im Krankheitsfalle und die Überprüfung von Sozialplänen und Schutzrechten für Schwerbehinderte, Frauen, Jugendliche und Ältere.

Daß nicht nur geredet, sondern auch gehandelt wird, dürften zuerst die Jugendlichen gemerkt haben, die nach erfolgter Änderung des Jugendarbeitsschutz bereits im Alter von über 15 Jahren z.B. in Bäckereien und Konditoreien sowie auf Bau- und Montagestellen bereits ab 6.00 Uhr ihre Ausbildung antreten dürfen. Jugendliche über 17 Jahre dürfen ihrem ausbildenden Bäcker- und Konditormeister bereits ab 4.00 Uhr über die Schulter schauen. Die Regierung verspricht sich durch diese Änderung im Jugendarbeitsschutzgesetz auf

Kosten der Gesundheit der jungen Menschen eine wachsende Ausbildungsbereitschaft der Unternehmen. Nach ähnlichem Muster sind inzwischen auch sogenannte „beschäftigungshemmende Schutzbestimmungen" für Frauen abgebaut worden.

Der entscheidende Schritt zum Abbau der bewährten arbeitsrechtlichen Schutzvorschriften ist über ein Jahr lang im Arbeitsministerium vorbereitet worden. Unter dem Titel „Beschäftigungsförderungsgesetz 1985" sollte das Arbeitsrecht „gelenkiger" gemacht (Arbeitsminister Blüm) und „eine Auflockerung von Verkrustungen" (Arbeitgeberpräsident Esser) erreicht werden. U.a. sind befristete Arbeitsverträge für einen Zeitraum von bis zu 18 Monaten jetzt erlaubt. Zudem wurde den Bedürfnissen der Unternehmer nach rechtlichen Rahmenregelungen für die Einführung flexibler Arbeitsformen Rechnung getragen. So wird Leiharbeit ausgeweitet, während Massenentlassungen durch Verschlechterungen bei den Sozialplänen verbilligt werden. Bezeichnenderweise wurde unter dem Druck der Unternehmerkritik das ursprüngliche Vorhaben gestrichen, eine Freizeitabgeltung von Überstunden vorzuschreiben, während alle anderen Punkte, die auf Kritik von Gewerkschaften und Arbeitsrechtlern gesstoßen sind, einstweilen Gesetzeskraft erlangt haben. U.a. wird berechtigterweise kritisiert, daß mit den befristeten Arbeitsverträgen sämtliche Sonderkündigungsschutzvorschriften (Mutterschutz, Arbeitsplatzschutz und Schwerbehindertenschutz) außer Kraft gesetzt werden. Der Weg in eine Zwei-Klassen-Gesellschaft von Arbeitnehmern mit Festanstellungsverträgen und Zeitarbeitsverträgen wurde geebnet. Statt der von Bundesarbeitsminister Blüm vorhergesehenen „Welle von Einstellungen" ist es wahrscheinlicher, daß die Unternehmer den Gesetzesrahmen nutzen, um ihre Stammbelegschaften weiter zugunsten befristeter Arbeitsverhältnisse abzubauen. Aus dem Beschäftigtenförderungsgesetz würde somit ein Entlassungsförderungsgesetz. [135]

Neue Angriffe auf gesicherte Arbeitsverhältnisse werden zunehmend unter dem Begriff „Flexibilisierung der Arbeitszeiten" vorgetragen. Zurecht wird damit auf ein positives Vorverständnis in der Öffentlichkeit spekuliert. Es ist wenig bekannt, daß es den Unternehmern dabei nicht um die souveräne Entscheidung der Arbeitnehmer über ihre persönliche Arbeitszeit geht, sondern vielmehr um einen Generalangriff auf die Verbindlichkeit tariflicher Arbeitszeitbestimmungen. [136]

Was für die Betriebe den praktischen Nutzen hat, elastischer auf

Anforderungen des Marktes oder der Auftragslage zu reagieren und eine bessere Ausnutzung der vorhandenen Produktionskapazitäten zu gewährleisten, bedeutet keineswegs eine größere Freizeitbeweglichkeit, „die bestimmten Wandlungen des Lebensgefühls gerade der jüngeren Generation" entgegenkommt, wie dies Arbeitgeberpräsident Otto Esser in Lobeshymnen auf Arbeitszeitflexibilisierung nahelegt. Beabsichtigt ist die Arbeit auf Abruf. Die Menschen sollen an die Bedürfnisse der Produktionsabläufe angepaßt werden. Überall, wo Unternehmer bislang auf Arbeitszeitflexibilisierung gedrängt haben, entpuppt sich dieses Drängen als Verlangen nach höherer Maschinennutzungszeit, nach Einführung von Nacht- und Sonderschichten, nach Spaltung von Vollzeitarbeitsplätzen in Teilzeitarbeitsplätze und nach Einführung von Wochenendarbeit. Auch an dieser Front konnten sich die Arbeitgeberverbände auf politische Unterstützung verlassen. So hat der Bundesrat mit der Stimmenmehrheit der Union-Länder die Bundesregierung bereits im Dezember 1984 aufgefordert, im neuen Arbeitszeitgesetz auch die Möglichkeit von Sonn- und Feiertagsarbeit "für den Betrieb von hochmechanisierten oder automatisierten Produktionsanlagen" vorzusehen. Zur Begründung wurde ausdrücklich darauf verwiesen, daß sich die Kapitalintensität speziell der deutschen Textilindustrie durch den technischen Fortschritt im vergangenen Jahrzehnt enorm erhöht hat". Angesichts des internationalen Wettbewerbs, so die Bundesratsmehrheit, sollten solche Betriebe zur Kostenentlastung die Möglichkeit zur 24-Stunden-Betriebszeit an 7 Wochentagen erhalten. Soweit mochte die Bundesregierung wohl mit Rücksicht auf die Kirchen noch nicht gehen. Vorläufig bleibt zusätzliche Sonn- und Feiertagsarbeit für hochmechanisierte Produktionsanlagen noch ein Tabu. Die neue Schamgrenze der Bundesregierung mußte aber wieder einmal Arbeitsminister Blüm bestimmen. In einem Interview mit der Bild-Zeitung plädierte er im Februar 1985 für die Einführung von Samstagsarbeit. Zur Rechtfertigung führte er an, es sei auf die Dauer zu teuer, die modernen Roboter und Maschinen in den Firmen das ganze Wochenende stehen zu lassen. Zudem hielt es der Arbeitsminister für unsinnig, „wenn sich alle samstags und sonntags im Auto über verstopfte Straßen quälen und in überfüllten Bädern planschen, die in der Woche fast leer sind". Sprecher verschiedener Einzelgewerkschaften werteten diesen Blüm-Vorschlag als einen „Faschingsscherz". Sie verkannten, daß dieser Bundesminister bei der Frage des Abbaus von Arbeitnehmerrechten keine Scherze macht.

Nach den vorliegenden Erfahrungen muß vielmehr davon ausgegangen werden, daß ein solcher Vorschlag Bestandteil eines Programms mit dem Ziel ist, die allgemeine Stimmung für eine spätere Realisierung vorzubereiten.

Die Arbeitsmarktsituation erlaubt es den Unternehmen schon seit Jahren, auch das System der betrieblichen Sozialleistungen zu beschneiden. Das IW-Forschungsinstitut der Arbeitgeber plädiert in diesem Zusammenhang für die Individualisierung der gewährten Leistung, „da auf diese Weise Gewerkschaften und Betriebsräte die Kontrollmöglichkeiten verlieren". Der Arbeitnehmer soll nach eigenen Prioritäten dabei nach einem sogenannten „Cafeteria-Verfahren" ein eigenes Sozialleistungspaket aus einer Liste angebotener Leistungen zusammenstellen. Vorgeschlagen werden zusätzliche Kranken- oder Lebensversicherungen, zusätzlicher Urlaub, Weiterbildung, Firmenwagen, Belegschaftsaktien, Gesundheitsvorsorge und Werkswohnungen. Die im Kern für alle verbindlichen Grundleistungen sollen dabei zurückgestutzt werden.

Die Praxis des Unterlaufens von Mitbestimmungsrechten im Betrieb − vor allem bei der Einführung neuer Technologien − sowie die Behinderung der gewerkschaftlichen Tätigkeit im Betrieb[137] scheint alleine den Herr-im-Haus-Standpunkt der Unternehmer wohl dauerhaft nicht garantieren zu können. Ohne Umweg und Verbrämung sind die Gewerkschaften selbst zur Zielscheibe politischer Angriffe der Wende-Regierung geworden. Den rüden Beschimpfungen des gewerkschaftlichen Bemühens, über Arbeitszeitverkürzung die eigenen Möglichkeiten zum Abbau der Arbeitslosigkeit einzusetzen, folgten ganz konkrete Versuche, im Arbeitskampf der Metallindustrie die Bundesanstalt für Arbeit zu einem Instrument zur Absicherung der Aussperrungspraxis der Unternehmer zu machen. Erst rechtliche Initiativen der Gewerkschaften konnten klarstellen helfen, daß den Beschäftigten von außerhalb der Streikgebiete stillgelegten Betrieben die Zahlung von Kurzarbeitergeld nicht verweigert werden darf. [138] Unternehmer und FDP wechseln sich seither mit der Forderung ab, die gesetzlichen Grundlagen für die Bundesanstalt für Arbeit so zu verändern, daß zukünftig allen kalt ausgesperrten Arbeitnehmern im Arbeitskampf die Zahlung von Kurzarbeitergeld rechtsstaatlich einwandfrei verweigert werden kann. Verlangt werden außerdem Initiativen zur Beschneidung des ohnehin schon erheblich reglementierten Arbeitskampfrechtes. [139]Den kuriosesten Vorschlag in diesem

Zusammenhang machte wiederum Außenminister Genscher, der auch den Nicht-Gewerkschaftsmitgliedern ein Entscheidungsrecht bei der Frage einräumen möchte, ob die Gewerkschaften zu Arbeitsniederlegungen aufrufen dürfen. Nachdem IG Metall und IG Druck trotz staatlicher Behinderungen dennoch den Durchbruch hin zu kürzeren Wochenarbeitszeiten erzielen konnten, äußert sich die Kumpanei von Kabinett und Kapital wieder verstärkt als Angriff auf das lange Zeit von allen Angriffen ausgenommene Betriebsverfassungsgesetz. Über eine Gesetzesänderung sollen Minderheiten im Betriebsrat einen größeren Einfluß erhalten und Sprecherausschüsse für leitende Angestellte gesetzlich verankert werden. Arbeitgeber und Union erwarten wohl zu Recht, daß sich über die Beteiligung von Splittergruppen an der betrieblichen Interessensvertretung der Streit über weltanschauliche Fragen in den Gremien des Betriebsrates fördern läßt und die Auseinandersetzung um die bessere Form der Interessensvertretung dabei in den Hintergrund tritt. Bei den ersten Beratungen im Bundestag über eine entsprechende Änderung des Betriebsverfassungsgesetzes zeichnete sich sogar eine schwarz-grüne Interessenkoalition für eine entsprechende Änderung der Betriebsrats-Wahlordnung ab.

Nach dem bereits beim Abbauprogramm des Sozialstaats bewährten Muster wird auch im Rahmen des Umbauprogramms von den Wende-Politikern Wert darauf gelegt, frühzeitig auch schon Fernziele zu benennen, die man oft erst durch ein System kleinerer Schrittfolgen erreichen kann. Die diversen schon realisierten und vorbereiteten Angriffe auf Arbeitnehmerrechte erhalten ihren übergeordneten Sinn, wenn sie im Lichte des Fernziels bewertet werden, die allgemeine Schutzfunktion der Tarifverträge zu beseitigen, um ein entscheidendes Hindernis auf dem Weg zum Unternehmerstaat niederzureißen. Bereits im Herbstgutachten 1984 der Wirtschaftsforschungsinstitute wurden die alten Lambsdorff-, George- und Albrecht-Vorlagen wieder aufgegriffen. Mit wissenschaftlichem Anspruch wurde für die Aufhebung der Allgemeinverbindlichkeit von Tarifverträgen plädiert. In der schlichteren Version des nordrhein-westfälischen CDU-Spitzenkandidaten Bernhard Worms äußerte sich die grenzenlose Bereitschaft der Wende-Politiker für Zuhälterdienste zur Absicherung von Unternehmermacht als Vorschlag, in den von Arbeitslosigkeit besonders betroffenen Ruhrgebiets-Städten „wirtschaftliche Freizonen" einzurichten. Worms und der CDU-Wirtschaftsrat Rheinland verstehen unter diesem Vorschlag die Wiedereinführung unternehmerischer Vorrechte zur rücksichtslosen Ausbeutung von Arbeitnehmern, Umwelt und Gesellschaft. In diesen „Freizonen" sollen soziale und tarifvertragliche Übereinkommen beseitigt werden dürfen. Arbeit und Kapital sollen völlig dem freien Spiel der Kräfte überlassen bleiben. Um ein solches begrenztes Paradies für den Mißbrauch unternehmerischer Macht einzurichten, müßten über 50 Gesetze − angefangen vom Umweltschutz über Bauvorschriften, Gewerbeordnung und Steuern bis hin zum Arbeitsschutz und zum Sozialrecht − geändert werden. Dem kleineren Koalitionspartner scheint dies wohl zu aufwendig. FDP-Generalsekretär Manfred Haussmann schlug rechtzeitig zum 1. April über die Bild-Zeitung vor, Arbeitslosen die Freiheit einzuräumen, mit einem möglichen Arbeitgeber Lohn und Gehalt „ohne tariflichen Lohnzwang" vereinbaren zu können. Denn: "Viele Arbeitslose, die für 20 Mark Tariflohn die Stunde keinen Job finden, wären froh, wenn sie für 12 Mark arbeiten könnten." Für den FDP-Generalsekretär stellt sich natürlich nicht die Frage, warum ein Unternehmer einem Arbeitnehmer überhaupt noch eine Tarifentlohnung gewähren soll, wenn Millionen Arbeitslose wie in den Geburtsstunden des Kapitalismus als lohndrückende Reservearmee bereitstehen. Unter einer solchen Bedingung ließen sich sicherlich auch wieder Menschen finden, die in ihrer absoluten Freiheit bereits für einen Teller Suppe und ein Vergelts-Gott jede Beschäftigung annehmen müßten. Unter diesen Perspektiven wäre es ein unverantwortlicher Leichtsinn, würden die Gewerkschaften mit der Beruhigung zur Tagesordnung übergehen, Haussmann habe den Blümschen Faschings-Scherzen einen April-Scherz nachstellen wollen. Angriffe dieser Art beweisen, daß die Erfolge jahrzehntelanger gewerkschaftlicher Arbeit wieder zur Disposition stehen. Die Wende-Politiker haben offensichtlich bereits Abschied vom Leitbild des sozialen Rechtsstaats genommen und streben eine andere Republik an.

V. Anpassungszwänge oder Handlungsauftrag? — Dimensionen der Bedrohung von Arbeitnehmerrechten in der Wirtschaftskrise

Im Hintergrund: Grundsätzliche Probleme der kapitalistischen Wirtschaft

Es war und ist eine gewerkschaftliche Grundüberzeugung, daß Arbeitnehmerrechte prinzipiell bedroht sind, solange das Ziel der Profitsteigerung um jeden Preis Steuerprinzip der Wirtschaft bleibt. In der kapitalistischen Industriegesellschaft der Bundesrepublik ist diesem Steuerprinzip der Vorrang eingeräumt. Besitz- und Verfügungsrechte über Produktionsanlagen und Kapital konzentrieren sich in privater Hand. In der ideologischen Überhöhung einer solchen Wirtschaftsordnung als soziale Marktwirtschaft wird unterstellt, die Steigerung des privatwirtschaftlichen Profits sei identisch mit der Steigerung eines volkswirtschaftlichen Nutzens. Die Arbeitnehmer, deren Interessen in der kapitalistischen Wirtschaftsordnung nicht automatisch Berücksichtigung finden, sind darauf angewiesen, daß sie ihre Arbeitskraft, das heißt ihre Kenntnisse und Fähigkeiten zum Nutzen der Produktionsanlagen- und Kapitalbesitzer zu Bedingungen verkaufen können, die ihnen eine materiell gesicherte Lebensführung erlauben. Sie bleiben dabei abhängig und einem Ausbeutungsverhältnis unterworfen. Die gegensätzlichen Interessen an der Auflösung bzw. Garantie oder Verfeinerung solcher Ausbeutungsverhältnisse sind grundlegend für die gesamte kapitalistische Gesellschaft. Das Ausbeutungsverhältnis liegt in dem prinzipiellen Sachverhalt begründet, daß die Eigner von Kapital- und Produktionsmitteln die für sie Arbeitenden unter dem Wert ihrer Arbeitskraft bezahlen und sich den Mehrwert der Arbeit privat aneignen. In solchen Arbeitsbezügen leisten die abhängig Beschäftigten eine entfremdete Arbeit. Das heißt, das Produkt der Arbeit gehört nicht ihnen selbst, sondern aufgrund des Privateigentums an den Produktionsanlagen den Eignern und Kapitalgebern. Mit fremden Werkzeugen und an Produktionsanlagen, die ihnen nicht gehören, arbeiten sie unter fremdem Kommando für fremde Rechnung. Die Möglichkeiten, sich in der Arbeit selbst zu verwirklichen, bleiben beschränkt. Der fremdbestimmte Arbeitnehmer ist an der Entfaltung seiner Individualität gehindert. Sein Bedürfnis, sich auch im Arbeitsprozeß selbstbestimmt betätigen zu können, bleibt dem Interesse der Kapitaleigner an der Steigerung der Rentabilität des eingesetzen Kapitals untergeordnet.

Entfremdung und Vereinzelung des Menschen in seinen gesellschaftlichen Bezügen haben ihre Ursachen vornehmlich auch in der erlebten Entfremdung am Arbeitsplatz. Die Beziehung unter den abhängig Beschäftigten ist in vielfältiger Weise durch Konkurrenz und autoritäre Disziplin bestimmt. So unterliegen Arbeitnehmer auch in ihrer Freizeit den Nachwirkungen des tagtäglichen Erlebens am Arbeitsplatz. Das Fortwirken von Kapitalgesetzlichkeiten auch im Freizeitbereich und Manipulationen durch Freizeitindustrie und Massenmedien erschweren es noch zusätzlich, außerhalb des Arbeitsprozesses jenes Maß an Selbstverwirklichung zu finden, das am Arbeitsplatz verwehrt bleibt.

Durch die private Verfügungsmacht über Produktionsmittel wird Herrschaft von Menschen über Menschen verfestigt sowie Selbstverwirklichung und Selbstbestimmung behindert. Gefördert wird hingegen Fremdbestimmung und Entfremdung. Die im Rahmen kapitalistischer Wirtschaftsordnung periodisch auftretenden Krisen produzieren für die arbeitende Bevölkerung zusätzliche Probleme wie Arbeitslosigkeit, Kurzarbeit, Inflation, Entwertung der beruflichen Ausbildung und soziale Unsicherheit.

Durch Machtkonzentration und internationale Verflechtung des Kapitals wird sogar die Entscheidungsfreiheit und Handlungsfähigkeit demokratisch gewählter Regierungen beeinträchtigt. In der Logik kapitalistischen Wirtschaftens werden nicht nur die menschlichen Bedürfnisse zu einer untergeordneten Größe, sondern der Zwang zur Vermehrung des eingesetzten Kapitals beeinträchtigt zunehmend das ökologische Gleichgewicht der Natur und führt zum Raubbau an den knappen natürlichen Ressourcen[140].

Zu einer Bedrohung, die alle anderen Gefährdungen von Arbeitnehmerrechten noch übersteigt, sind mittlerweile die sicherheitspolitisch nicht mehr rational zu begründenden Investitionen zur Steigerung des Potentials an Massenvernichtungswaffen herangewachsen.

Das wirtschaftliche Interesse an dieser Verschwendung ökonomischer Ressourcen scheint bereits stärker als das politische Interesse an der Sicherung der Überlebensfähigkeit der Gesamtgesellschaft.

Unter dem Eindruck von Erfahrungen mit dem Mißbrauch wirtschaftlicher Macht und erlebter Abhängigkeit von demokratisch nicht legitimierten Entscheidungen der Träger ökonomischer Macht, und nachdem die verhängnisvollen Folgen einer rigorosen Vernachlässigung der ökologischen Lebensgrundlagen der Menschen genauso sichtbar geworden sind, wie die Folgen einer gigantischen Verschwendung ökonomischer Ressourcen im Rüstungswettlauf bei gleichzeitig wachsender sozialer Bedürftigkeit im nationalen und internationalen Maßstab, wird zunehmend auch in den Gewerkschaften als ein grundsätzliches Problem der kapitalistisch verfaßten Wirtschaftsordnung erkannt, daß bei den entsprechenden Entscheidungen und Unterlassungen staatlicher Politik keineswegs die vorgebliche gesamtgesellschaftliche Wohlfahrt, sondern das Interesse an politischer und wirtschaftlicher Machtsicherung Pate steht.

Aktuelle ökonomische und politische Rahmenbedingungen

Die wirtschaftlichen und sozialen Probleme in der Bundesrepublik stehen in den vielfältigsten Bezügen im Zusammenhang mit Strukturumwälzungen im gesamten Gefüge der Weltwirtschaft. Massenarbeitslosigkeit, Inflation, Haushaltsdefizite, steigende Rüstungslasten sowie Rohstoff- und Energieverschwendung kennzeichnen die kapitalistische Krise in allen Industriestaaten. In den industriell unterentwickelten Ländern hat sich der Prozeß der sozialen Verelendung beschleunigt. Gleichzeitig ist die Abhängigkeit von den Industrienationen stärker geworden. [141] Selbst die erdölexportierenden Staaten konnten in der Phase wiedergewonnener Verfügungsmacht über Quantität und Preis der Rohölförderung ihre scheinbare Schlüsselstellung für die Weltwirtschaft nicht behaupten. Auch die Staaten mit zentralgelenkter Wirtschaft nach dem Muster der Sowjetunion haben sich zunehmend als unfähig erwiesen, die Lebensqualität ihrer Bevölkerung mit Leistungen der eigenen Volkswirtschaft zu verbessern.

Wie im nationalen Rahmen ist auch im Weltmaßstab die Krise mit einer ökonomischen und politischen Machtverschiebung verbunden: Zum einen konnten die drei Hauptzentren kapitalistischer Wirtschaft, die USA, Westeuropa und Japan, ihre ökonomische Vormachtstellung zu Lasten aller übrigen Weltmarktbeteiligten ausbauen. Zum anderen versucht die USA seit 1980 verlorene Hegemonie auf dem Weltmarkt und in der Weltpolitik zurückzugewinnen, wobei die Interessen der Bündnispartner den eigenen nationalen Interessen untergeordnet werden. [142] Im Zeichen einer aggressiven Außen- und Militärpolitik wird ein Zwang auf die Bündnispartner und Wirtschaftskonkurrenten ausgeübt, Finanzmittel für ähnlich hohe Militäraufwendungen und zur Aufrechterhaltung der Akkumulationsquoten des privaten Kapitals über eine Beschneidung des Sozialstaats freizumachen. Dies erfolgt in einer Situation, in der das kapitalistische Weltsystem sich in der schwersten Akkumulationskrise seit dem zweiten Weltkrieg befindet. Bei insgesamt nachlassender Expansion des Welthandels hat sich die Konkurrenz zwischen den nationalen Kapitalen verschärft. Die weltwirtschaftspolitischen Instanzen erwiesen sich als unfähig, Marktbeziehungen zu kontrollieren und die unterschiedlichen Interessen auszugleichen. Durch eine Politik hoher Zinsen erreichte die Reagan-Regierung eine rasante Kurssteigerung des Dollars. Bei unsicheren Aussichten für rentable Kapitalinvestitionen auf dem jeweiligen nationalen privaten Sektor stieg seit Mitte der siebziger Jahre das Interesse an Kapitalanlagen auf den internationalen Kreditmärkten. Der Trend zur Internationalisierung des zinstragenden Kapitals verschaffte den internationalen Banken ausreichende Liquidität, um Ländern der Dritten Welt und vor allem den sogenannten Schwellenländern die nachgefragten Kredite für Investitionsprojekte zur Verfügung stellen zu können. Bei stagnierenden Weltmärkten und den fehlenden Voraussetzungen, durch Industrieproduktion den traditionellen kapitalistischen Zentren Marktanteile abzugewinnen, gerieten die internationalen Schuldnerländer zunehmend in den Teufelskreis, bei verschlechternden Exportmöglichkeiten den größeren Teil der Exporterlöse für Schuldendienste aufwenden zu müssen bzw. neue Schulden aufnehmen zu müssen, um alte Schulden rückzahlen zu können. [143]

Es ist einsichtig, daß die internationalen wirtschaftlichen Bedingungen auch für die Wirtschaft der Bundesrepublik problemverschärfende Auswirkung besitzen. So wirkt sich die zunehmende Verschuldung der Nicht-Industrie- sowie erdölimportabhängigen Länder auch restriktiv für die Exportchancen der deutschen Wirtschaft aus. Ferner wird die Krise auf dem Weltmarkt durch die Auswirkungen des US-Aufschwungs bei hohem Dollarkurs und hohem Zinsniveau auf die übrige Welt gefördert. Die Gefahr, durch einzelstaatliche Abwehrmaßnahmen von sicher geglaubten internationalen Märkten abgeschnitten zu werden, hat zugenommen. Von dieser Seite droht gerade der exportabhängigen deutschen Wirtschaft eine besondere Gefährdung. Die Konkurrenzbedingungen auf dem Weltmarkt haben sich insgesamt in einer Weise verschärft, daß der Export als konjunktur- und beschäftigungsstützender Faktor für die binnenwirtschaftliche Entwicklung zwangsläufig an eine Grenze stoßen muß. Selbst, wenn die westdeutsche Wirtschaft unter diesem Problemdruck ihre Weltmarktstellung bislang behaupten und sogar ausbauen konnte, ist es für die Zukunft wenig realistisch, daß sich Nachfrageausfälle im Inland krisendämmend durch Ausweitung der Exporte kompensieren lassen. Jede Strategie, die unter der Maßgabe einer Stärkung internationaler Wettbewerbsfähigkeit nationale Opfer der Arbeitnehmer einklagt, und dies als Garantie für die Ausweitung des Arbeitsplatzangebotes behauptet, kann Probleme nur zeitlich verschieben, nicht aber lösen. Die internationale Wettbewerbsfähigkeit der deutschen Wirtschaft ist nicht durch niedrige Löhne begründet, sondern durch die hohe Produktivität der Arbeitsstunde. Es ist überhaupt nicht so wichtig, was die Arbeitsstunde kostet, sondern vielmehr entscheidend ist, was in einer Arbeitsstunde geleistet wird. Eine auch zukünftig starke Position im internationalen Wettbewerb beruht keineswegs auf einem nationalen Lohnkostenvorteil, sondern ganz entscheidend auf dem Faktor Qualität der Produkte und Produktivität der Arbeitsstunde. Durch die Entwicklung der Wechselkurse werden nationale Kostenvorteile und -nachteile in einem ungemein höheren Umfang verändert als durch Tarifpolitik. Wären die Lohnkosten tatsächlich für die Wettbewerbsfähigkeit ausschlaggebend und nicht die Produktivität der Arbeitsstunde, müßten z.B. die europäischen Billiglohnländer Spanien und Portugal Spitzenpositionen im Welthandel einnehmen können. Der Verdacht ist wohl nicht von der Hand zu weisen, daß mit dem Argument der Wettbewerbsfähigkeit das Konkurrenzprinzip der Unternehmer zum Konkurrenzprinzip der Arbeitnehmer gemacht werden soll. Die Verbesserung der internationalen Wettbewerbsposition der deutschen Wirtschaft hat sich nicht arbeitsplatzwirksam ausgewirkt. Seit Beginn der achtziger Jahre ist die weitreichende Verbesserung der internationalen Wettbewerbsposition mit einer massiven Verschlechterung der nationalen Beschäftigungslage Hand in Hand gegangen. Was sich schon in rückblickender Betrachtung als illusorisch erwies, wird sich auch zukünftig als Propagandaformel herausstellen. Wie sehr die Stabilität des Welthandels bereits in Abhängigkeit von der Politik der US-Regierung geraten ist, haben besonders nachhaltig die deutsche Maschinenindustrie und der Anlagenbau erfahren, die ihre Auslandsgeschäfte fast nur noch durch verstärkte Aufträge aus der Sowjetunion ausweiten konnten. Ihnen drohen massive Einbußen durch die Absicht der amerikanischen Regierung, den Osthandel der Europäer stärker an die außenpolitischen Interessen der USA zu binden. In ihren Folgen überhaupt noch nicht absehbar sind Gefahren, die durch die Endlichkeit der natürlichen Rohstoffe, die weltweite Zunahme von Umweltzerstörung und die Verschwendung finanzieller Mittel in der Rüstung aktiviert werden. Wohl mit Recht wird in diesem Zusammenhang von drohenden Weltkatastrophen gesprochen, die natürlich auch für die deutschen Kapitalinteressen nachteilige Konsequenzen haben dürften.

Im nationalen Problemzusammenhang zeigen sich die Auswirkungen der weltwirtschaftlichen Strukturumwandlung in den folgenden wesentlichen Aspekten, deren gegenseitige Abhängigkeit an dieser Stelle nicht in der notwendigen Ausführlichkeit dargestellt werden kann:

Unter den Bedingungen der amerikanischen Hochzinspolitik und einer eingeschränkten Massenkaufkraft haben sich die Voraussetzungen für rentable Kapitalinvestitionen wesentlich verschlechtert. Produktionsausweitungen und fremdfinanzierte Investitionen werden nach dem privatwirtschaftlichen Kalkül nur noch dort vorgenommen, wo die Profitchancen die Aussicht auf sichere Zinsgewinne durch Anlagen auf dem Kapitalmarkt übersteigen. Offenbar bieten derzeit solche gesicherten Profitaussichten nur noch die Computerindustrie und Spitzenprodukte des Automobilbaus. Wo es im Interesse einer Erhöhung der Kapitalrentabilität notwendig wird und der Stand des technischen Fortschritts es ermöglicht, werden produktivitätssteigernde Rationalisierungsinvestitionen getätigt, die zur Senkung der Lohnstückkosten und zur weiteren Arbeitsplatzvernichtung führen. Da für die Kapitalbesitzer Löhne und Gehälter lediglich Kostenfaktoren sind, nicht jedoch Lebensgrundlage von Menschen und Voraussetzung für den Erhalt der Massenkaufkraft, erhalten Investitionen zur

Ersetzung menschlicher Arbeit Vorrang. Die Tendenz zum Ersatz variablen Kapitals durch konstantes Kapital wird auch sichtbar an der Zunahme von Konkursen solcher Unternehmen, die nicht alle Möglichkeiten zur Modernisierung ihrer Produktionsanlagen genutzt und sich der gegebenen zahlungsfähigen Nachfrage nicht rechtzeitig angepaßt haben. Da die in den früheren Jahren erwirtschafteten Profite nur zu einem geringeren Teil zur Sicherung der langfristigen Rentabilität der Unternehmen reinvestiert wurden, verwundert es nicht, daß die Pleitewelle auch unter der Wende-Regierung neue Rekordmarken erreichte. Diese Entwicklung hat eine weitere Konzentration des Kapitals gefördert.

Weder Lohnabschlüsse, die seit 1981 unter der Preissteigerungsrate geblieben sind, noch staatliche Investitionszuschüsse und steuerliche Entlastungsmaßnahmen haben Unternehmer und Kapitalbesitzer ermuntern können, arbeitsplatzsichernde Investitionen zu tätigen. Im Gegenteil wurden noch zusätzliche Arbeitsplätze vernichtet, so daß bis heute für vier Millionen Menschen Arbeitsplätze fehlen. Auch eine staatliche Politik pauschaler Investitionsbezuschussung konnte diesen Trend nicht umkehren. Die Verteilungssituation hat sich zu ungunsten der Arbeitnehmer drastisch verschlechtert. Den überproportional gestiegenen Unternehmergewinnen stehen seit 1981 sinkende bzw. stagnierende Reallöhne gegenüber. Zusammen mit den Kürzungen der Sozialeinkommen bedeutet dies den höchsten Reallohnabbau in der Geschichte der Bundesrepublik. Die Preisfestsetzungsmacht der Unternehmer hat gleichzeitig dazu geführt, die Kosten für die Lebenshaltung aller privaten Haushalte ständig weiter nach oben zu drücken. Während die großen Kapitalbesitzer ihr Geld zum Teil zu Zinssätzen von über zehn Prozent anlegen konnten, hat der Zinssatz für normale Spareinlagen den inflationsbedingten Wertverlust für die Geldvermögen der privaten Haushalte nicht einmal ausgeglichen. Durch die Erhöhung indirekter Steuern und eine Haushaltspolitik, von der vor allem die Arbeitnehmerhaushalte belastet worden sind, ist es zu einer drastischen Umverteilung des gesellschaftlichen Reichtums zum Nachteil derjenigen gekommen, die ihn erarbeitet haben. Obwohl die Einkommen aus Unternehmertätigkeit zwischen 1982 und 1984 allein um über 27 Prozent gestiegen sind, hat sich diese Gewinnexplosion 1983 nur in einer Investitionsteigerung um fünf Prozent und 1984 lediglich um 1,5 Prozent niedergeschlagen. Gleichzeitig ist die registrierte Arbeitslosigkeit in diesem Zeitraum um rund 450 000 auf 2,2 Millionen

Menschen angewachsen. Für die Nutznießer dieser Politik ist dies immer noch kein Versagensbeweis, sondern rechtfertigt ihre Forderung nach noch höheren Gewinnsteigerungen und einer weiteren Absenkung der Lohnkosten.

Da es selbst bei einer kompromißlos kapitalorientierten Wirtschafts- und Sozialpolitik nicht möglich ist, an die Zeiten einer dynamischen Wirtschaftsentwicklung mit hohen Wachstumsraten anzuknüpfen, bleibt es ausgeschlossen, eine stetige Ausdehnung staatlicher Leistungen allein aus stetig steigenden Staatseinnahmen finanzieren zu können. Im Verteilungskampf um knapper werdende Haushaltsmittel unterliegen zwangsläufig jene Interessen, die nicht in der Lage sind, dem Druck der Vertreter der diversen Kapitalinteressen wirkungsvoll entgegentreten zu können. Ein Verzicht auf Förderung von Gegenkräften und auf Prioritätsveränderungen in der staatlichen Haushaltspolitik, z.B. zu Lasten der Rüstungsausgaben oder der Verwaltung der Mißwirtschaft auf dem EG-Agrarmarkt, trägt zusammen mit dem Verzicht auf eine konsenquente Bekämpfung der Arbeitslosigkeit dazu bei, die öffentlichen Haushalte von einer Finanzkrise in die nächste zu treiben. Da es den Verwaltern und Nutznießern der Wirtschaftskrise gelungen ist, als dominierendes Deutungsmuster wachsender Arbeitslosigkeit die Auffassung zu verankern, die Ursache läge in der nachlassenden Investitionsbereitschaft der Unternehmen, hat es bislang eine Wählermehrheit stabilisierende Wirkung, wenn in dieser Sichtweise versucht wird, durch eine Politik der Investitionserleichterung ohne Auflagen bis hin zur Entlastung von Steuern die Konjunktur anzukurbeln. Eine Politik, die einem solchen Krisendeutungsmuster verpflichtet bleibt, kann prinzipiell in der Bekämpfung der Arbeitslosigkeit nicht erfolgreich sein. Sie ignoriert, daß Massenarbeitslosigkeit nicht auf konjunkturellen Schwierigkeiten beruht, sondern strukturelle und politische Ursachen besitzt. Mit ihrer kapitalorientierten Haushaltspolitik konnte die Wende-Regierung lediglich erreichen, daß die Unternehmer von ihrer Preisfestsetzungsmacht einen zurückhaltenderen Gebrauch gemacht haben als noch unter der abgelösten Regierung. Für diesen Erfolg wurde ein hoher Preis gezahlt. Die Bundesrepublik verzeichnet nach drei Jahren konservativ-liberaler Regierungsführung die seit der Währungsreform höchste Zahl von Arbeitslosen, die höchste Zahl an Sozialhilfeempfängern, die höchste Lohnsteuerquote, den höchsten Rentenversicherungsbeitrag und die höchste Zahl an Firmenzusammenbrüchen.

Wenn eine Regierung bei ihrer konkreten Wirtschafts-, Finanz-
und Sozialpolitik, bei ihrer Bildungs- wie Arbeitsmarktpolitik unter
dem Handlungsdruck der Wirtschafts- und Beschäftigungskrise aus
dem Katalog von Handlungsoptionen und Alternativen mit höherer
Priorität stets solchen Entwicklungslinien folgt, die in ihrer Konsequenz Arbeitslosigkeit vergrößern, ist wohl der Schluß nicht abwegig,
daß ihr gar nicht am Abbau von Arbeitslosigkeit gelegen sein kann. In
der Tat gibt es ja unter der Maßgabe der Loyalitäts- und Legitimitäts-
sicherung für die Regierungspolitik (noch!) keine Notwendigkeit, dem
Ziel „Bekämpfung der Arbeitslosigkeit" – der politischen Rhetorik
folgend – auch eine praktische Priorität einzuräumen. Die bisherigen
ökonomischen Belastungen durch Arbeitslosigkeit haben sich als trag-
bar erwiesen. Die psycho-sozialen Auswirkungen werden ignoriert.
Der drohende Loyalitätsverlust durch wachsende Arbeitslosigkeit bei
den Betroffenen konnte bislang erfolgreich durch eine Aus-
grenzungspolitik und bewußte Hinwendung zur Interessenvertretung
für die scheinbar und tatsächlich privilegierten Mehrheiten aufgefan-
gen werden. Wie das englische und US-amerikanische Politikvorbild
beweist, läßt sich konservative Herrschaft auch bei gezielter Vernachlässigung großer deklassierter Bevölkerungsteile stabilisieren. [144] In
der Konsequenz führt dies zum Wohlleben einer Zwei-Drittel-Gesellschaft zu Lasten der ausgegrenzten Restgesellschaft. Der im demon-
strativen Kontrast zur einstigen sozial-liberalen Regierungspraxis aus-
gesprochene Verzicht staatlicher Politik auf Sicherung der materiellen
Grundlagen für die Versöhnung des Widerspruchs zwischen kapitalistisch verfaßter Wirtschaft und Demokratie hat bislang noch keine
massiven Loyalitätseinbußen zu Lasten des konservativen Blockes
ausgelöst. Die relative Stabilität, die notwendig ist, um durch Rahmensetzungen staatlicher Politik ein Wirtschaftssystem zu garantieren, das sich gründet auf das Verhältnis von Lohnarbeitern auf der
einen Seite, die unter dem Gebrauchswert ihrer Arbeitskraft bezahlt
werden, und Produktionsmittelbesitzern auf der anderen Seite, die
sich einen Mehrwert aneignen, scheint jedenfalls noch nicht erschüt-
tert.

Ohne einen politischen Kurswechsel dürften die Arbeitslosenzahlen Monat für Monat die Vorjahresrekordmarke überschreiten. Allein
aufgrund der demographischen Entwicklung werden bis Ende der
achtziger Jahre 500 000 Arbeitsplätze zusätzlich benötigt. Mit immer
weniger menschlicher Arbeit kann immer mehr produziert werden.

Das Münchener Ifo-Institut hält bis zum Jahr 1990 ein jährliches Ansteigen der Produktivität zwischen 4,07 und 5,2 Prozent für nicht ausgeschlossen. Selbst bei einer geringeren Produktivitätssteigerung werden allein durch den Einsatz neuer Technologien bis 1990 Arbeitsplatzverluste von zusätzlich 3 bis 3,5 Millionen zu erwarten sein. Allein um das aktuelle Arbeitsmarktproblem konstant zu halten, benötigt man nach Schätzung des Instituts für Arbeitsmarkt- und Berufsforschung der Bundesanstalt für Arbeit ein jährliches Wachstum um 4 Prozent. Um für 28,4 Millionen Menschen im Jahr 1990 Arbeitsplätze zu erhalten, wäre sogar in Fortschreibung der gegenwärtigen Trends ein jährliches Wachstum von über 6 Prozent erforderlich, was so unrealistisch ist, wie es auch ökologisch unverantwortlich wäre.

Zu den politischen Ursachen, die zu einem weiteren Ansteigen der Arbeitslosigkeit führen, gehört die Weigerung der Unternehmer und ihrer Interessenvertreter, die Arbeitnehmer an den gegenwärtigen und zukünftigen Produktivitätsfortschritten und Rationalisierungsgewinnen in Form von kürzeren Arbeitszeiten zu beteiligen. Es hilft den Opfern dieser Wirtschaftsordnung deshalb nicht, in offenkundigen Krisenzeiten auf die Phase der verheißenen nächsten Konjunktur zu warten. Es ist immer noch so: wenn die Katzen Konjunktur haben, haben die Mäuse Krise. Doch für die Mäuse gibt es wenigstens eine vorübergehende Schonzeit, wenn sich die Katzen sattgefressen haben. Für die nach dem Profitprinzip gestaltete Wirtschaftsordnung gibt es eine solche Schonzeit für Arbeitnehmerrechte nicht. Im Gegenteil: Schon die historische Erfahrung der Arbeiterbewegung lehrt, daß wirtschaftliche Krisen mit Machtumverteilungen zu Lasten der Arbeitnehmer und ihrer gewerkschaftlichen und parlamentarischen Interessenvertretungen verbunden sind. Weil sich die Bundesrepublik gegenwärtig in einer solchen Phase der Machtumverteilung befindet, ist der Handlungsdruck für die Gewerkschaften gewachsen, während sich die wirtschaftlichen und politischen Rahmenbedingungen für sie nachteilig verändert haben.

Gewerkschaftliche Politik unter dem Handlungsdruck von Massenarbeitslosigkeit und sozialer Demontage

Unabhängig davon, ob die Beobachter der Wirtschaftsabläufe Konjunktur oder Krise verkündeten, ist die Arbeitslosigkeit in einem Ausmaß gestiegen, das den Handlungsspielraum der Gewerkschaften nachhaltig beeinträchtigt hat. Für über zwei Millionen registrierte Arbeitslose und über 500 000 Kurzarbeiter sowie für über eine Million nicht mehr registrierte Arbeitslose bei gleichzeitig sinkenden Ausbildungschancen der Jugend wird nicht nur das Grundrecht des Menschen, den Lebensunterhalt durch eigene Arbeit verdienen zu können, massiv bedroht. Beeinträchtigt wird auch der Schutz vor Gesundheitsverschleiß durch inhumane Arbeitsbedingungen. Gefährdet sind nicht nur die Einkommen, sondern auch die einmal erworbenen Arbeitsqualifikationen und die schon erkämpften Autonomiespielräume in der Gestaltung der Arbeit. Das hohe Ansteigen der Arbeitslosigkeit hat auch das Arbeitsklima der noch Beschäftigten enorm verschlechtert. Weil die Zahl derer steigt, die auf Zeit, auf Probe oder auf provisorischer Leih- und Aushilfsbasis arbeiten, kommen auf jeden bereits verloren gegangenen Arbeitsplatz in der Praxis weitere zwei bis drei unsichere Arbeitsplätze. Das Gefühl, selbst keinen sicheren Arbeitsplatz zu besitzen, fördert die Entsolidarisierung im Arbeitsprozeß. Verhaltensweisen wie Unterordnung und Opportunismus werden in dieser Situation belohnt, Widerspruchs- und Kritikbereitschaft unterdrückt. Wie Kritik an der Ausbildung und an den Arbeitsumständen im Betrieb, wird auch die Kritik an den bestehenden gesellschaftlichen Verhältnissen erschwert. Kollektives Wohlverhalten und Anpassung an vermeintliche Sachzwänge sind wieder mehr gefragt als mündige und partizipationsbereite Mitbürger. Die im Gefolge der Massenarbeitslosigkeit bereits eingetretene Schwächung der Lage der Arbeitnehmer wird auch innenpolitisch genutzt, um verstärkten Druck auf die Interessensvertretungen der Arbeitnehmer auszuüben. Gewerkschaften sind dabei in eine objektive Defensiv-Situation geraten, nicht nur wegen der um ein vielfaches angehäuften wirtschaftlichen und sozialen Probleme, sondern auch deshalb, weil die in der Regierungsverantwortung stehenden Parteien darauf verzichten, durch arbeitsplatzschaffende und -sichernde Politik die Gewerkschaften vom

Druck des Arbeitsmarktes zu entlasten. Arbeitslosigkeit ist zum Diszi-
plinierungsmittel geworden. Die seit der ersten Operation 1982 in
jährlicher Folge verabschiedeten Haushaltspläne wurden dem Ziel
geweiht, die Eigendynamik des kapitalistischen Wachstums zu bele-
ben. In der Konsequenz bedeutete dies erhebliche Belastungen für die
Arbeitnehmer und Entlastungen für die Kapital- und Produktionsmittelbesitzer. Die ausformulierten gewerkschaftlichen Vorstellungen
über Maßnahmen zur Bekämpfung der Wirtschafts- und Beschäftigungskrise und ihrer sozialen Folgen werden in der Tagespolitik der
Regierung nicht allein nur ignoriert, sondern bekämpft.

Die aktuell bereits praktizierten und noch befürworteten Rezepte
zur Bekämpfung der Wirtschafts- und Beschäftigungskrise gleichen
jenen Maßnahmen, die schon zur Bekämpfung der Weltwirtschafts-
krise in den dreißiger Jahren krisenverschärfend praktiziert worden
sind. Ohne Erfolg wurde damals versucht, durch Lohnstopp, Lohnab-
bau und Abbau der sozialen Leistungen eine Krise der kapitalistischen
Wirtschaft zu bekämpfen. Das Ergebnis ist bekannt: Innerhalb kürzester Zeit stieg im damaligen Reichsgebiet die Arbeitslosigkeit von über
eine Million auf sechs Millionen an. Geschickt nutzte die politische
Rechte diese Situation, um die Demokratie durch einen Führerstaat zu
ersetzen. Obwohl die Demokratie in der Bundesrepublik auf einer
wesentlich breiteren Übereinstimmung in der Bevölkerung beruht als
die junge Demokratie der Weimarer Republik, besteht kein Anlaß,
die Warnung vor den historischen Parallelen zu übergehen. [145] Zwar
droht in der Konsequenz zunehmender Massenarbeitslosigkeit nicht
mehr die Etablierung einer faschistischen Diktatur, doch dürfte das
neokonservative Leitbild von der Zwei-Drittel-Gesellschaft, die systematisch die Interessen des Rest-Drittels ausgrenzt, in der gewerkschaftlichen Sicht kaum Anlaß bieten, sich im Strom des neokonservativen Zeitgeistes mit Hoffnung auf bessere Zeiten treiben zu lassen.
Selbst wenn es den Arbeitnehmern und vor allem den aktuellen, potentiellen und zukünftigen Beziehern von Sozialeinkommen noch
nicht hinreichend bewußt ist, inwieweit sie bereits auf der Strecke
eines gesamtgesellschaftlichen Verteilungskampfes geblieben sind,
der sich auch auf dem Feld der Sozialpolitik vollzog und noch vollzieht,
stellen sich beim bislang erreichten Zwischenstand der Plünderung des
Sozialstaats und den schon etablierten Erfolgen auf dem Weg zum
Unternehmerstaat ganz konkrete Fragen wie diese:

— Müssen — frei nach Ernst Bloch — die Armen einspringen, wenn es nicht für alle reicht?

- Bleibt der Mensch in der Arbeitswelt gesundheitlich gefährdet, schutzlos den von Arbeitgebern gesetzten Normen unterworfen?
- Kann die Arbeitsgesellschaft von morgen die Renten der Erwerbsfähigen von heute noch finanzieren?
- Sind Sozialbedürftige auf das Mitleid ihrer Mitbürger angewiesen?
- Erhalten Frauen nur noch die Wahl zwischen Mutterrolle in der Familie und Diskriminierung in der Arbeitswelt?
- Schützen die Gesetze die Starken vor den Schwachen?
- Ist eine vorbeugende und ursachenbezogene Sozialpolitik nicht doch sinnvoller und kostengünstiger als die Therapie der Symptome?
- Soll sozial bedingte Chancenungleichheit wieder über den Filter des Bildungssystems zur Erblast werden?

Wie die Antworten auf Fragestellungen dieser Art ausfallen, dürfte von den Entscheidungen und Unterlassungen staatlich verantworteter Wirtschafts- und Sozialpolitiker wesentlich abhängen. Schlüsselfrage für alle Arbeitnehmer bleibt, ob der schon erreichte Stand sozialer Sicherheit erhalten und ausgebaut wird oder Angst vor Arbeitslosigkeit, Krankheit, Unfall, Alter und Armut den Alltag der arbeitenden Menschen wieder zu bestimmen vermag.

Die individuellen, betrieblichen und gesellschaftlichen Konsequenzen der Massenarbeitslosigkeit haben es auch zu einer Existenzfrage der Gewerkschaften werden lassen, ob und inwieweit es ihnen gelingt, ihren Anspruch als Arbeitnehmerschutzorganisation mit gesellschaftlichem Gestaltungsanspruch einzulösen und die vorhandenen Ansätze zur Bekämpfung der Massenarbeitslosigkeit auszuschöpfen. Ziel ist es, die Realeinkommen der Arbeitnehmer zu sichern und gleichzeitig der wachsenden Zahl von Arbeitslosen eine Perspektive zu vermitteln, die mittel- und langfristig zur Wiedergewinnung von Vollbeschäftigung führt, was ganz konkret bedeutet, daß alle, die durch Arbeit ihren Lebensunterhalt sichern müssen, eine existenzsichernde, sinnstiftende und gesellschaftlich nützliche Arbeit finden.

Die Zukunft der Arbeit der abhängig Beschäftigten

Vollzieht sich die Zukunft der Arbeit der abhängig Beschäftigten in einer Gesellschaft der Arbeitslosigkeit oder in einer Gesellschaft der Freizeit? Beide Entwicklungsperspektiven sind angelegt. „Der Gewerkschafter", die Monatsschrift für die Funktionäre der IG Metall, beschreibt beide Möglichkeiten und den daraus resultierenden Handlungsauftrag wie folgt: „Über die Zeit nach der Arbeitsgesellschaft ist schon sehr viel philosophiert worden. Bricht das Zeitalter der Muße an? Werden wir zukünftig nur noch einen Tag pro Woche arbeiten und doch in der Lage sein, den ganzen Bedarf an Gütern zu dekken? Werden wir spazieren gehen, basteln, gärtnern, lesen können soviel wir wollen? Führt uns die technologische Entwicklung in die Gesellschaft der Arbeitslosigkeit oder in die Gesellschaft der Freizeit? Das sind Fragen, auf die wir bald Anwort finden müssen. Notwendig ist, den ersten Schritt zur ‚Fabrik der Zukunft' in die richtige Richtung zu lenken. Beim zweiten kann es schon zu spät sein."[146] Wie schon vorangestellt wurde, ist in vielen Bezügen der „zweite Schritt" bereits in Vorbereitung, ohne daß auch nur die Konsequenzen des „ersten Schrittes" verarbeitet werden konnten. Deshalb ist die oft gestellte Frage nach der Zukunft der Arbeit [147]vor allem eine Frage nach dem Vermögen, die Steuerprinzipien der Wirtschaft und des Technikeinsatzes arbeitnehmerorientiert beeinflussen zu können.

Wie die Zukunft der Arbeit tatsächlich aussehen wird, dürfte sich wohl wesentlich nach dem Grad bestimmen, zu dem es gelingt, die Verwertungsinteressen des Kapitals durch ein anderes Wirtschaftssteuerungsprinzip zu ersetzen, bei dem die Bedürfnisse des Menschen im Zentrum stehen und der arbeitende Mensch vom fremdbestimmten Objekt zum bestimmenden Subjekt der Produktionsprozesse wird.

In Fortsetzung der gegenwärtigen Trends werden wohl immer weniger Menschen eine existenzsichernde und relativ selbstbestimmte und sinnvolle Arbeit ausführen. Zwar wird die körperliche Beanspruchung bei der Arbeit weiter abnehmen, während sich das Arbeitstempo weiter erhöht, doch wird soziale Isolation zunehmen und psychische Belastungen werden sich vergrößern. Es wird weniger Menschen geben, die immer mehr kennen und können müssen, während es immer mehr geben wird, denen immer weniger Kennen und Können abgefordert wird.

Schließlich drohen für die gesamte politische Kultur durch eine fortschreitende Verkabelung und Computerisierung der Haushalte[148] eigenaktivitätslähmende Auswirkungen gleichermaßen für das Freizeit- wie Sozialverhalten der Menschen. Wohl nicht zu Unrecht wird diese Gefahr mit Anspielung auf die Auswirkungen der Mc-Donalds-Schnellküchenangebote für die Essgewohnheiten der Gesellschaft unter dem Stichwort „geistige Mc-Donaldisierung" diskutiert. [149]

Soll der Mensch in der sich abzeichnenden neuen Arbeitswelt und Informationsgesellschaft nicht auf der Strecke bleiben und nur noch unter dem Aspekt seiner Konsumfähigkeit gesellschaftliche Bedeutung erlangen, stellen sich Schutz- und Gestaltungsaufgaben für den Erhalt von Arbeitsplätzen, Menschenwürde, zur Sicherung von Gesundheit, Qualifikation und Einkommen wie zur Abwehr computergestützter Kontrolle von Arbeitsverhalten, Leistungsvermögen und Freizeitgewohnheiten. Nicht alles, was technisch schon machbar ist, darf gemacht werden, sollen Menschenwürde und Persönlichkeitsrecht erhalten bleiben. Computergestützte Arbeitssysteme können für wie auch gegen den Menschen eingesetzt werden. Das heißt, sie sind auch so gestaltbar, daß sie dem Menschen nutzen und nicht nur den Besitzern der Produktionsanlagen zur Erhöhung der Kapitalrendite dienen. „Denn ob der massive Einsatz von Rationalisierungstechniken Arbeitsplätze vernichtet oder Arbeitszeitverkürzung ermöglicht, ob neue Techniken die Tayloristische Arbeitsteilung auf die Spitze treiben oder ob sie Ausgangspunkt für inhaltsreichere und menschengerechtere Arbeitsplätze sind, ist keine Frage der Technik an sich. Diese Frage wird in der Interessensauseinandersetzung von Arbeitnehmern und Arbeitgebern entschieden, wobei der Staat eine nicht zu unterschätzende Rolle spielt. Nicht die Technik, nicht die Maschinen, sondern das dahinterstehende System der ‚Maschinenbesitzer' – also die Besitzverhältnisse und die alleinige Verfügungsgewalt über Entwicklung, Einführung, Anwendung und Gestaltung von Maschinen und Technik – ist die Ursache für soziale Unsicherheit und negative Rationalisierungsfolgen für Arbeitnehmer und Gesellschaft. Nicht der Industrieroboter vernichtet Arbeitsplätze, sondern der Unternehmer, der ihn mit diesem Ziel einsetzt. Eine Strategie, mit der arbeitsorientierte Alternativen zum Technikeinsatz zur Produktentwicklung und -gestaltung durchgesetzt werden sollen, hat diese Tatsachen zu berücksichtigen. Die jeweiligen Macht- und damit Kräfteverhältnisse bestimmen letztlich die Möglichkeit solcher Alternativen."[150]

Die Technologiepolitik der privaten Wirtschaft folgt vorrangig einem privatwirtschaftlichen Profitinteresse. Die Folgen werden auf die Arbeitnehmer abgewälzt. Durch Umrüstung der Arbeitsplätze wird die Arbeitsleistung gesteigert. Durch Rationalisierung werden Arbeitsplätze abgebaut. Der technische Fortschritt führt in diesem Fall zum sozialen Rückschritt für den arbeitenden Menschen. Die positiven Tendenzen des Fortschreitens der technischen Entwicklung entfalten sich nicht automatisch. Deshalb muß den Arbeitnehmern und ihren Interessenvertretungen ein Mitentscheidungsrecht bei der Techniknutzung eingeräumt werden. Dies setzt auch einen direkten Einfluß auf die Gestaltung voraus. Zu erreichen ist dies durch die Beteiligung von Betriebsräten und Gewerkschaften bereits im Stadium der Planung. Denn Änderungen bei einmal installierten Systemen sind meistens kaum noch zu realisieren. Allein das offensive Ausnutzen der schon bestehenden Rechte aus Betriebsverfassungsgesetz bzw. Personalvertretungsgesetz, Tarifverträgen und anderen rechtlichen Bestimmungen durch die betrieblichen Arbeitnehmerinteressenvertretungen würde dem Alleinentscheidungsanspruch der Arbeitgeber über Art, Ziel und Nutzenverteilung der Rationalisierung Schranken setzen. [151] Das erfordert vor allem jedoch Problembewußtsein und Wille zum Handeln, sowohl bei den Interessenvertretern, wie bei den Betroffenen. Denn die verbrieften Rechte reichen oft noch nicht aus, um letztendlich gegen die Interessen der Arbeitgeber eine humane Gestaltung von Arbeit und Technik durchzusetzen. Die Mobilisierung der vom Technikeinsatz Betroffenen wird damit zur Voraussetzung, um einerseits die bestehenden Rechte voll ausschöpfen zu können, und um andererseits politischen Druck mit dem Ziel zu entfalten, verbesserte gesetzliche Grundlagen für die Mitbestimmung der Arbeitnehmer bei der Einführung neuer Technologien durchzusetzen. Insgesamt kommt es also nicht darauf an, sich pauschal jeder Nutzung neuer Technologien entgegenzustellen, sondern vielmehr darauf, durch menschengerechte Technikgestaltung und -nutzung dem Menschen eine Zukunft in der Arbeitswelt von heute und morgen zu sichern. Gerade durch den Einsatz neuer technischer Systeme kann die Produktivität der Arbeitskraft so gesteigert werden, daß es möglich ist, die gesellschaftlich notwendige Arbeit mit einer insgesamt für alle kürzeren Arbeitszeit zu bewältigen. Es wird auch möglich, betriebliche Erholzeiten auszuweiten, Weiterbildung während der Arbeitszeit zu betreiben, nicht vermeidbare Mehrarbeit durch Freizeit auszugleichen sowie Lebensarbeitszeitverkürzung durch Frühverrentung über staatliche und tarifvertragliche Regelungen vorzunehmen.

Wenn die neuen Techniken so genutzt werden, daß sie menschliche Arbeit erleichtern und unterstützen, und die damit verbundenen Rationalisierungseffekte in Form von Arbeitszeitverkürzung an die Arbeitnehmer weitergegeben werden, bleibt es keine Utopie, den Weg zur Vollbeschäftigung zurückzufinden.

Der englische Philosoph und Nobelpreisträger Bertrand Russell benutzte das folgende recht einsichtige Beispiel, um im Kontrast zu einer unvernünftigen Reaktionsweise auf ein sinnvolles Prinzip aufmerksam zu machen, mit dem bei wachsenden Produktivitätssteigerungen Massenarbeitslosigkeit vermieden werden kann:

"Nehmen wir an,
daß gegenwärtig eine bestimmte Anzahl von Menschen
mit der Herstellung von Nadeln beschäftigt ist.
Sie machen so viele Nadeln, wie die Weltbevölkerung braucht,
und arbeiten acht Stunden täglich.
Nun macht jemand eine Erfindung, die es ermöglicht,
daß dieselbe Zahl von Menschen
doppelt so viele Nadeln herstellen kann.
Aber die Menschheit braucht nicht doppelt so viele Nadeln.
Sie sind bereits so billig,
daß kaum eine zusätzliche verkauft würde,
wenn sie noch billiger würden.
In einer vernünftigen Welt würde jeder,
der mit der Herstellung von Nadeln beschäftigt ist,
jetzt eben vier statt acht Stunden täglich arbeiten,
und alles ginge weiter wie zuvor.
Aber in unserer realen Welt
betrachtet man so etwas als demoralisierend.
Die Nadelarbeiter arbeiten noch immer acht Stunden,
es gibt zu viele Nadeln.
Einige Nadelfabrikanten machen bankrott,
und die Hälfte der Leute verlieren ihren Arbeitsplatz.
Es gibt jetzt, genau betrachtet,
genausoviel Freizeit wie bei halber Arbeitszeit:
denn jetzt hat die Hälfte der Leute
überhaupt nichts mehr zu tun,
und die andere überarbeitet sich.

Auf diese Weise ist sichergestellt,
daß die unvermeidliche Freizeit Elend hervorruft,
statt daß sie eine Quelle des Wohlbefindens werden kann.
Kann man sich noch etwas irrsinnigeres vorstellen?"
Mindestens Bundeskanzler Kohl kann sich so etwas Irrsinniges vorstellen. Er bezeichnete die Wochenarbeitszeitverkürzung als „dumm, töricht und absurd" und plädierte dafür, in der Beschäftigungskrise mehr statt weniger zu arbeiten, ein Vorschlag, der den aktuellen Herausforderungen so gerecht wird wie die Torheit, ein brennendes Feuer mit Benzin löschen zu wollen.

Ob aus unserer realen Welt jene „vernünftige Welt" wird, die Bertrand Russell fordert, darf nicht nur von der Einsichtsfähigkeit des Bundeskanzlers und der Träger politischer und wirtschaftlicher Verantwortung abhängen. Es ist deshalb eine Mitbestimmung der Arbeitnehmer gefordert, die sich nicht auf ein bloßes Anhörungsrecht reduziert.

Wenn es zukünftig eine existenzsichernde, sinnstiftende und gesellschaftlich nützliche Arbeit für alle geben soll, dann darf es nicht so bleiben, daß die Arbeitgeber mit der Verfügungsmacht über Kapital auch Verfügungsgewalt über die Arbeit gewinnen. Im Vorwort zum Aktionsprogramm Arbeit und Technik der IG Metall wird die politische Langzeitaufgabe, vor der alle Gewerkschaften stehen und die jetzt begonnen werden muß, in folgender Weise zusammengefaßt:

„Unsere Forderung: ‚Der Mensch muß bleiben!' − in seinem doppelten Sinn: Als jemand, der einen Arbeitsplatz hat und der bei der Arbeit auch noch ‚Mensch' sein kann, dessen Arbeitsplatz also menschengerecht ist − kann nur politisch erkämpft werden: Durch Widerstand in den Betrieben, durch Mobilisierung der Arbeitnehmer, durch öffentlichkeitswirksame Kampagnen, durch Druck auf Unternehmer und Politiker."

Zur Diskussion um die Zukunftsperspektiven der Gewerkschaften

Würden sich die Gewerkschaften unter den aktuellen Krisenbedingungen dazu durchringen können, sich tatsächlich in ihrem Vertre-

tungsanspruch auf den Kern einer arbeitspolitischen Interessenvertretung für die „Stammbelegschaften" zu reduzieren, wie dies Heinze/
Hinrichs/Offe/Olk schon 1980 als Gefahren angelegt sahen[152], stünde
ihnen sicherlich unstrittig eine organisatorische Überlebensperspek-
tive offen. Für die „Noch-Arbeitsplatzbesitzer" behielten sie dabei die
ja keineswegs unwichtige Funktion, mit den Unternehmerverbänden
die Rate der Beteiligung an den erzielten Produktivitätsgewinnen aus-
zuhandeln. Wie jedem anderen wirtschaftlichen Interessenverband
stünde den Gewerkschaften zudem noch die Möglichkeit offen, Mit-
gliederinteressen über öffentliche Stellungnahmen und moralische
Appelle zu artikulieren. Die Berücksichtigung in vorparlamentari-
schen Interessenausgleichsverhandlungen und in Kamingesprächen
sowie das Wohlwollen der politischen Entscheidungsträger ließen sich
sicherlich durch die Bereitschaft fördern, die kapitalistische Produk-
tions- und Verteilungslogik grundsätzlich anzuerkennen. Es böte sich
sogar die Chance zur Übereinstimmung mit allen, denen wirtschafts-
wissenschaftlicher Sachverstand automatisch zuerkannt wird, könnten
sich die Gewerkschaften zu dem Glauben bekehren, die Verfolgung
einzelwirtschaftlicher Kapitalrentabilitätsüberlegungen führe automatisch zum Abbau von Arbeitslosigkeit und zur Besserstellung der
Arbeitnehmer. Schon aus Gründen der staatlichen Legitimations- und
Loyalitätssicherung dürften derart gewendete Gewerkschaften erwarten, beim Interessenclearing im Rahmen eines korporatistischen
Blocks aus Staat, Unternehmen und Gewerkschaften nicht gänzlich
unter die Räder zu geraten.

   Was eine immerhin denkbare Entwicklungsperspektive der
Gewerkschaftsbewegung im Übergang zu den 90er Jahren ist, sieht
Josef Esser durch seine Untersuchung zu den „Gewerkschaften in der
Krise" am Anfang der 80er Jahre bereits als eine gängige gewerkschaftliche Praxis bestätigt: „Die gesellschaftliche und politische Stabilität ist durch die Gewerkschaften nicht gefährdet. Die gemeinsame,
aus den neuen Weltmarktzwängen resultierende ökonomische Interessenslage schmiedet weltmarktorientiertes Kapital, Staatsapparat
und Gewerkschaften zu einem ‚korporatistischen Block' zusammen,
der gemeinsam die ‚Modernisierung der Volkswirtschaft' zur Sicherung der internationalen Konkurrenzfähigkeit vorantreibt und
zugleich aus der Funktionslogik dieses Weltmarktes herausfallende
soziale Gruppen auf Dauer ausgrenzt."[153] Einen schlüssigen Nachweis, über welche Akte informeller und formeller Kooperation die

Gewerkschaften sich konkret in den Dienst zur Sicherung von Welt-
marktpositionen für das westdeutsche Kapital haben nehmen lassen,
bleibt Esser − trotz gegenteiliger Behauptung − schuldig. Gleichwohl
muß nicht ausgeschlossen sein, daß für Teile der Gewerkschaftsbewegung und vor allem für die betrieblichen Interessenvertretungen angesichts einer unter Krisenbedingungen gefestigten Unternehmermacht
und einer sie stützenden Regierungspolitik Kooperationsbereitschaft
im von Esser beschriebenen Sinne erfolgversprechender erscheint als
Konfrontation, zumal dies dem Alltagsbewußtsein und Harmoniebe-
dürfnis der Arbeitnehmer und wohl auch der meisten Gewerkschafts-
mitglieder mehr entspricht als eine Konfliktorientierung. [154] Jedoch ist
damit dennoch nicht entschieden, ob eine solche − in der Perspektive
eines externen Betrachters gewerkschaftlicher Politik vorschnell
schon als prinzipielle Orientierung auf Kooperation mit dem Sozial-
partner eingeschätzte − Interessenvertretung Konsequenz erlebter
Ohnmacht oder mangelnde Einsicht in Handlungsalternativen ist, und
somit durch neue Erfahrungen und Einsichten umgekehrt werden
könnte.

Rainer Erd und Christoph Scherrer, beide Sozialwissenschaftler
am Frankfurter Institut für Sozialforschung, sprechen den Gewerkschaften in der Krise apodiktisch jede Bereitschaft und Fähigkeit zum
systemkontroversen Handeln ab: „Gemeinsam sind Kapital und
Arbeit das Interesse an kontinuierlichem wirtschaftlichen Wachstum,
das für die eine Seite Voraussetzung der Kapitalakkumulation, für die
andere Seite Bedingung erfolgreicher Interessenvertretung ist... Und
schließlich... haben Unternehmer und Gewerkschaften ein gemeinsames Interesse an der Erhaltung der kapitalistischen Produktionsweise,
die Kapitalseite aus unmittelbar einsichtigen Gründen, die Gewerkschaften, weil der Kapitalismus Grundlage ihrer organisatorischen
Existenz ist und mit seiner Veränderung auch ihr ‚Schicksal' ungewiß
wird oder sie überflüssig werden." Zugespitzt formulieren Erd/Scher-
rer die These: „Gewerkschaftlich organisierte (und nicht-organisierte)
Arbeitnehmer verhalten sich tendenziell dann solidarisch gegenüber
den Unternehmern, wenn dazu keine Notwendigkeit besteht, sie konkurrieren, wenn Solidarität erfordert wäre. Von einer solchen Interpretation gewerkschaftlicher Politik aus ist es nur zu verständlich, daß
diese in der Krise Konzessionen macht, die sie in der Prosperität in
Forderungen verwandelt. Gewerkschaftliche Interessenvertretung, so
lautet das schlichte Resümee, ist eine abhängige Variable kapitali-

stischer Akkumulation. Die Gewerkschaften, deren Ende derzeit lautstark verkündet wird, erstehen dann wieder auf, wenn es die ökonomischen Bedingungen erlauben."[155]

In dieser Sicht wird es zu gewerkschaftlichen Überlebensperspektiven, mit Konzessionsbereitschaft in der Krise die Zeit bis zum nächsten konjunkturellen Aufschwung zu überbrücken.

Würde dies von einem behaupteten zu einem tatsächlichen Reaktionsmuster gewerkschaftlichen Handelns, behielte der Soziologe und Sprecher des nachdenklicheren Teils der FDP, Ralf Dahrendorf, recht, der — nachdem er 1982 bereits der Arbeitsgesellschaft ein Ende vorausgesagt hatte[156] — während des Arbeitskampfes in der Metall- und Druckindustrie, in Konsequenz derselben Fehleinschätzung über den Stellenwert der Gewerkschaften in der Arbeitswelt, diesen die Kraft zur Zukunftsgestaltung absprach: "Kaum zwei Jahrzehnte nach dem Scheitelpunkt ihrer Macht sind sie nicht mehr die vorwärts weisenden Organisationen selbstbewußter Zukunftsgruppen. Vielmehr ist ihre Thematik defensiv, und ihre Anhängerschaft ängstlich. Die Gewerkschaften sind zu Verteidigungsorganisationen absteigender sozialer Gruppen geworden... Der Organisationsgrad ist desto geringer, je zukunftsträchtiger Industrien sind. So kann man (mit gewissen Einschränkungen) sagen, die Zukunft ereignet sich an den Gewerkschaften vorbei."[157]

In einer ähnlichen Sicht räumt Walther Müller-Jentsch ein: „Die Gewerkschaften haben eine Zukunft — sofern wir eine haben. Es ist die Zukunft von Interessenverbänden, auf die abhängig Beschäftigte ebenso wenig verzichten können, wie Autofahrer auf den ADAC (oder ACE)."[158]

Wie schon einmal spektakulär André Gorz[159], sieht sich die sozialwissenschaftliche Linke von den real existierenden Gewerkschaften in der Krise enttäuscht: „Ist es ein Wandel im Charakter oder in den Handlungsbedingungen der Gewerkschaften, oder ist es ein Wandel in den Köpfen der Linksintellektuellen?", fragt sich die Prokla-Redaktion, die es im März 1984 auf dem Hintergrund der heraufziehenden Arbeitskämpfe um die 35-Stunden-Woche immerhin noch erstaunlich findet, wenn von Autoren wie Müller-Jentsch, Erd und Scherrer „Abschied genommen wird von Hoffnungen und Erwartungen in die Gewerkschaften als Akteure progressiver sozialer Veränderung und des Klassenkampfes, wenn die Gewerkschaften im wesentlichen als konservative Gesellschaftskraft dargestellt werden."[160]

André Gorz scheint den Stellenwert gewerkschaftlicher Arbeit für die Suche nach einem „Ausweg aus dem Kapitalismus" inzwischen wieder höher einzuschätzen, selbst wenn es die Gewerkschaften wohl überfordern dürfte, sie als Bundesgenossen für das Beschreiten der „Wege ins Paradies" in Anspruch zu nehmen[161]. Mit weniger Pathos verbleibt Gorz eher im Bereich gewerkschaftlicher Handlungsmöglichkeiten, wenn er befindet: „Der gewerkschaftliche Kampf bleibt heute die hauptsächliche Triebfeder einer gesamtgesellschaftlichen Veränderung, auch wenn, sagen wir, der Ideenreichtum nicht aus dieser Richtung kommt. Phantasie, gesamtgesellschaftliche Kreativität, neue gesellschaftliche Beziehungen, neue Werte werden außerhalb des Arbeitslebens heute geschöpft. Aber die Gewerkschaftsbewegung bleibt", so Gorz, „eine unentbehrliche Kraft, um das Neue durchzusetzen."[162]

Getreu dem Muster, über die Zukunft der Gewerkschaften mögen die Sozialwissenschaftler streiten, wir setzen unsere Machtmittel ein, um ihnen die Zukunft zu versperren, beweisen die Praktiker der Wendepolitik, wie sehr sie jenen mißtrauen, die ernsthaft die These vertreten, Gewerkschaften und Unternehmer einige das Interesse am Erhalt der kapitalistischen Produktionsweise. Offenbar zeigen sie sich noch nicht davon überzeugt, daß die Gewerkschaften ihren Gegenmachtanspruch bereits aufgegeben haben und sich mit der Rolle eines Interessenverbandes nach dem ADAC-Muster bescheiden, wie ihnen dies Norbert Blüm nachdrücklich im Gespräch mit Redakteuren der „Gewerkschaftlichen Monatshefte" nahegelegt hat. [163] Die Vorstöße zur Neuordnung des Streikrechts und zur Verschlechterung des Betriebsverfassungsgesetzes sowie die alltäglichen Kampfansagen der Regierungsparteien gegen die Errungenschaften gewerkschaftlicher Politik, die sich nach den jüngsten Erfahrungen stets als Ouvertüre anschließender Demontagepraxis erwiesen haben, unterstreichen nachdrücklich, daß die konservativ-liberalen und reaktionären Kritiker der Gewerkschaften immer noch etwas befürchten, was die progressiven Gewerkschaftskritiker den Gewerkschaften bereits abgesprochen haben: Nämlich die Fähigkeit, Neues durchzusetzen (Gorz) und als Droh- und Störpotential beim Umbau der Gesellschaft zum Unternehmerstaat Widerstand zu leisten.

Den Praktikern gewerkschaftlicher Arbeit ist nicht verborgen geblieben, daß ihnen bei ihrer betriebsbezogenen Arbeit und in der Tarifpolitik durch Initiativen staatlicher Politik Beeinträchtigungen drohen, die als Flexibilisierungs- und Segmentierungs-Strategien auf die von den Unternehmern erwünschte verstärkte Verfügbarkeit der Arbeitnehmer hinauslaufen und das gewerkschaftliche Selbstverständnis als Arbeitnehmerinteressenvertretung massiv bedrohen, was allein durch betriebliche und tarifliche Initiativen wohl nicht abzuwenden sein dürfte. Folglich kann eine Selbstbescheidung auf eine rein betriebliche Interessenvertretung keine Perspektive zukünftiger gewerkschaftlicher Politik sein, was von den Trägern gewerkschaftlicher Verantwortung grundsätzlich anerkannt wird, selbst wenn es noch an den praktischen Konsequenzen dieser Einsicht fehlen mag. [164]

Daß die Gewerkschaften dabei nicht neu beginnen müssen, sondern es bereits objektive Anhaltspunkte für die Fähigkeit gibt, auch in der Krise zu mobilisieren und zu kämpfen, daran erinnert Michael Kittner mit den folgenden drei Verweisen[165]:

1. „Die Vielzahl der betrieblichen Arbeitskämpfe um den Erhalt der Arbeitsplätze bis hin zur Betriebsbesetzung als letztes Mittel der Notwehr ganzer Belegschaften"

2. „Die Begleitung von Tarifbewegung durch Warnstreiks"

3. „Die gewerkschaftlichen Aktivitäten im Kampf gegen den Nachrüstungsautomatismus, gipfelnd in einer 5-minütigen Arbeitsruhe am 5. Oktober 1983; gerade diese Aktion, die vom DGB gegen die Polemik vom angeblich unzulässigen politischen Streik erfolgreich durchgeführt wurde... hat die Bereitschaft der Arbeitnehmer erwiesen, sich zu existenziellen Fragen zu engagieren, auch wenn kein direkter Zusammenhang mit Problemen der Arbeitswelt besteht."

Aufgrund der im Arbeitskampf um die 35-Stunden-Woche 1984 gesammelten Erfahrungen verwundert es nicht, wenn vor allem die IG Metall und die IG Druck es für erwiesen halten, daß den Gewerkschaften auch in der Krise Alternativen zur Überwinterungsstrategie und zum Warten auf den nächsten Aufschwung offenstehen. [166] Bereits der 14. Ordentliche Gewerkschaftstag der IG Metall im Oktober 1983 hat mit dem Gewerkschaftstag-Motto „Durch Reform aus der Krise. Arbeit für alle. Mitbestimmung. Soziale Demokratie" eine Zielperspektive gewiesen[167], die nach dem Arbeitskampf und den neuen Erfahrungen mit der konservativ/liberalen Wirtschafts- und Sozialpolitik an Orientierungskraft noch gewonnen hat. So resümiert Franz Steinkühler, stellvertretender Vorsitzender der IG Metall, unter der Fragestellung Krisenverwaltung oder Zukunftsgestaltung, eine Notwendigkeit neuer Gestaltungs- und Verteilungsansätze in den folgenden Hinsichten:

„Die Gewerkschaften können es sich nicht länger erlauben, sich auf die Vertretung der Arbeitnehmerinteressen im Betrieb zu konzentrieren und die darüber hinausgehenden Interessen der Arbeitnehmer von anderen vertreten zu lassen, oder noch schlimmer in Kauf zu nehmen, daß sie überhaupt nicht vertreten werden. Und wir müssen zweitens auch eine überbetriebliche Mobilisierungs- und Durchsetzungsstrategie entwickeln. Uns fehlen im Grunde noch die Instrumente, um auf politische Angriffe seitens der Bundesregierung oder anderer reagieren zu können. Das traditionelle Durchsetzungsinstrument der Gewerkschaften ist der Streik. Damit wird ökonomischer Druck auf die Arbeitgeber ausgeübt. Zentrum dieser Machtauseinandersetzung ist der Betrieb. Ein historisch gesehen gleichermaßen bedeutsames Durchsetzungsinstrument der Gewerkschaften ist die Ausübung von politischem Druck. Die Ebene der Auseinandersetzung ist hier die gesellschaftliche, also vorwiegend die außerbetriebliche Ebene. Beide Mobilisierungsebenen stehen nicht im Gegensatz zueinander, sondern bedingen sich vielmehr. Wer auf gesellschaftliche Mobilisierung verzichtet und die politischen Rahmenbedingungen kritiklos akzeptiert, wird zur reinen Funktionsorganisation, die die betrieblichen Interessen der Beschäftigten etwa so vertreten kann, wie der ADAC die Interessen der Autofahrer vertritt. Wer nur auf die politische Mobilisierung setzt, wird zum Verbandslobbyisten, dessen Meinung eine unter vielen ist, der nur politisch Bedeutung erlangt, wenn sein Thema gerade Konjunktur hat, oder eine wichtige Wahl ansteht. Notwendig ist also eine betriebliche und eine politische Mobilisierung, um ökonomischen und politischen Druck ausüben zu können. Der Hauptansatzpunkt bleibt dabei allerdings der Betrieb. Dies ist unser originäres Handlungsfeld, für das die Gewerkschaften einen Alleinvertretungsanspruch reklamieren. Wenn wir im Betrieb stark sind, werden wir auch in der Lage sein, einen gesellschaftspolitischen Anspruch zu formulieren und eine politische Mobilisierung zu erreichen."[168]

VI. Ausbruch aus der Defensive – gewerkschaftliche Antworten auf die Bedrohung durch Massenarbeitslosigkeit

Die untauglichen Rezepte aus dem Wunschkatalog der Arbeitgeber

Gewerkschaften und jene, die über die Macht verfügen, Arbeitsplätze einzurichten oder zu vernichten, stimmen in der Auffassung überein, daß im Interesse des Abbaus von Arbeitslosigkeit eine Wende der Wirtschaftspolitik erforderlich ist. Die Schlußfolgerungen sind allerdings gegensätzlich: Während die Gewerkschaften nach Jahren der Demontage des Sozialstaats, nach Jahren stetig wachsender Arbeitslosigkeit und nach Jahren ohne Verbesserung der Realeinkommen eine solche Wende für geboten halten, plädieren die Arbeitgeber und ihre Interessenvertreter für Geduld und ein Fortschreiben der schon eingeschlagenen wirtschaftspolitischen Wende. Die bisher auf diesem Weg verbuchten verteilungspolitischen Erfolge erfüllten offensichtlich noch nicht ihre bestehenden Erwartungen. Zwar wurden Rekordgewinne und Außenhandelsüberschüsse erzielt, die Zahl der Arbeitsplätze hat es jedoch nicht vermehren helfen. Im Gegenteil ging die Zahl der Beschäftigten in der Gesamtwirtschaft seit der Wende um fast eine Million zurück. Ob die Arbeitgeber die Voraussetzungen behalten, zugunsten ihres Interesses an steigenden Kapitalrenditen weiterhin gesamtgesellschaftliche Erfordernisse ignorieren zu können, dürfte wohl wesentlich von Erfolgen beim Abbau der Arbeitslosigkeit abhängen.

In der Sichtweise der Wende-Regierung und der Arbeitgeberverbände ist Arbeitslosigkeit vor allem ein konjunkturelles Problem, das durch Umverteilung und Lohnverzicht, Kostenentlastung der Unternehmen und Förderung der marktwirtschaftlichen Wachstumskräfte als lösbar behauptet wird. In Konfrontation mit den wirtschaftlichen Realitäten erweisen sich solche Rezepte hinsichtlich ihrer Wirkung für den Abbau der Massenarbeitslosigkeit als äußerst fragwürdig, zum

Teil sogar krisenverschärfend. Den Geburtshelfern und Fürsprechern solcher Rezepte aus dem Wunschkatalog der Arbeitgeber wird es in der öffentlichen Diskussion immer noch weitgehend erspart, die Praktikabilität ihrer Vorschläge zu beweisen. Die Gewerkschaften konnten so schon in argumentativer Hinsicht in eine Defensivposition gedrückt werden. Diese Defensivlage muß nicht dauerhaft Ausgangslage gewerkschaftlicher Arbeit bleiben. Schon die Analyse der gesellschaftspolitischen Realitäten verrät, daß es bei den Patentrezepten aus dem Wunschkatalog der Arbeitgeber nicht um Vorschläge für problemlösendes Handeln geht, sondern um die Verteidigung eines Interessenstandpunktes. [169] Auf den Prüfstand gestellt, verraten die Arbeitgeber-Argumente in der Diskussion um die richtigen Maßnahmen zum Abbau der Arbeitslosigkeit ihren Ideologiecharakter. Dies soll an den folgenden drei Standardargumenten deutlich werden [170]:

Arbeitgeber-Patentrezept Nr.1: Geringere Löhne − höhere Gewinne − steigende Investitionen − Arbeitsplatzvermehrung
Unbeeindruckt von der Realität wird diese Zauberformel Jahr um Jahr wiederholt. Die Bescheidenheit der Arbeitnehmer bei den Einkommenszuwächsen gerät in dieser Sicht zur Schlüsselgröße der Arbeitsmarktprobleme. Weder in volkswirtschaftlicher noch in betriebswirtschaftlicher Hinsicht war diese Glaubensformel bislang zu bestätigen. Die Ausrichtung von Produktions- und Investitionsentscheidungen am einzelwirtschaftlichen Profitkalkül hat selbst in jenen Unternehmen, die Jahr für Jhr steigende Gewinne aufweisen konnten, kaum zu einer nennenswerten Ausweitung von Arbeitsplätzen geführt, sondern ist im Gegenteil auch mit weiterer Arbeitsplatzvernichtung einhergegangen, wie sich vielfältig zeigen läßt:
□ Zum Beispiel Siemens:
  Auf dem Weg vom großen Elektro-Konzern zum großen Bank-Haus mit Elektroproduktionsabteilung konnte Siemens 1982 bis 1984 wichtige Meilensteine setzen. Der Weltumsatz erhöhte sich um 14,2 Prozent. Die Investitionen stiegen um 36 Prozent. Das Ergebnis je Aktie verbesserte sich um 31,5 Prozent. Die Mitarbeiterzahl sank hingegen um 1,5 Prozent. Dem Siemens-Konzern, der zu den größten Arbeitsplatzvernichtern in der Bundesrepublik zählt, erscheinen Kapitalgeschäfte zunehmend profitabler als Investitionen für den Erhalt und die Auslastung der bestehenden Produktionsanlagen. (Dies erweist sich erneut an der verfügten Schlie-

ßung des Tochterwerkes Trafo-Union in Stuttgart, obwohl Betriebsräte, Belegschaft und IG Metall schlüssige Alternativen zu diesem verfügten Abbau von weiteren 1.000 Arbeitsplätzen aufzeigen konnten.)

☐ Zum Beispiel der SEL-Konzern:
In den letzten Jahren konnte er seinen Umsatz verdoppeln, gleichzeitig wurden 10.000 Arbeitsplätze vernichtet.

☐ Zum Beispiel die Robert Bosch GmbH:
In 10 Jahren konnte sie mit einer um 8,1 Prozent verminderten Belegschaft ihren Umsatz verdoppeln. Über 5.000 Arbeitnehmer sind arbeitslos geworden, weil die Robert Bosch GmbH immer reicher werden wollte.

☐ Zum Beispiel die Daimler-Benz AG:
Rationalisierungserfolge in der gesamten Automobilindustrie ermöglichten es dem Mercedes-Hersteller, mit einem jeweils geringen Mehr an Personal ein vielfaches Mehr an Umsatz zu tätigen. Nach schon kurzfristig angestrebten Rationalisierungszielen ist beabsichtigt, mit gleichbleibender oder sogar tendenziell fallender Belegschaft 20 Prozent mehr Autos vom Band rollen zu lassen.

☐ Zum Beispiel IBM:
Auch der Spitzenreiter beim Umsatz in der Datenverarbeitungsbranche hat die Behauptung widerlegt, daß eine Ausweitung von Umsatz und Produktivität quasi naturwüchsig zu einer Erhöhung der Beschäftigungszahlen führen wird. Schon seit Ende 1982 werden die einstigen Personalzuwachsraten nicht mehr erreicht. Bei Gewinnen und Jahresproduktivitätssteigerungen in zweistelligen Größenordnungen wurde die Zahl der Beschäftigten relativ konstant gehalten, in manchen Bereichen sogar zurückgenommen.

Diese Einzelbeispiele bestimmen den Trend im gesamten verarbeitenden Gewerbe. Auch im Rückblick läßt sich die unternehmerische Realitätsverlegnung belegen: So wurden im verarbeitenden Gewerbe in den 70er Jahren insgesamt fast 460 Milliarden Mark für Brutto-Anlage-Investitionen ausgegeben. Trotzdem nahm die Zahl der Arbeitsplätze während dieser Zeit um 1,175 Millionen, gleich 11,6 Prozent, ab. Allen Versicherungen zum Trotz, eine zurückhaltende Lohnpolitik könne Arbeitsplätze sichern, bestätigt der Arbeitgeberverband „Gesamtmetall" Jahr um Jahr neue Arbeitsplatzverluste, obwohl die bescheidenen Tarifabschlüsse seit dem Jahre 1981 den Unternehmern dieser Branche die gewünschte größere Gewinnspanne und den Arbeitnehmern Reallohnverluste gebracht haben.

Durch höhere Preise und Produktivitätssteigerungen konnten die Unternehmer der Metallindustrie von 1981 bis 1983 ihre Einnahmen um 26,1 Prozent steigern. Die Arbeitnehmer konnten in der gleichen Zeit ihr eigenes Einkommen nicht einmal um die Hälfte dessen verbessern. Das von den Unternehmern vereinnahmte Stück am „gemeinsam erarbeiteten Kuchen" ist deutlich um ein doppeltes größer geworden.

Auch das Unternehmer-Märchen von den rapide gesunkenen Unternehmensgewinnen der vergangenen Jahre, die erst einmal auszugleichen wären, hält einer Überprüfung nicht stand: in der Zeit von 1972 bis 1980 stieg das verfügbare Jahreseinkommen der 1,4 Millionen Selbständigen um 83 Prozent. Dagegen hatten die 13, 2 Millionen Arbeitnehmerhaushalte 1980 nur 65 Prozent mehr Einkommen als 8 Jahre zuvor.

Das Kieler Institut für Weltwirtschaft, stets ein Sprachrohr für den Unternehmerstandpunkt, veröffentlichte im März 1982 die Vorhersage, ein 1-prozentiger Lohnverzicht innerhalb von drei Jahren würde zu einer Mehrbeschäftigung von etwa 400.000 Arbeitnehmern führen. Da den Arbeitnehmern durch die Preisfestsetzungsmacht der Unternehmer seit 1981 erhebliche Realeinkommensverluste zudiktiert wurden und die Tarifabschlüsse erheblich unter dem Forderungsvolumen geblieben sind, wären in Konsequenz dieser Aussage 1985 Mehrbeschäftigungseffekte in Millionenhöhe zu erwarten. Doch läßt sich unschwer vorhersehen, daß trotz Lohnverzichts ein Arbeitsplatzverlust in Millionenhöhe wahrscheinlicher ist. Wie wenig die Unternehmer ihrer eigenen Propaganda von den investitionsfördernden Segenswirkungen niedriger Löhne vertrauen, erweist sich an ihrer fehlenden Investitionsbereitschaft selbst in Tarifgebieten, die ein deutlich unterdurchschnittliches Lohnniveau aufweisen. Bei gleicher tariflicher Grundlage zahlen die Metall-Arbeitgeber z.B. in Südbaden pro Arbeiter 182 DM und pro Angestellten 110 DM weniger als in Nordwürttemberg/Nordbaden. Bezogen auf die Beschäftigten in Südbaden ergibt sich daraus ein jährlicher Zusatzgewinn von 337 Millionen DM. Wäre dieser Zusatzgewinn in Arbeitsplätze investiert worden, hätten bei unterstellten Kosten von 80.000 DM für die Neueinrichtung eines Arbeitsplatzes jährlich über 4.000 Arbeitsplätze geschaffen werden können. Tatsache ist aber, daß in Tarifgebieten mit unterdurchschnittlichem Lohnniveau überdurchschnittliche Arbeitsplatzvernichtungen erfolgt sind.

Fazit: Genauso, wie es sich schließlich als unsinnig herausstellte, die Erde für eine Scheibe zu halten, genauso unsinnig und realitätswidrig wäre es heute, einer Unternehmerphilosophie zu folgen, nach der die Unternehmergewinne auf Kosten von Löhnen und Gehältern steigen müssen, damit Arbeitsplätze geschaffen werden können. Was gestern das Märchen vom Unternehmer war, der durch eigene Arbeit reich geworden sein will, ist heute das Märchen vom Unternehmer, der keine Arbeitsplätze mehr schaffen kann, weil ihn Löhne und Gehälter zu hoch belasten.

Arbeitgeber-Patentrezept Nr. 2: Kostenentlastung

Mit gleichem Nachdruck, mit dem die Unternehmer und ihre Interessenvertreter Arbeitszeitverkürzungen als angeblich kostentreibend strikt ablehnen, erheben sie die Forderung an die Gewerkschaften und die Entscheidungsträger der staatlichen Politik, neben Lohnzurückhaltung auch durch Entlastungen bei Steuern und Sozialabgaben sowie durch Abbau sogenannter „bürokratischer Hemmnisse" die Voraussetzungen für einen wirtschaftlichen Aufschwung zu liefern. Die Ignoranz gegenüber dem Problem der Arbeitslosigkeit, die hinter solchen Forderungen und den trügerischen Versprechen neuer Arbeitsplätze für den Fall des wirtschaftlichen Aufschwungs sichtbar wird, beweist sich in den folgenden Bezügen:

☐ Mit den Tarifabschlüssen der letzten Jahre haben die Arbeitnehmer bereits beträchtliche Vorleistungen für eine Kostenentlastung geliefert. Durch kontinuierliche Preiserhöhungen und infolge von Produktivitätsfortschritten und Rationalisierungsgewinnen konnten die Unternehmer in gleicher Zeit ihre eigene Ertragslage verbessern. Zur Ausweitung des Arbeitsplatzangebotes hat dies nicht geführt.

☐ Die Arbeitgeber-Forderung nach größerer Opferbereitschaft der Arbeitnehmer gewinnt an Fragwürdigkeit auch im Hinblick auf die für die Bezieher hoher Einkommen bestehende Möglichkeit, ihre Einkommenssteuerbelastung durch Steuerabzugsbeträge erheblich zu vermindern. Der Anteil von Körperschaftssteuer, Gewerbesteuer und der Steuern vom Vermögensbesitz ist von 26 Prozent (1952) auf inzwischen 15 Prozent gefallen. Der Anteil des Lohnsteueraufkommens ist hingegen von 11 Prozent Anfang der 50er Jahre auf nunmehr über 30 Prozent angewachsen. Wenn es irgendwo einen dringenden Entlastungsbedarf bei den Steuern

gibt, dann liegt dieser bei den Lohnsteuern, vorrangig bei den Lohn-
steuerzahlern mit mittlerem und unterem Einkommen.

☐ Selbst die erheblichen Belastungen, die den Arbeitnehmern im
Gefolge der sozialen Demontage zugemutet worden sind, und die
erheblichen Entlastungen und Vergünstigungen, über die sich die
Arbeitgeber freuen konnten, haben die Perspektive zur Rückkehr
zur Vollbeschäftigung nicht verbessert. Aufgrund dieser Erfahrung
erscheint es nicht nur politisch völlig verfehlt, sondern auch unsozial, wenn eine immer noch weitergehende Kostenentlastung der
Arbeitgeber und Besserverdienenden mit immer neuen Kürzungen
beim Arbeitslosengeld, bei der Lohnfortzahlung und bei der Sozialhilfe für die wirtschaftlich viel Schwächeren erkauft werden soll.

☐ Beim Gerede über die Notwendigkeit einer Kostenentlastung für
die Unternehmen wird stets geflissentlich übersehen, daß sich
selbst bei einer erheblichen Kostenentlastung − etwa durch zurückhaltende Lohnpolitik, weiterer Abbau von Sozialaufwendungen,
Steuererleichterungen, staatliche Zuschüsse, sinkende Zinssätze −
die Gewinnerwartungen der Unternehmer nicht verbessern, wenn
nicht gleichzeitig erwarten werden kann, daß die Nachfrage nach
den dann billiger produzierten Waren steigen wird.

Fazit: Der von den Unternehmern angepriesene Weg einer weiteren Kostenentlastung kann zwar die Bilanzen weiter aufbessern und
Reiche reicher machen, nicht jedoch die Arbeitslosigkeit beseitigen
helfen. Offensichtlich dient die Diskussion um allgemeine Kostenentlastung als ein Mittel, um von der Diskussion um Arbeitszeitverkürzungen abzulenken und darüber hinwegzutäuschen, in welchen
Dimensionen bereits ohne arbeitsplatzschaffende Wirkung einen
Kostenentlastung erfolgt ist.

Das Arbeitgeber-Patentrezept Nr. 3: Wachstumsförderung
Eine zentrale These in der Argumentationskette der Arbeitgeber
besagt, daß durch Förderung der marktpolitischen Wachstumskräfte
eine Rückkehr zur Vollbeschäftigung möglich wäre. Diese Schlußfolgerung ist in den folgenden Hinsichten vorschnell und wenig plausibel:

☐ Nach einer Untersuchung der OECD erfordert eine Rückkehr zur
Vollbeschäftigung ein Wachstum von jährlich mehr als 5 Prozent.
Selbst unter den günstigsten wirtschaftspolitischen Rahmenbedingungen ist nicht davon auszugehen, daß sich in der Volkswirtschaft
der Bundesrepublik Wachstumsraten in dieser Größenordnung

Größenordnung erzielen lassen.

☐ Schon heute werden in der Bundesrepublik mehr Waren produziert, als selbst verbraucht werden können. Auf dem Weltmarkt wird es auf die Dauer nicht möglich sein, den schon erreichten Exportanteil der Wirtschaft von nahezu 25 Prozent weiter zu steigern. Sowohl in Weltmarktbezügen als auch auf dem Binnenmarkt erscheint es nahezu unmöglich, z.b. für ein um 5 Prozent produziertes Mehr an zusätzlichen Gütern und Dienstleistungen auch eine Nachfrage zu finden, selbst wenn die Kaufkraft nicht weiter eingeschränkt würde.

☐ Schon heute, bei stagnierenden und geringen Wachstumssteigerungen und unter den krisenverschärfenden Bedingungen sinkender und stagnierender Realeinkommen, klagen die Unternehmer über einen empfindlichen Nachfragerückgang. Bei einer Politik der von den Unternehmern verlangten globalen Wachstumsförderung auf Kosten einer weiteren Schmälerung der Arbeits- und Sozialeinkommen würde sich das Mißverhältnis zwischen Warenangebot und Marktnachfrage noch vergrößern. Produktionseinschränkungen und damit weitere Arbeitsplatzvernichtung wäre die Folge.

☐ Bei der realistischen Annahme eines jährlichen Wachstums von 2 Prozent und einer Produktivitätssteigerung um 3,5 Prozent müßten 1990 immer noch fast 7 Millionen Menschen ohne Arbeit bleiben (siehe Abbildung S. 151).

Welche Dimensionen stetiges Wachstum erreicht, läßt sich daran ermessen, daß 1950 1 Prozent Wachstum eine Steigerung der Güter- und Dienstleistungsmenge für 1,4 Milliarden DM bedeutete. 1980 waren es schon 9 Milliarden DM. 1 Prozent Wachstum würde 1985 eine Güter- und Dienstleistungsmenge im Umfang von 15 oder 17 Milliarden bedeuten. 1983 wurde mit einer Steigerung des realen Sozialproduktes um 1,3 Prozent wieder ein Wachstumsjahr verzeichnet. 1984 gab es sogar einen Zuwachs von 2,6 Prozent. Auf den Arbeitsmarkt hat sich dies nicht ausgewirkt. Es sind sogar noch zusätzliche Arbeitsplätze vernichtet worden. Mit welchem Tempo sich der Prozeß wachsender Produktivität arbeitsplatzmindernd bemerkbar gemacht hat, beweist folgender Bezug: Um Waren und Leistungen im Werte von einer Million Mark zu produzieren, mußten 1961 noch 34 Erwerbstätige arbeiten. 10 Jahre später reichten schon 22 Erwerbstätige aus, und weitere 10 Jahre später waren es nur noch 17. Ob sich diese Zahl in weiteren 10 Jahren bis 1991 halbiert, muß eine Spekulation bleiben.

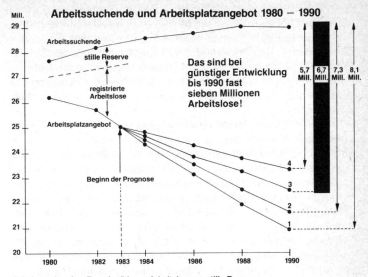

Arbeitssuchende und Arbeitsplatzangebot 1980 — 1990

Mill.

Arbeitssuchende

stille Reserve

Das sind bei
günstiger Entwicklung
bis 1990 fast
sieben Millionen
Arbeitslose!

5,7 Mill. | 6,7 Mill. | 7,3 Mill. | 8,1 Mill.

registrierte
Arbeitslose

Arbeitsplatzangebot

Beginn der Prognose

4
3
2
1

1980 1982 1983 1984 1986 1988 1990

Arbeitssuchende = Erwerbstätige + Arbeitslose + stille Reserve

Arbeitsplatzangebot

Prognose 1 = Produktion 0,0 % Produktivität 2,5 %
Prognose 2 = Produktion 1,0 % Produktivität 3,0 %
➡ Prognose 3 = Produktion 2,0 % Produktivität 3,5 % ⬅
Prognose 4 = Produktion 3,0 % Produktivität 4,0 %

Auf jeden Fall weiß man, daß ein Trend weiterhin wirksam ist, mit immer weniger Arbeitskräften immer mehr zu produzieren.

Die genannten Einwände bezweifeln sowohl die Machbarkeit des rechnerisch zur Beseitigung der Arbeitslosigkeit geforderten Wachstums als auch die vorhergesagten arbeitsmarktpolitischen Wirkungen eines solchen Wachstums. Eine andere Serie von Einwänden stellt angesichts der Konsequenzen eines jährlich steigenden Wachstums

ohne Arbeitszeitverkürzung für die abhängig Beschäftigten, für die
natürliche Lebensgrundlage der Menschen (Umweltzerstörung, Endlichkeit der Rohstoffe) sowie im Hinblick auf die Probleme der Kooperation zwischen Industrie- und Entwicklungsländern grundsätzlich die
Wünschbarkeit eines globalen Wirtschaftswachstums in den früheren
Größenordnungen in Frage. Selbstverständlich gibt es auch unter den
gegenwärtigen Bedingungen noch einen Bedarf für weiteres Wirtschaftswachstum.

Bezweifelt wird jedoch, ob der so groß ist, daß die Produktions-
möglichkeiten im Tempo der früheren Jahrzehnte wachsen können
und müssen. Bezweifelt wird auch, daß dieser Bedarf vornehmlich
oder ausschließlich privater Natur ist. Unbestritten besteht ein Bedarf
an Wachstum, wo die Folgen bestehender Unterversorgung mit sozialen Dienstleistungen und Gütern gesellschaftlich nicht länger zu ver-
antworten ist. Neue Arbeitsplätze ließen sich in erheblichem Umfang
durch öffentliche Investitionen auf Bedarfsfeldern, wie z.B. im sozialen Wohnungsbau und im Umweltschutz und beim Ausbau öffentlicher Dienstleistungen schaffen. Hier sehen auch die Gewerkschaften
einen entscheidenden gesellschaftspolitischen Gestaltungsauftrag und
äußern die Überzeugung, daß Umweltschutz und Wiederherstellung
der Vollbeschäftigung sich harmonisch verbinden lassen.

Konkret wird eine Investitionsoffensive zur Beschleunigung des
qualitativen Wachstums gefordert, für die Bund, Länder und Gemeinden bis 1989 insgesamt 50 Milliarden DM bereitstellen sollen. Detailliert werden Maßnahmen in den Bereichen Luftreinhaltung, Verkehr,
Wasserreinhaltung, rationelle Energieverwendung, Abfallbeseiti-
gung, Naturschutz, Umweltüberwachung, Wohn-/Umweltverbesse-
rung und Arbeitsschutz vorgeschlagen. [171].

Doch selbst, wenn durch gesamtwirtschaftliche Rahmenplanung
das Wachstum unter gesamtwirtschaftlichen Nützlichkeitserwägungen
gefördert und gesteuert werden könnte, bedeutet dies noch nicht, daß
allein auf dem Weg der Steuerung qualitativen Wachstums und gezielter Innovationsförderung das Problem der Massenarbeitslosigkeit zu
lösen ist, da Arbeitslosigkeit eben kein alleiniges Problem mangelnden
Wachstums ist.

Fazit: Wer die genannten Einwände ignoriert und ohne Bezug zu
den Realitäten weiterhin darauf setzt, durch Wachstumsförderung
ließe sich das Arbeitslosenproblem lösen, muß andere Ziele verfolgen,
als er vorgibt. Zu vermuten ist, daß es den Befürwortern globaler

Wachstumsstrategien mehr um öffentliche Begünstigung und Vermehrung des privatwirtschaftlichen Profits geht als um die Beseitigung der Arbeitslosigkeit und Vergrößerung des gesamtgesellschaftlichen Nutzens. Eine Politik globaler Wachstumsförderung, dies ist die bislang dominierende Orientierung der staatlichen Wirtschaftspolitik, entzieht einer Politik der gezielten Wachstumsförderung und Arbeitsplatzvermehrung zudem ihre finanzielle Grundlage und ist auch deshalb wenig sinnvoll.

Wenn die Arbeitgeber so offensichtlich demonstrieren, daß ihnen eigentlich wenig daran liegt, die Arbeitslosigkeit zu beseitigen, müßten eigentlich die Träger staatlicher Verantwortung korrigierend aktiv werden und zu einer Verkürzung der allgemeinen Arbeitszeiten anhalten. Doch reduziert sich die derzeitige Regierungspolitik darauf, Wachstumskräfte und den Geist der Wende zu beschwören. Es geht deshalb bei dem Streit um die richtige Orientierung in der Wirtschaftspolitik zur Bekämpfung der Arbeitslosigkeit um die Kernfrage, ob staatliche Politik den Interessen der Kapitaleigner oder gesamtgesellschaftlichen Bedürfnissen dienen soll. Will man die Arbeitslosigkeit wirklich bekämpfen, müßten sowohl die Arbeitszeiten verkürzt als auch gezielt in die Schaffung neuer Arbeitsplätze investiert werden. Obwohl genug Arbeitskräfte zur Verfügung stehen, genug Kapital eine produktive Anlage sucht und erhebliche gesellschaftliche Bedürfnisse unbefriedigt bleiben, entzieht sich die Bundesregierung ihrer beschäftigungspolitischen Verantwortung mit dem Verweis auf die selbst mitproduzierte Finanzkrise des Staates. Wie doppelbödig und interessengeleitet eine solche Argumentation ist, erweist sich daran, daß Finanzen vorhanden sind, um Unternehmerliebesgaben zu finanzieren. Auch sind ökonomische Ressourcen in Milliardenhöhe vorhanden, um sie in der Rüstung zu verschwenden und um die Vernichtung von Lebensmitteln zu subventionieren. Es ist in der Nachkriegsgeschichte dieses Landes ohne Beispiel, daß sich die staatliche Politik nahezu vollständig in den Dienst der unternehmerischen Machtsicherung nehmen läßt und den Interessensstandpunkt der Unternehmer zum Dreh- und Angelpunkt der eigenen Wirtschafts- und Arbeitsmarktpolitik macht.

Wollen die Gewerkschaften mit ihren eigenen Vorschlägen zur Bekämpfung der Arbeitslosigkeit überhaupt öffentliche und politische Beachtung finden und die Kraft für einen politischen Druck auf Regierungs- und Unternehmerpolitik gewinnen, sehen sie sich deshalb gezwungen, die Ideologiefunktion der Arbeitgeber-Patentrezepte freizulegen. Die Aufklärung über wirtschaftliche Zusammenhänge und die Vergesellschaftung der wirtschafts- und arbeitsmarktpolitischen Expertendiskussion wird damit zu einer unverzichtbaren Voraussetzung gewerkschaftlicher Interessenvertretung. Wer den Arbeitgeberempfehlungen zum Abbau der Arbeitslosigkeit folgen will, beweist zwar eine Kanzler-Tugend, wird aber Massenarbeitslosigkeit und Sozialstaatsabbau forcieren statt stoppen.

Arbeitszeitverkürzungen – Schritte auf dem Weg zurück zur Vollbeschäftigung

Die Frage der Rückkehr zur Vollbeschäfigung ist keine Frage des Vertrauens in die Sachgesetzlichkeiten von Wirtschaftsprozessen, sondern eine Frage der vom menschlichen Willen abhängigen Gestaltung der Wirtschaftsabläufe. Die strukturellen Veränderungen in der Arbeitswelt haben dazu geführt, daß das Volumen gesellschaftlich notwendiger Arbeit sich insgesamt verringert hat und wohl auch in Zukunft noch weiter reduzieren wird. Bis weit in die 90er Jahre hinein wirkt es als zusätzlicher Druck auf den Arbeitsmarkt, daß die Zahl der Arbeitssuchenden aus den nachwachsenden bevölkerungsstarken Jahrgängen die Zahl der alters- und gesundheitsbedingt frei werdenen Arbeitsplätze weit übertrifft. Es wird nie wieder eine Situation geben, wo alle Menschen, die auf Arbeit angewiesen sind, für 40 Stunden in der Woche noch eine gesellschaftlich notwendige Arbeit erhalten können. Selbst durch mehr Wachstum über Investitionen in gesellschaftlichen Defizitbereichen läßt sich das Problem der Arbeitslosigkeit nur eindämmen, nicht aber grundsätzlich beseitigen. Allein durch die Nutzung der heute bekannten neuen Technologien werden bis 1990 Arbeitsplatzverluste von 3 bis 3,5 Millionen zusätzlich erwartet. Um unter dieser Voraussetzung wieder Vollbeschäftigung erreichen zu können, muß die jeweils vorhandene gesellschaftlich notwendige Arbeit anders aufgeteilt werden. Dabei kann für alle, die auf eine existenzsichernde Arbeit angewiesen sind ohne Wohlstandsverlust die Arbeitszeit erheblich reduziert werden, so daß niemand arbeitslos bleiben muß. [172] Eine Untergrenze für das individuelle Arbeitsvolumen ist dabei nicht vorherzusagen. Auf jede Fall wäre es völlig widersinnig, irgendeine Untergrenze für die Wochenarbeitsstundenzahl so fixieren zu wollen, wie es den Arbeitgebern über ein Jahrzehnt lang mit der 40-stündigen Arbeitswoche gelungen ist.

Auch die meisten Interessenvertreter der Unternehmer dürften davon überzeugt sein, daß die dauerhafte Festschreibung einer Wochenarbeitsstundenzahl sich mit dem Ziel des Abbaus der Massenarbeitslosigkeit nicht in Übereinstimmung bringen läßt. Da es um die Durchsetzung von Kapitalinteressen geht, wäre es eine naive Haltung, von den Nutznießern der Arbeitslosigkeit entsprechende Zugeständnisse zu erwarten. In öffentlichen Stellungnahmen sind sie nicht zur Redlichkeit verpflichtet. Behauptet wird nicht, was richtig ist, sondern was eingängig wirkt und auf ein bereits verbreitetes Vorverständnis trifft. So konnte z.B. der Bundeskanzler die absurde Behauptung aufstellen, zum Abbau der Arbeitslosigkeit müßten alle die Ärmel hochkrempeln und noch mehr schaffen. Dabei dürfte auch ihm bekannt gewesen sein, daß bei gleicher Arbeitszeit bereits ständig mehr Leistung erbracht und abgefordert wird. Bei einem Verzicht auf Maßnahmen der Arbeitszeitverkürzung wird das Arbeitsklima der noch Beschäftigten sich erheblich weiter verschlechtern. Die Arbeitswelt wird inhumaner. Das Damokles-Schwert drohender Arbeitslosigkeit wird zusammen mit einem verstärkten Rationalisierungsdruck zu einem verschärften Leistungsdruck der Arbeitnehmer führen. Im Laufe des Arbeitslebens wird dadurch die Gesundheit und die Arbeitsfähigkeit erheblich herabgesetzt. Bereits die Hälfte aller Arbeitnehmer muß vor Erreichung des Rentenalters gesundheitsbedingt als berufs- oder erwerbsunfähig aus dem Arbeitsleben aussteigen. [173]

Will man sicherstellen, daß auch die Berufstätigen eine größere Chance erhalten, gesund alt zu werden, und will man trotz fortschreitender Rationalisierung die Vernichtung von Arbeitsplätzen aufhalten und die Arbeitswelt menschlich gestalten, bieten sich Maßnahmen auf den folgenden 3 Ansatzebenen an:

1. Man könnte Arbeitsplätze durch eine gezielte Ausweitung der Produktion schaffen. Da es immer noch vielfältigen Wachstumsbedarf gibt, ist dieser Ansatz vernünftigerweise nicht apodiktisch von der Hand zu weisen. So gibt es z.B. noch nicht genügend billige Sozialwohnungen. Es fehlen umfangreiche Maßnahmen zur Verbesserung der Wohnqualität und der Umwelt sowie des Nahverkehrs. Auch die Versorgung der Bevölkerung mit sozialen Dienstleistungen ist ein

Wachstumsbereich. Mit den schon genannten Einschränkungen ließen sich durch gezielte Investitionen auf diesen Feldern zusätzliche Arbeitsplätze einrichten.

2. Es besteht die theoretische Möglichkeit, auf Basis bislang noch nicht vorhandener gesetzlicher oder tarifvertraglicher Grundlagen auf unternehmerische Entscheidungen mit der Absicht einzuwirken, arbeitsplatzvernichtende Produktivitätssteigerungen zu begrenzen. Abgesehen davon, daß es dafür an politischen und rechtlichen Voraussetzungen fehlt, erscheint dieser Weg auch deshalb wenig praktikabel, weil die anderen nationalen Volkswirtschaften ihn sicher nicht mitgehen würden.

3. Auf einer dritten Ansatzebene liegen alle Maßnahmen mit einer arbeitszeitverkürzenden Wirkung. Diese können teils durch Initiativen staatlicher Politik, teils durch gewerkschaftliche Tarifpolitik durchgesetzt werden und müßten einander ergänzen.

Welche Kombination von Maßnahmen mit arbeitsplatzschaffender und arbeitszeitverkürzender Wirkung auch gewählt wird, um bis 1990 das Vollbeschäftigungsziel zu erreichen, müßten jährlich ca. 500.000 neue Arbeitsplätze errichtet und der vorhandene Bestand gesichert werden. Die Bewältigung dieser Aufgabe ist gleichzeitig die Voraussetzung für die Zukunftssicherung der Sozialsysteme und für den Rückgewinn der Handlungsfähigkeit der öffentlichen Haushalte.

Es ist eigentlich unbestritten, daß allein schon durch die strikte Einhaltung der Regelarbeitszeiten, das heißt durch Verzicht auf Überstunden, eine Notwendigkeit entsteht, zusätzliche Arbeitsplätze in sechsstelligen Größenordnungen einzurichten. Rein rechnerisch ergibt das jährlich geleistete Überstundenvolumen einen Mehrbedarf für eine Million Arbeitsplätze. Selbst wenn nicht völlig auf Mehrarbeit verzichtet werden könnte, ließe sich doch durch einen Freizeitausgleich für die geleistete Mehrarbeitszeit eine erhebliche Entspannung auf dem Arbeitsmarkt einleiten. Die staatliche Arbeitsmarktpolitik könnte hier der Tarifpolitik einen bislang noch verweigerten Schrittmacherdienst leisten.

Weil es wohl auf die Dauer sehr belastend wirkt, in der Frage der Arbeitszeitverkürzung ständig in der Ecke des Nein-Sagers zu stehen, äußern Wende-Politiker und Arbeitgeber in der Diskussion um sinnvolle Maßnahmen zur Lösung der Arbeitsmarktprobleme zunehmend Vorschläge, zugunsten von Arbeitsmarktflexibilisierungen und Teilzeitarbeit die als starr verstandenen traditionellen Arbeitszeitregelungen aufzugeben. [174] Die Propagandisten solcher Vorschläge behaupten darin einen unkomplizierten Weg zur harmonischen Verbindung beschäftigungs-, humanisierungs- und freizeitpolitischer Ziele. Die Arbeitszeit soll in dieser Vorstellung den individuellen Wünschen nach einer selbst gestalteten Arbeits- und Lebensplanung angepaßt werden. Ein immer wieder genanntes Modell, das sogenannte „Job-Sharing" beinhaltet die Aufteilung eines einzigen Arbeitsplatzes für zwei oder mehr Arbeitnehmer. Diese müssen sich selbst verpflichten, den Arbeitsplatz immer besetzt zu halten. Ihr angeblicher Vorteil ist dabei, Arbeitszeit und Arbeitsinhalt selbst aufeinander abstimmen zu können. Die Befürworter von Teilzeitarbeitsplätzen und Job-Sharing-Modellen schlußfolgern, daß bei der Realisierung ihrer Vorschläge ein Zugewinn an Selbstbestimmung über die eigene Arbeitszeit erzielt werden könnte, das vorhandene Arbeitsvolumen auf mehr Beschäftigte verteilt und auf diesem Weg ein Beitrag zur Entlastung des Arbeitsmarktes geleistet werde.

Bislang sind vorwiegend Frauen in Teilzeitarbeitsverhältnissen beschäftigt. Nach einer Emnid-Untersuchung waren 1980 34 Prozent aller erwerbstätigen Frauen teilzeitbeschäftigt. Die Teilzeitarbeit konzentriert sich bislang auf einfache, unqualifizierte, körperlich belastende Arbeitsplätze in der unteren betrieblichen Hierarchie mit geringen Einkommensaussichten und ohne Aufstiegs- und Entscheidungschancen. Zuerkannt wird ihnen eine Pufferfunktion. Sie werden dann eingesetzt, wenn der höchste Arbeitsanfall zu erwarten ist oder wenn sich keine anderen Arbeitnehmer bereit finden, die dargebotenen Arbeitsumstände zu akzeptieren. Arbeitszeit und Arbeitsplatzsicherheit bestimmen sich nach konjunkturellen, saisonalen oder arbeitsorganisatorischen Momenten. Befürworter von Modellen flexibler Arbeitsgestaltung ignorieren, daß auf dem Arbeitsmarkt nicht die Arbeitssuchenden mit ihren individuellen Arbeitszeitwünschen, sondern die Anbieter von Arbeit die Bedingungen diktieren. In der Realität erweisen sich die zeitlichen Arbeitswunschvorstellungen mit dem verfügbaren Angebot als unvereinbar. Eine Arbeitsplatzvermehrung über flexible Arbeitsverhältnisse ist wenig wahrscheinlich. Da zwei Arbeitnehmer, die sich einen Arbeitsplatz teilen, in 4 Stunden Tagesarbeit belastbarer sind als ein Arbeitnehmer, der z.B. 8 Stunden täglich arbeiten muß, gibt es ein unternehmerisches Interesse, aus Vollzeitarbeitsplätzen Teilzeitarbeitsplätze zu machen.

Arbeitnehmer, die aus Gründen der Existenzsicherung auf einen

Vollzeitarbeitsplatz angewiesen sind, geraten so in Konkurrenz mit Teilzeitbeschäftigten und unter einen noch stärkeren Leistungsdruck. Durch die Ausweitung von Teilzeitarbeitsverhältnissen auf Kosten von Vollzeitarbeitsplätzen – dies ist das eigentliche Motiv der Arbeitgeber – bleibt das vorhandene Arbeitsvolumen gleich. Jedoch wird der Konkurrenzkampt um Vollzeitarbeitsplätze verschärft. Durch Aufspaltung von Vollzeitarbeitsplätzen in Teilzeitarbeitsplätze würde z.B. auch das gewerkschaftliche Bemühen unterlaufen, Arbeit an Bildschirmen auf täglich 4 Stunden zu begrenzen und mit anderen Arbeiten zu mischen. Für den Arbeitgeber ist es rentabler, zwei Arbeitskräfte in Teilzeitarbeit am Bildschirm einzusetzen, als jeweils zwei Arbeitskräfte auf Vollzeitarbeitsplätzen zu belassen, die als Mischarbeitsplätze gestaltet sein müssen. Beeinträchtigt würde auf diese Weise auch das gewerkschaftliche Bemühen, durch Anreicherung der Arbeit beim Einsatz elektronischer Kommunikationstechniken das Arbeitsleben zu humanisieren. Eine Aufgabe der bisher gezeigten Zurückhaltung von Betriebsräten und Gewerkschaften bei der Einrichtung von Teilzeitarbeitsplätzen würde eine Schutzfunktion demontieren, die bislang die Umwandlung von hunderttausenden von Vollzeitarbeitsplätzen in Teilzeitarbeitsplätze verhindert hat. Eine freie Wahl der Dauer der Teilzeitarbeit, zwischen Einkommenshöhe und Freizeitdauer, mag es für materiell anderweitig gesicherte Arbeitnehmer oder für gut verdienende Akademiker tatsächlich geben. Für die überwiegende Mehrheit der abhängig Beschäftigten ist diese „freie Wahl" durch die Notwendigkeit der Existenzsicherung begrenzt. Auch unter sozialpolitischen Gesichtspunkten erscheint es wenig zweckmäßig, der Vernichtung von Vollzeitarbeitsplätzen durch Teilzeitarbeitsplätze grünes Licht zu geben. Wer weniger als 15 Stunden in der Woche arbeitet und ein monatliches Arbeitsentgelt von weniger als 400 DM bezieht, ist weder kranken- noch rentenversicherungspflichtig. Wer weniger als 20 Wochenstunden arbeitet, ist nicht arbeitslosenversicherungspflichtig. Die Arbeitgeber erhalten die stundenbezogen benötigte Arbeitszeit und können zudem noch die Beiträge für Kranken-, Renten- und Arbeitslosenversicherung sparen. Zum Verlust an sozialer Sicherheit kommt der Verlust tariflich festgelegter Rechte. So entfällt die Lohnfortzahlung im Krankheitsfalle, wenn nicht mehr als 10 Wochenstunden oder 45 Stunden im Monat regelmäßig gearbeitet wird. Bei einem auf 4 Stunden begrenzten täglichen Arbeitsverhältnis verbuchen die Arbeitgeber noch den zusätzlichen Vorteil, die vorgesehene Arbeitszeitpause nach der 4. Stunde arbeitsorganisatorisch nicht mehr berücksichtigen zu müssen.

Da in der Summe die kollektiven Nachteile die vermeintlichen individuellen Vorteile überwiegen, ist es weiterhin für die Gewerkschaften eine vordringliche Aufgabe, eine Annäherung von tatsächlicher Arbeitszeit und individuellen Wünschen auf dem Weg der allgemeinen Wochenarbeitszeitverkürzung anzustreben. Denn Teilzeitarbeitsverhältnisse und Arbeit auf Abruf halten nicht das, was die Unternehmer versprechen. Sie sind eher Instrumente unternehmerischer Politik, mit denen versucht wird, eine Politik der Arbeitszeitverkürzung ohne Einkommenseinbußen zu unterlaufen. Die meisten Arbeitnehmer könnten sich eine Arbeitszeitverkürzung um den Preis von Einkommensverlusten auch nicht leisten. Für einen Spitzenverdiener mag es vielleicht eher ein Wohlstandsgewinn sein, für weniger Geld weniger arbeiten zu müssen. (Viele, die den Gewerkschaften Verhandlungen um Arbeitszeitverkürzung nach dem Arbeitgebermuster vorschlagen, „weniger Geld, weniger Arbeit", verzichten für sich selbst darauf, sich nach diesem Muster bei ihren Arbeitgebern um kürzere Arbeitszeiten zu bemühen. Betriebsräte und Gewerkschaften stünden ihnen sicherlich dabei nicht im Wege.) Arbeitszeitverkürzung ohne vollen Lohnausgleich für alle Arbeitnehmer wäre in Tarifverhandlungen sicher einfacher durchzusetzen. Die arbeitsmarktentlastende Wirkung einer solchen Arbeitszeitverkürzung würde allerdings durch sinkende Kaufkraft wieder zunichte gemacht. Es kann den Gewerkschaften bei ihrer Zielsetzung der Arbeitszeitverkürzung nicht um ein Abkaufen von Arbeitgeberzugeständnissen durch Abstriche am materiellen Besitzstand der Arbeitnehmer gehen, sondern um den beschäftigungspolitischen Ausgleich der gegenwärtig und zukünftig anstehenden Produktivitätsfortschritte und Rationalisierungsgewinne. Da erst durch die Arbeitsleistung der Arbeitnehmer die Mittel zur Rationalisierung erwirtschaftet werden konnten, haben alle Arbeitnehmer auch einen selbstverständlichen Anspruch auf die Rückgabe der erzielten Rationalisierungsgewinne in Form von Arbeitszeitverkürzung. In den letzten Jahren hat der stetige Prozeß der Arbeitszeitverkürzung deutlich an Dynamik verloren. Bis Anfang der 70er Jahre konnte die tarifliche Arbeitszeit durchschnittlich um etwa 1 Prozent pro Jahr reduziert werden. Seitdem erreichte der Rückgang nur noch knapp ein halbes Prozent. In erster Linie geht dieser Tempoverlust auf das Konto der stagnierenden Wochenarbeitszeiten.

In einem Tabu-Katalog haben die Arbeitgeber die 40-Stunden-Woche als magische Grenze festgeschrieben. Mehr Bewegung gab es lediglich in der Entwicklung beim Jahresurlaub. Rund drei Viertel der Zeit, um die die tarifliche Arbeitszeit in den 60er Jahren zurückging, entfiel auf die Verkürzung der wöchentlichen Arbeitszeit und nur knapp ein Viertel auf die Verlängerung des Jahresurlaubs. Für die Phase von 1974 — dem Beginn der Beschäftigungkrise — bis 1980 hat sich dieses Verhältnis nahezu umgekehrt. Der Arbeitszeitrückgang ging zum überwiegenden Anteil auf das Konto von Urlaubsverlängerungen. Mit dem Erreichen der 6-Wochen-Marke erscheint aber auch beim Urlaub die Tabu-Grenze der Arbeitgeber in Sicht gerückt. Neue Impulse in der Arbeitszeitentwicklung sind deshalb wohl eher über eine Reduzierung der allgemeinen Wochenarbeitszeiten zu erwarten.

Arbeitgeber und Bundesregierung haben im Vorfeld des Arbeitskampfes um verkürzte Wochenarbeitszeiten mit sich ergänzenden Initiativen den Eindruck erweckt, als könnte die Lebensarbeitszeitverkürzung eine Alternative zur Wochenarbeitszeitverkürzung sein. Mit der nicht verheimlichten Absicht, den Gewerkschaften die Auseinandersetzung um die 35-Stunden-Woche zu erschweren, beschloß die Bundesregierung Ende 1983 ein Gesetz über den Vorruhestand. Bundesarbeitsminister Blüm erklärte dazu: „Unser Vorruhestandsgesetz ist ein Friedensangebot. Es hat nur Erfolg, wenn Staat, Gewerkschaften und Arbeitgeber zusammenwirken. Die Vorruhestandsregelung erweitert den Spielraum der Kompromißmöglichkeiten und ist ein wichtiger Beitrag zur Arbeitszeitverkürzung." Die Gewerkschaften bestreiten dies nicht. Sie widersetzen sich lediglich den durchsichtigen Versuchen, die Lebensarbeitszeitverkürzung gegen die Wochenarbeitszeitverkürzung auszuspielen. Beide Arbeitszeitverkürzungsformen können einander sinnvoll ergänzen. Doch haben diese beiden Maßnahmen, von Branche zu Branche verschieden, eine unterschiedliche Wirkung auf dem Arbeitsmarkt. In der Metallindustrie ist inzwischen eine Situation eingetreten, wo kaum noch Arbeitnehmer über 58 Jahre ihre Arbeitsfähigkeit erhalten haben. Um deshalb in der Metallbranche die gleichen Beschäftigungseffekte, wie sie durch die 35-Stunden-Woche erzielt werden könnten, über eine Lebensarbeitszeitverkürzung zu erreichen, müßte bereits mit 52 Jahren das Arbeitsleben beendet werden können. Schon aus gesellschaftspolitischen Erwägungen heraus[175] hat dies für die IG Metall keine Priorität. Es ist hingegen überhaupt nicht verständlich, warum z.b. die Beschäftigten des öffentlichen Dienstes von der Vorruhestandsregelung nach dem Blüm-Muster ausgeschlossen bleiben sollen, obwohl der größte Anteil von älteren Arbeitnehmern in der Staatsverwaltung zu registrieren ist. Der Gedanke der Bundesregierung, durch eine eigene Initiative tarifliche Regelungen des Vorruhestandes zu erleichtern, ist grundsätzlich nicht falsch. Statt Finanzmittel für die Finanzierung von Arbeitslosigkeit zur Verfügung zu stellen, lassen sich die gleichen Finanzmittel fraglos sinnvoller nutzen, um den früheren Ausstieg aus dem Arbeitsleben zu finanzieren. Das vorliegende Gesetz ist jedoch nicht geeignet, dieses Prinzip wirksam werden zu lassen.

Das Vorruhestandsgesetz hat dem 58jährigen Arbeitnehmer kein Recht eingeräumt, aus dem Arbeitsleben ausscheiden zu können, wenn die persönlichen Voraussetzungen erfüllt sind, sondern bindet dieses Recht an die Zustimmung des Arbeitgebers. Es regelt lediglich Anspruchsvoraussetzungen für einen staatlichen Zuschuß in Höhe von 35 Prozent, wenn für die ausgeschiedenen Arbeitnehmer ein Arbeitsloser eingestellt wird. Die Kritiker dieses Gesetzes werfen wohl zu Recht ein, daß bei dieser niedrigen Zuschußregelung kaum ein Anreiz besteht, die frei gewordenen Plätze neu zu besetzen.

Zu den staatlichen Möglichkeiten, über Verbesserungen des Vorruhestandsgesetzes den vorzeitigen Ausstieg aus dem Arbeitsleben nicht zu einem Einstieg in die Sozialhilfebedürftigkeit werden zu lassen, gibt es weitere Möglichkeiten staatlicher Politik, Arbeitslosigkeit einzudämmen. Der arbeitsmarktpolitische Handlungsspielraum ist keineswegs schon ausgeschöpft. [176] Wie schon erwähnt, läßt sich ohne Mehrkosten durch Veränderung der Arbeitszeitordnung das arbeitsplatzvernichtende Mehrarbeitsvolumen drastisch einschränken. In der öffentlichen Diskussion völlig ausgeblendet sind alle Maßnahmen zur Verbesserung des allgemeinen Bildungsstandes der Bevölkerung. Durch die Verlängerung der allgemeinen Schulpflicht könnte der Arbeitsmarkt um mindestens 100.000 Schulabgänger entlastet werden. Der Eintritt ins Arbeitsleben vollzöge sich dann auf dem Hintergrund einer verbesserten Schulbildung. Auch ist es unter dem Aspekt der Qualifikationssicherung zweckmäßig, jedem Arbeitnehmer nach bestimmten Zeitfristen das Anrecht auf bezahlten Urlaub zum Zweck der beruflichen Weiterbildung einzuräumen. Selbst in der Frage der Freistellung von der Arbeit zur Teilnahme an Bildungsurlaubsveranstaltungen lassen sich bildungspolitische Ziele mit Arbeitsmarkteffekten verbinden. Arbeits- und familienpolitisch sinnvoll wäre es auch, für den Fall der Berufstätigkeit beider Eltern einen untereinander teilbaren Elternurlaub einzuführen.

Unter Nutzung der staatlichen Kompetenzen in der Wirtschafts-, Sozial- und Bildungspolitik in Kombination mit Maßnahmen der Arbeitszeitverkürzung, der Kontrolle des technischen Fortschritts sowie der gezielten Investitionspolitik in gesellschaftlichen Defizitbereichen ist die Rückkehr zur Vollbeschäftigung keine Utopie. Dies setzt jedoch den Willen voraus, alle staatlichen Handlungsoptionen zu nutzen und gleichgelagerte Bemühungen der Tarifvertragsparteien zu fördern. Solange diese Voraussetzung nicht gegeben ist, verbleibt den Gewerkschaften nur die Möglichkeit der offensiven Zieldarstellung zur Verstärkung eines Handlungsdrucks auf die Träger staatlicher Verantwortung und andererseits der Einsatz der eigenen tarifpolitischen Mittel. In der Gewißheit, daß die eingeleiteten Rationalisierungsprozesse auf allen Ebenen der Arbeitswelt auch weiterhin mehr Arbeitsplätze vernichten werden, als durch eine staatliche Politik vorgeblicher Konjunkturförderung neu geschaffen werden können, entschieden sich IG Druck und IG Metall nach dem Auslaufen der wochenarbeitszeitbegrenzenden Tarifverträge 1984, der gewerkschaftlichen Zielsetzung der 35-Stunden-Woche tarifpolitische Priorität einzuräumen. Die ausschlaggebenden Gesichtspunkte bestimmt IG-Metall-Vorsitzender Hans Mayr rückblickend in der folgenden Weise: "Angesichts der deutlich erkennbaren Grenzen staatlicher Reformpolitik noch unter der sozialliberalen Koalition und verstärkt nach der politischen Wende hin zur Restauration und zum sozialen Kahlschlag, wurde die 35-Stunden-Woche mehr und mehr zum zentralen Thema für eine gewerkschaftspolitische Perspektive, die 'aus eigener Kraft' einen Beitrag zur Krisenbewältigung leisten wollte. Die Dringlichkeit des Kampfes gegen die Beschäftigungskrise durch eine aktive Tarifpolitik ergab sich insbesondere angesichts des immer offenkundiger werdenden Widerspruchs zwischen der Ideologie und den Ergebnissen konservativer Krisenpolitik."[177] Die konkrete Zielsetzung wies dreierlei Aspekte auf: Zum einen sollte über eine reduzierte Wochenarbeitszeit der Zuwachs an Arbeitslosigkeit gestoppt werden. Zu der Notwendigkeit, die bestehenden Arbeitsplätze sicherer zu machen, trat die Möglichkeit, auf diese Weise die Voraussetzungen für die Neueinrichtung von Arbeitsplätzen zu verbessern. Der zweite Aspekt bestand in der Reduzierung der zeitlichen Beanspruchung durch die Arbeit und verwies auf das gewerkschaftliche Grundanliegen, eine Humanisierung des Arbeitslebens zu fördern. Drittens sollte durch die 35-Stunden-Woche erreicht werden, daß die Arbeitnehmer dieser Gesellschaft einen größeren zeitlichen Rahmen gewinnen, sich unbelasteter von der Tagesarbeit intensiver kulturellen, politischen und familiären Interessen widmen zu können. [178]

Viele Monate lang hatten sich die Gewerkschaften vergeblich bemüht, bei den Stützen der marktwirtschaftlichen Ordnung eine beschäftigungspolitische Verantwortung einzuklagen. Typisch dafür Ernst Eisenmann, der ein Jahr vor dem Arbeitskampf zu bedenken gab: „Welches Elend durch Arbeitslosigkeit produziert wird, wie viele Menschen psychisch krank werden, wie viele z.B. alkoholabhängig werden oder infolge eines verminderten Einkommens empfindliche Einbußen an Lebensqualität erleiden, dies drückt sich in den nüchternen Zahlen der Arbeitslosenstatistiken nicht aus. Gerade solche Konsequenzen der Arbeitslosigkeit zwingen uns Gewerkschafter, unseren Kampf gegen die Arbeitslosigkeit zu verstärken. Wer wirklich die Arbeitslosigkeit bekämpfen will, der muß mit uns dafür sorgen, daß alle Möglichkeiten zur Arbeitszeitverkürzung genutzt werden."[179] Genauso wie Ernst Eisenmann, der spätere Verhandlungsführer der IG Metall im Streikgebiet Nordwürttemberg/Nordbaden, trafen gewerkschaftliche und politische Befürworter der Arbeitszeitverkürzung vor und nach ihm auf taube Ohren. Offenbar hatten die Arbeitgeber Mahnungen dieser Art und die an Verhandlungstischen gezeigte Geduld schon als Schwäche der Gewekschaften mißverstanden. Die IG Druck und die IG Metall mußten schließlich ihre Mitglieder auffordern, durch Streikmaßnahmen diese Fehleinschätzung der Unternehmer und ihrer politischen Helfer zu korrigieren. Diese Aufforderung und die aus Arbeitgebersicht nicht erwartete Resonanz wurden zum Symbol des gewerkschaftlichen Willens, sich nicht länger mit der Rolle des Bittstellers abzufinden.

Bestätigung gewerkschaftlicher Gestaltungskraft im Arbeitskampf um die Wochenarbeitszeitverkürzung

Es konnte nicht überraschen, daß gerade der wirkungvollste tarifpolitische Ansatz zur Bekämpfung der Arbeitslosigkeit auf den entschiedensten Widerstand der Unternehmerinteressenvertretungen stoßen würde. Um schon argumentativ die Befürworter einer Wochenarbeitszeitverkürzung in die Defensive zu drängen, ohne dabei selbst den eigenen ideologischen Standpunkt zu offenbaren, wurde der mögliche Beitrag einer verkürzten Wochenarbeitszeit für die Lösung von Arbeitsmarktproblemen systematisch heruntergespielt. Um sich nicht inhaltsbezogen mit dem Anliegen der gewerkschaftlichen Forderung auseinandersetzen zu müssen, wurden andere Themen präsentiert. So wurde ein angeblich wachsender Kostendruck beklagt und mit einem verschärften Rationalisierungstempo gedroht. Den zugrunde liegenden Interessengegensatz versuchte man durch Appelle an gemeinsame Interessen von Kapital und Arbeit in der Wettbewerbssituation gegenüber dem Ausland zu übertünchen. Generell wurde versucht entweder mit schlichter Polemik oder vorgetäuschter Unkenntnis, die Frontlinie zwischen den gegensätzlichen Interessen zu verzerren. Arbeitgeber und Bundesregierung unterstützten sich bei den Versuchen, die Frage der 35-Stunden-Woche zu einer Schicksalsfrage der westdeutschen Wirtschaft heraufzustilisieren. Weit im Vorfeld des Arbeitskampfes erklärte der Arbeitgeberverband „Gesamtmetall", die 40-Stunden-Woche mit „Zähnen und Klauen" verteidigen zu wollen. Selbst wenige Tage vor dem Tarifabschluß war noch zu hören, es werde keinen deutschen Unternehmer geben, der bereit sei, Tarifverträge über Wochenarbeitszeitverkürzungen zu unterschreiben. Bundeskanzler Kohl machte den Unternehmern die Freude, die Forderung nach der 35-Stunden-Woche als „dumm, töricht und absurd" abzuqualifizieren. Alles spricht dafür, daß sich die Arbeitgeber sehr sorgfältig auf eine Eskalation der Tarifauseinandersetzung vorbereitet hatten. Als Aktivposten konnten sie die ansteigende Zahl der Arbeitslosen einplanen. Bereits in den vorangegangenen Tarifauseinandersetzungen hatte ihr Klagelied von den überhöhten Lohnkosten und der Notwendigkeit einer Veränderung der Verteilungsrelation zu ihren Gunsten Unterstützung in den Medien und durch Meinungsführer in der Politik gefunden.

Diejenigen, die über die technischen Mittel verfügen, die öffentliche Meinung zu prägen, hatten schon vor der Regierungswende ihre Möglichkeiten genutzt, um dort Verwirrung zu stiften, wo die Gewerkschaften sich um öffentliche Aufklärung bemühten[180]. In erschreckender Gleichförmigkeit haben sich z.b. wirtschaftpolitische Sendungen des Fernsehens und der Wirtschaftsjournalismus als Verstärker von Arbeitgeberthesen vereinnahmen lassen. Die Norm ausgewogener Berichterstattung wurde im Vorfeld und besonders im Verlauf des Arbeitskampfes in einer selten beobachteten Weise verletzt. Die Anliegen der IG Metall und der IG Druck wurden oft gar nicht im Sinne des eigenen Verständnisses vorgestellt, sondern gleich grob verzerrt und entstellt. Schulbeispiele für schlechten Journalismus lieferten Sondersendungen zur Tarifauseinandersetzung mit Wolf Feller vom Bayerischen Rundfunk und Kommentare und Magazinbeiträge auf Löwenthal-Niveau.

In der Öffentlichkeitsarbeit der Regierungsparteien, der Arbeitgeberverbände und Standesorganisationen sowie einzelner Unternehmen, Unternehmer und Redaktionsstuben wurde mit der groben Masche gestrickt. Feinheiten in der Argumentationsführung waren nicht gefragt. Es wurde angeklagt, statt sich verteidigen zu müssen. Es wurde behauptet, statt beweisen zu müssen. Selbst gröbste Widersprüche gingen nicht zu Lasten ihrer Benutzer, so die Verneinung einer arbeitsplatzschaffenden Wirkung der Wochenarbeitszeitverkürzung bei gleichzeitiger Übertreibung der Mehrkosten durch Neueinstellungen, die mit der 35-Stunden-Woche verbunden sein sollten. Durch ein nicht gut abgestimmtes tarifpolitisches Handeln anderer Einzelgewerkschaften wurde der Regierungs- und Unternehmerpropaganda von den „guten" und „schlechten" Gewerkschaften ein Schein der Rechtfertigung verliehen. Die „guten" Gewerkschaften waren in dieser Optik die Befürworter einer Lebensarbeitszeitverkürzung, die „bösen" wurden als Ideologen und Verfechter der Wochenarbeitszeitverkürzung im Lager der IG Metall und IG Druck ausgemacht.
Die Arbeitgeber verheimlichten nicht, daß es ihnen in der Auseinandersetzung um die Wochenarbeitszeitverkürzung nicht um Kosten oder Umsetzungsfragen ging, sondern um die Verteidigung eines prinzipiellen politischen Standpunktes. So verkündete Gesamtmetall-Geschäftsführer Kirchner: „Lieber ein drei- bis vierwöchiger Streik als eine Minute Verkürzung der Arbeitszeit." Die Kalkulation mit einem Produktionsausfall in diesen Größenordnungen stand in keinem Ver-

hältnis zu den tatsächlich mit der 35-Stunden-Woche verbundenen Mehrkosten. Es war deshalb abzusehen, daß eine sachbezogene Argumentation nicht zum Abbau der jeweils genannten Arbeitgeber-Einwände führen würde. Ferner konnte beim öffentlichen Diskussionsstand nicht davon ausgegangen werden, daß es kurzfristig gelingen kann, durch Offenlegung der ideologischen Argumentation der Unternehmer öffentliche Bündnispartner – z.B. in den neuen sozialen Bewegungen – zu gewinnen.

Obwohl es durch aufklärende Öffentlichkeitsarbeit trotzdem ansatzweise gelang, die gröbsten Entstellungen in der Kritik der gewerkschaftlichen Forderung nach der 35-Stunden-Woche zu korrigieren und Bürger nachdenklicher zu machen, war nicht davon auszugehen, kurzfristig einen deutlichen Meinungsumschwung zugunsten einer Unterstützung dieser gewerkschaftlichen Forderung herbeiführen zu können. Sicherlich wäre es unter einem solchen Druck populärer und bequemer gewesen, einen völligen Verzicht auf die Forderung nach der 35-Stunden-Woche gegen Zugeständnisse z.B. in der Einkommensfrage einzutauschen, zumal die Durchsetzung dieser Forderung – dies war unschwer vorherzusehen – erhebliche organisatorische und finanzielle Belastungen bedeutete. Selbst gewerkschaftliche Funktionäre wären sicherlich froh gewesen, wenn sich der bevorstehende Arbeitskampf doch noch irgendwie hätte vermeiden lassen. Kurz gesagt: Bei dieser Ausgangslage hätten es sich IG Metall und IG Druck sehr einfach machen können, zugunsten eines weiteren Festschreibens der 40-Stunden-Woche die Rückzugslinie verbesserter Einkommen einzunehmen. Für die Kritiker aus dem Regierungslager wäre die Welt bei einer solchen gewerkschaftlichen Selbstbeschränkung sicherlich wieder in Ordnung gekommen. Auch Gewerkschaftskritiker, die in jedem Kompromiß bereits den Klassenverrat erkennen wollen, hätten sich auf diese Weise in ihrem Weltbild bestätigt finden können. Bei der IG Metall und auch bei der IG Druck war jedenfalls die Neigung nicht verbreitet, die eigenen tarifpolitischen Zielsetzungen den von Arbeitgebern gesetzten Tabu-Marken unterzuordnen. Dieser Weg blieb prinzipiell ausgeschlossen, weil unter der Bedingung einer fortgeschriebenen 40-Stunden-Woche mit erheblich höheren Arbeitslosenzuwächsen gerechnet werden mußte – im Gegensatz zu den intendierten Wirkungen reduzierter Wochenarbeitszeit.

Unter einem solchen Druck in Zukunft Tarifpolitik machen zu wollen für diejenigen, die dann noch in einem Arbeitsverhältnis stehen, wäre zwar für diese vielleicht immer noch lohnenswert, mit dem Anspruch auf Vertretung aller Arbeitnehmerinteressen jedoch unvereinbar. Bei dem allgemein fortgeschrittenen Rationalisierungsstand in den Betrieben der Metall- und Druckindustrie sowie im Rückblick auf die Auswirkungen der Wirtschafts- und Beschäftigungskrise in vergangenen Jahren und schließlich unter dem Druck der vorherzusehenden zukünftigen Entwicklung sahen sich IG Metall und IG Druck vor der Alternative, entweder unter Inkaufnahme von erheblichen Nachteilen sich mit wachsender Arbeitslosigkeit abzufinden, oder − freilich ohne Erfolgsgarantie − unter Einsatz aller eigenen Handlungsmöglichkeiten sich in die gesellschaftliche Auseinandersetzung zur Bekämpfung der Arbeitslosigkeit einzubringen. Die Erfahrung der Arbeiterbewegung − wer kämpft, kann verlieren, wer nicht kämpft, hat schon verloren − gab den Ausschlag, auch unter dem Druck der lähmenden Auswirkungen der Wirtschafts- und Beschäftiungskrise den Kampf um kürzere Arbeitszeiten mit allen Möglichkeiten vorzubereiten und schließlich auch zu führen. Die IG Metall hat in den Tarifauseinandersetzungen seit 1981 im Rahmen von Warnstreikaktionen wichtige Kampferfahrungen sammeln können [181]. Diese haben die Zuversicht wachsen lassen, daß es trotz erheblich verschlechterter Rahmenbedingungen immer noch eine Bereitschaft der Arbeitnehmer gibt, Provokationen und Demütigungen von Seiten der Arbeitgeber abzuwehren und sich für die Verbesserung der eigenen Lebensumstände zu engagieren. Tarifauseinandersetzungen waren schon immer einerseits Anstrengungen zur Sicherung und zum Ausbau von Arbeitnehmerrechten, andererseits Bestandteil einer gesellschaftlichen Auseinandersetzung um die Stellung der Arbeitnehmer in einer kapitalistisch verfaßten Wirtschaftsordnung. Gleichwohl wurde dies in der Vergangenheit nicht immer deutlich genug herausgestellt. Mit dem Bonner Regierungswechsel ist zwar auch in der Öffentlichkeit und im Unternehmerverhalten auf der Betriebsebene das Zusammenspiel wirtschaftlicher und politischer Macht einsichtiger geworden, doch hat dies erst unzureichenden Niederschlag im Bewußtsein der Arbeitnehmerschaft gefunden. Trotzdem besteht vor allem bei der Arbeitnehmerschaft in der Metallindustrie des Tarifgebietes Nordwürttemberg/ Nordbaden in Konfrontation mit der betrieblichen Wirklichkeit und Erfahrung eine hohe Bereitschaft zur Unterstützung gewerkschaftlicher Ziele, die im politischen Alltag als Bürger und Wähler jedoch keine konsequente Fortsetzung findet. Bei dieser Konstellation wäre

es dem verbreiteten Vorverständnis auch unter den Gewerkschaftsmitgliedern sicherlich entgegengekommen, die politische Dimension
der Auseinandersetzung um die 35-Stunden-Woche auszublenden
oder die Erwartungshaltung auf andere Teilziele und Kompromisse zu
orientieren. Dieser Weg der Anpassung an eine gezielt von Unternehmern und Regierung verbreitete Massenstimmung und Bewußtseins-
lage blieb aufgrund des Anspruchs, eine Interessenvertretungsorgani-
sation sein und bleiben zu wollen, prinzipiell ausgeschlossen. Für die
organisationsinterne Mobilisierungsarbeit bestand somit die Herausforderung, die subjektiven Ausgangsvoraussetzungen für einen möglichen Arbeitskampf durch innerorganisatorische Überzeugungsarbeit
erst herstellen zu müssen. Die Interessenkoalition aus Regierungsparteien und Unternehmern vertraute darauf, diese organisationsinterne
Überzeugungsarbeit mindestens gegenüber Gewerkschaftsmitgliedern mit Wählerbindung an die Regierungsparteien durch eine mona-
telang geführte Kampagne der Desorientierung und Ablenkung
erschweren zu können.

Als unverzichtbare Mobilisierungshilfe hat sich im Nachhinein
bestätigt, im Rahmen der Aktion „Unternehmer auf dem Prüfstand"
die Arbeitgeberbehauptungen von der arbeitsplatzsichernden Funktion niedriger Tarifabschlüsse mit der betrieblichen Wirklichkeit kon-
frontiert zu haben. [182] In den Betrieben, die in diese Aktionen einbezogen werden konnten, ließ sich konkret nachweisen, daß Arbeitsplätze auf diesem Weg nicht zu sichern sind.

So bestand die doppelte Herausforderung, einerseits um Rückhalt
und Verständnis für die eigene Tarifforderung innerorganisatorisch
werben zu müssen, andererseits deutlich zu machen, daß das demokratisch legitimierte Mandat der Bundesregierung nicht gleichzusetzen ist
mit einem Freibrief zur Heiligsprechung des Unternehmerstandpunktes in der Tarifauseinandersetzung. Mit Verweis auf die betrieblichen
Erfahrungen konnte einsichtig gemacht werden, daß es den Vertretern
von Kapitalinteressen um die Verteidigung ihrer durch Massenarbeitslosigkeit gestärkten Machtposition geht, obwohl öffentlichkeitswirk-
sam stets nur scheinbare Sach- und Kostenfragen thematisiert worden
sind. Somit mußte die Tarifauseinandersetzung auch eine Antwort auf
die Frage liefern, ob und inwieweit die Arbeitnehmer für die Kosten
der Wende und für die Krise dieser Wirtschaftsordnung eigene Opfer
zu erbringen haben würden.

In den zahlreichen Verhandlungen mit der Nein-Sager-Front der

Metall- und Druckunternehmer gingen die Gewerkschaften an die Grenze ihrer Kompromißfähigkeit. [183] Vorgeschlagen wurden längere Laufzeiten der Entgelt-Tarifverträge und Stufenpläne zur Erreichung der 35-Stunden-Woche. Den Unternehmen paßte allerdings die gesamte Richtung nicht. Scheinbare Zugeständnisse wurden mit der Gegenforderung verknüpft, die 40-Stunden-Woche bis zum Ende des Jahres 1988 festzuschreiben. Dafür waren die Arbeitgeber bereit, das Linsengericht einer Vorruhestandsregelung sowie in der Metallindustrie eine wöchentliche Arbeitszeitverkürzung bei teilweisem Lohnausgleich für Schichtarbeiter auf 39 bzw. 38 Stunden zu bieten. In der von den Zeitungsverlegern betreuten Öffentlichkeit verklärte man sogar diese Provokation noch als Zugeständnis, obwohl die meisten Schichtarbeiter bereits seit Jahren weniger als 38 Stunden wöchentlich arbeiten müssen.

Die Metallarbeitgeber verlangten für solche Scheinangebote von der IG Metall als eine weitere Gegenleistung auch noch das Einverständnis, in Arbeitspausen Anlagen und Maschinen weiter laufen lassen zu können.

Um die Gewerkschaften gefügiger zu machen, wurde das Streikrecht der Arbeitnehmer massiv mit dem Unrecht der Aussperrung beantwortet. Für jeden streikenden Arbeitnehmer haben die Unternehmer eine bis zu siebenfach höhere Zahl an Aussperrungs-Geiseln genommen. Außerhalb der eigentlichen Streikgebiete setzten die Unternehmer die neu entdeckte Zusatzwaffe der kalten Aussperrung ein. Mit Billigung der Bundesregierung machte sich die Bundesanstalt für Arbeit zum Erfüllungsgehilfen der Arbeitgeber, indem sie unter Beugung des bestehenden Rechts die Arbeitsämter anhielt, den Beschäftigten in außerhalb der Streikgebiete stillgelegten Betrieben die Zahlung von Kurzarbeitergeld zu verweigern. Erst die Gerichte mußten dem Bundesarbeitsminister bestätigen, daß diese Einrichtung nicht zu einer Bundesanstalt für Kapital umfunktioniert werden darf. Im Vorfeld der Tarifauseinandersetzung schien nicht erwartet worden zu sein, daß die Unternehmer zur Verteidigung ihrer Vormachtstellung keine Hemmungen zeigen würden, über die kalte Aussperrung mit der materiellen Not von Hunderttausenden Druck auf die IG Metall auszuüben. So fehlte es fast gänzlich an Vorbereitungen auf den Tag einer möglichen Verhängung der kalten Aussperrung. Dies hätte sicherlich viele Arbeitgeber nicht davon abgehalten, die Arbeitgeberverbandsdiktate an ihre Beschäftigten weiterzugeben, jedoch wäre es bei einer entsprechenden Vorbereitung sicherlich leichter und umfassender gelungen, den für die Aussperrung Verantwortlichen die Lektion zu vermitteln, daß Aussperrung im Arbeitskampf die gleiche Wirkung besitzt wie Öl im Feuer. Zwar blieben Pläne zu einer bundesweiten Angriffsaussperrung im zurückliegenden Arbeitskampf noch einmal in der Schublade, doch muß für die Zukunft sicher damit gerechnet werden, daß solche Mittel zur Verteidigung der Unternehmermachtposition auch zum Einsatz kommen.

Wie sich vereinzelt in Reaktionen auf die Aussperrung bereits andeutete, ist nicht ausgeschlossen, daß jeder Unternehemer, der zum Mittel des Aussperrungsterrors greift, damit rechnen muß, eine Lawine loszutreten. [184] Gegen das Unrecht der Aussperrung wurde nicht nur vor den Werkstoren und mit 250.000 Teilnehmern am 28. Mai in der Bundeshauptstadt demonstriert, sondern vereinzelt auch im Aussperrungsbetrieb selbst. Die Ausgesperrten im Werner & Pfleiderer-Werk Dinkelsbühl drehten den Spieß sogar um und setzten dem Aussperrer den Stuhl vor die Tür. Der hier gezeigte Widerstandswille ließ es den Verantwortlichen geraten erscheinen, die rechtswidrige Aussperrung wenigstens in Dinkelsbühl rasch wieder aufzuheben. Mit der Ausweitung der Aussperrung auf die Betriebe der Metallindustrie über 1.000 Beschäftigte ab dem 18. Juni bewiesen die Unternehmer ein weiteres Mal, daß ihnen die Produktionsausfallkosten gleichgültig sind, wenn es darum geht, Arbeitslosigkeit als Druckmittel behalten zu können.

IG Metall und IG Druck verdanken es ausschließlich den im Verlauf des Arbeitskampfes wieder sichtbar gewordenen Zeichen des Widerstands aus den Betrieben, daß sie nicht gezwungen waren, unter den schwierigen Rahmenbedingungen dieser Tarifauseinandersetzung erheblich schlechtere Kompromisse akzeptieren zu müssen. Erneut wurde bestätigt, daß nicht die Argumente zählen, sondern der Nachdruck, mit dem aus den Betrieben heraus über Streikmaßnahmen ein Nachgeben im Arbeitgeberlager gefördert werden kann. Bewiesen wurde auch, daß es eine Chance gibt, aus der zugedachten Defensive und Bittstellerrolle mit Aussicht auf Erfolg unter Nutzung der eigenen Kraft auszubrechen. Bei einer extrem ungünstigen Ausgangslage [185] unter großen äußeren Belastungen und inneren Opfern mußte gewerkschaftliche Kraft entwickelt und organisiert werden, bevor schließlich ein Tarifvertrag und nicht die von den Arbeitgebern verlangte Kapitulationsurkunde unterschrieben werden konnte.

Ein neues Kapitel gewerkschaftlicher Tarifpolitik

Erst ein siebenwöchiger Arbeitskampf in der Metallindustrie und 13 Wochen Arbeitskampf in der Druckindustrie waren nötig, um das rücksichtslos verteidigte Prinzip der 40-Stunden-Woche zu durchbrechen. Seit April 1985 betragen die regelmäßigen Wochenarbeitszeiten 38,5 Stunden, wobei ein voller Lohnausgleich gewährt wird. Gemessen an der Vorgabe der Arbeitgeber, lieber drei bis vier Wochen Produktionsausfall hinnehmen zu wollen, als eine Minute Arbeitszeitverkürzung gewähren zu müssen, hätte die IG Metall für die schließlich durchgesetzte wöchentliche Arbeitszeitverkürzung um 90 Minuten eigentlich nicht sieben, sondern 270 bis 360 Wochen streiken müssen. Offensichtlich hat sich im Arbeitgeberlager unter dem Druck des Arbeitskampfes ein erheblicher Einstellungswandel erzielen lassen. Zu den Erfolgen in der Metallindustrie zählt auch, daß die Wochenarbeitszeitverkürzung durch eine Überstundeneinschränkung auf 20 Stunden ergänzt wurde. Da jede gesetzliche Initiative, die aus dem Jahre 1938 stammende Arbeitszeitordnung den heutigen Verhältnissen anzupassen, im Bundestag keine Mehrheit finden konnte, mußte die IG Metall in dieser Beziehung eine tarifpolitische Vorreiterrolle übernehmen.

Als Zugabe zum erkämpften Tarifkompromiß setzte die IG Metall auch noch eine Vorruhestandsregelung durch. Sie hat lediglich Mindestnormen für ein frühzeitiges Beenden des Arbeitslebens festgeschrieben, die über dem Niveau des beim Ausscheiden in die Arbeitslosigkeit festgelegten Arbeitslosengeldsatzes liegen und die über betriebliche Verhandlungen weiter verbessert werden können.

Der Erfolg des Arbeitskampfes läßt sich nicht nur mit dem Verweis auf die vorliegenden Tarifvertragsinhalte beurteilen. Immerhin wollte die Bundesvereinigung Deutscher Arbeitgeberverbände alles daran setzen, für das Linsengericht einer Vorruhestandsregelung eine Festschreibung der 40-Stunden-Woche bis zum Ende der 80er Jahre durchzusetzen. Die Metallarbeitgeber wollten zudem gemeinsame Erholungspausen und den Samstag wieder als Produktionszeiten vereinnahmen, was ihnen dann dennoch verwehrt werden konnte. Weit im Vorfeld des Arbeitskampfes hatten sich Arbeitgeber und Bundesregierung darauf vorbereitet, unterstützt von den Helfern der Wende in den Redaktionsstuben von Presse und Rundfunk, durch Konzentration ihrer Angriffe auf die IG Druck und die IG Metall wichtige Gegner der konservativen Gegenreform nachhaltig zu schwächen. Vor dem Hintergrund von Massenarbeitslosigkeit und Wirtschaftskrise sollte den Gewerkschaften eine Lektion über Machtverhältnisse in der Bundesrepublik erteilt werden. In diesem Klima fühlte sich der in der Gesellschaft immer latent vorhandene Bodensatz gemeingefährlicher Reaktionäre bereits wieder soweit ermuntert, daß es nicht bei verbalen Attacken blieb, sondern es auch zu Gewalttätigkeiten gegen Streikende, Attentatsdrohungen gegen Streikposten und Bombendrohungen gegen Gewerkschaftshäuser kam. An den Plänen der Metallindustriellen für eine bundesweite Angriffsaussperrung läßt sich ermessen, daß Recht und Gesetz für die Falken im Arbeitgeberlager zu taktischen Größen werden, wenn es um die Verteidigung ihrer Interessen geht. Wie nie zuvor wurde das Streikrecht der Arbeitnehmer massiv mit dem Unrecht der Aussperrung beantwortet. Dabei wurde dokumentiert, daß sich die Unternehmer ihre Mitgliedschaft im Arbeitgeberverband nicht nur Millionen kosten lassen, sondern daß sie selbstverständlich auch bereit sind, zu Lasten ihrer „lieben Mitarbeiter und Mitarbeiterinnen" die Aussperrung als Kampfmittel einzusetzen. Daß es unter einem solchen Druck gelungen ist, neben einer Arbeitszeitverkürzung mit vollem Lohnausgleich auch die Handlungsfähigkeit der Gewerkschaften zu verteidigen, ist wohl der auf die Zukunft gesehen wichtigste Erfolg. Für die gesamte nationale und internationale Gewerkschaftsbewegung hatte der IG-Metall-Tarifvertrag eine weitreichende Bedeutung. Es wurde eine Bresche in die Abwehrfront der Arbeitgeber geschlagen, die für alle zukünftigen Verhandlungen um Arbeitszeitverkürzung als Einfallstor genutzt werden kann. Schon wenige Tage nach dem Metallabschluß konnte auch die IG Druck nach 13 Wochen Arbeitskampf gleichfalls eine allgemeine Wochenarbeitszeitverkürzung auf 38,5 Stunden durchsetzen. [186] In der Eisen- und Stahlindustrie konnte die IG Metall nach nur wenigen Verhandlungstagen eine Vereinbarung zur Einführung der 38-Stunden-Woche abschließen. Wie die internationale Resonanz auf diesen Durchbruch in der Arbeitszeitfrage erkennen ließ, dürften es die Arbeitgeber zukünftig argumentativ etwas schwerer haben, die Frage einer neuerlichen Verkürzung der Wochenarbeitszeiten zu einem Verhandlungs-Tabu zu erklären. Wer sich 1984 einen Streik über mehrere Wochen leisten konnte, wer zusätzlich kalte Aussperrungen verfügte und trotzdem Rekordgewinne zu verzeichnen hatte, der wird ja wohl der

Öffentlichkeit nicht länger einreden können, daß sich die Wirtschaft kürzere Arbeitszeiten nicht leisten kann.

Deutliche Nachteile des Tarifabschlusses müssen jedoch auch genannt werden. Der entscheidende Nachteil, den die IG Metall in Kauf nehmen mußte, liegt darin, daß der Anspruch des einzelnen auf eine kürzere Arbeitszeit erst über eine Betriebsvereinbarung durchzusetzen ist. Bei der Umsetzung von Tarifverträgen hatten jedoch die betrieblichen Interessenvertretungen ohnehin schon immer eine wichtige Funktion. Da die weitere Einstellung der Arbeitnehmer zur Arbeitszeitverkürzung wohl wesentlich von den Erfahrungen mit der Form ihrer konkreten betrieblichen Umsetzung abhängt, wurde es zum gemeinsamen Ziel von Betriebsräten und IG Metall, die Arbeitszeitverkürzung für jeden auf 38,5 Stunden anzustreben, einer weiteren Leistungsverdichtung entgegenzuwirken sowie die Voraussetzung für die Sicherung und Schaffung zusätzlicher Arbeitsplätze zu erweitern. Konkret ergab sich daraus der Verhandlungsauftrag, die sich rechnerisch ergebende tägliche Verkürzung der Arbeitzeit um 18 Minuten arbeitsmarkt- und freizeitwirksam zu bündeln. Der vorgeschlagene Katalog von Umsetzungsvorschlägen reichte unter dieser Maßgabe von der wöchentlichen Verkürzung der Arbeitszeit am Freitag um 1,5 Stunden über eine 14-tägige Bündelung für einen freien Nachmittag bis hin zur Vereinbarung eines zusätzlichen freien Tages nach jeweils 26 Arbeitstagen. [187] Auch einzelne Unternehmer hatten schnell erkannt, daß es allein unter betriebswirtschaftlichen Kostenaspekten die vernünftigste Lösung zur Umsetzung des Tarifvertrages ist, für alle Beschäftigten einheitlich die 38,5-Stunden-Woche zu vereinbaren. Jede Abweichung von dieser Regel ist nicht nur teurer, sondern erfordert monatlich einen zusätzlichen umfangreichen bürokratischen Arbeitszeitkontrollaufwand. Auch der Arbeitgeberverband Gesamtmetall fürchtete, daß es aus dieser betriebswirtschaftlichen Interessenlage der Unternehmen zu generellen Vereinbarungen über die Einführung der 38,5-Stunden-Woche für alle Arbeitnehmer kommen würde. Arbeitgebersprecher Hans-Peter Stihl hatte deshalb alle Mitgliedsfirmen mit Verweis auf die „hohe verbandspolitische Bedeutung" − und nicht etwa aus Praktikabilitätsgründen − aufgefordert, auf den teueren unterschiedlichen Arbeitszeitregelungen zu bestehen. So Stihl: „Eine Auffächerung der betrieblichen Arbeitszeit erhöht beträchtlich die Chancen, daß die Mitarbeiter den engen Zusammenhang zwischen Arbeitszeit und Lohnhöhe deutlicher erkennen und der Wunsch nach mehr Lohn dominiert. Insofern hat meine Aufforderung zur Auffächerung der Arbeitszeit auch hohe verbandspolitische Bedeutung: Es geht auch darum, bereits im Ansatz gegenzusteuern, daß kein erneuter Konflikt um die Arbeitszeitfrage entsteht."

In dieser Frage sind die Arbeitgeber-Verbandswünsche nicht in Erfüllung gegangen. In den meisten Unternehmen wurde — wenn auch oft erst nach Widerstand der Betriebsräte und der Belegschaften — der Versuch aufgegeben, aus ideologischen Gründen auf differenzierten Arbeitszeiten zu beharren. Für nahezu 95 Prozent aller Metallbeschäftigten gilt seit dem 1. April einheitlich die kürzere Wochenarbeitszeit von 38,5 Stunden. Zu den Ausnahmen gehören vornehmlich jene Unternehmen, die im Arbeitgeberverband den Ton angeben. So wollte man z.B. bei Bosch, bei Daimler und auch im Betrieb des Arbeitgebersprechers Stihl sich wohl nicht gerne nachsagen lassen, für ein Prinzip gestritten zu haben, ohne es auch auszunutzen. Generell zeigten die Unternehmensverantwortlichen bei den betriebsbezogenen Verhandlungen zur Umsetzung des Tarifvertrages wenig Neigung, ihre Möglichkeiten zum Abbau der Arbeitslosigkeit extensiv auszunutzen. Im Gegenteil wurde mit allen Mitteln versucht, die 38,5-Stunden-Woche in einer Form einzuführen, die möglichst wenig Neueinstellungen erfordert. Am unerfreulichsten war der Versuch, den Arbeitnehmern im 3-Schicht-Betrieb eine Verkürzung der Wochenarbeitszeit gänzlich vorzuenthalten. Die schon in früheren Jahren vereinbarte 30-minütige Arbeitszeit zur Essenseinnahme pro Schicht sollte dabei mit der Verkürzung der Wochenarbeitszeit verrechnet werden. Erst die ständige Schiedsstelle für die Schlichtung von Meinungsverschiedenheiten in der Interpretation des Tarifvertrages konnte dem einen Riegel vorschieben. Weder der Tarifabschluß noch sein Inkrafttreten zum 1. April 1985 bedeuten vorläufige Endpunkte für das Bemühen der betrieblichen Interessenvertretungen, einer weiteren Leistungsverdichtung entgegenzuwirken sowie die Voraussetzungen für die Sicherung und Schaffung zusätzlicher Arbeitsplätze zu erweitern. Wo die Umsetzung des Tarifvertrages in enger Abstimmung der Betriebsräte mit den Beschäftigten, den gewerkschaftlichen Vertrauensleuten und der IG Metall erfolgte, konnten in dieser Beziehung die besten Ergebnisse erzielt werden. So wurde die schließlich in betrieblichen Verhandlungen durchgesetzte Arbeitszeitverkürzung zu einem Spiegelbild der Kräfteverhältnisse in den jeweiligen Betrieben der Metallindustrie. Die Befürchtung, die Verlagerung von tarifpolitischem Gestaltungsspielraum auf die Betriebsräte werde sich nachteilig auf das Verhältnis IG Metall und Betriebsräte auswirken, wie dies Arbeitgeber und Bundesregierung erhofft hatten, hat sich jedenfalls nicht erfüllt. Die gemachten Erfahrungen bestätigen im Gegenteil eher die Einschätzung, die Franz Steinkühler für die IG Metall in diesem Zusammenhang nach dem Tarifabschluß artikulierte: „Die Interessenkonflikte zwischen Kapital und Arbeit, die bislang hauptsächlich bei Tarifverhandlungen deutlich wurden, werden nun auch bei der konkreten Ausgestaltung des Tarifvertrages offensichtlich werden. Damit wird für jeden Arbeitnehmer klar: Gewerkschaftliche und betriebliche Interessenvertretungen haben dieselben Gegner − nämlich Arbeitgeber." [188]

Die Tarifvereinbarungen über die Einführung der 38,5-Stunden-Woche besitzen noch einen zweiten Nachteil: Angesichts der dramatisch schlechten Situation auf dem Arbeitsmarkt wäre ein größerer Schritt hin zur 35-Stunden-Woche notwendig gewesen.

Heinrich Franke, der als Präsident der Bundesanstalt für Arbeit gegen die Arbeitslosen und die Gewerkschaften für die Arbeitgeber Partei genommen hatte, erkannte im Tarifvertrag der Metallindustrie immerhin eine Chance, im Jahr 1985 40.000 und im Jahr 1986 50.000 neue Arbeitsplätze zu schaffen. Das Nürnberger Institut für Arbeitsmarkt- und Berufungsforschung räumte im Januar 1985 ein, daß ohne den Entlastungseffekt der tarifvertraglich vereinbarten Arbeitszeitverkürzungen die Arbeitslosenzahl im Jahr 1985 um 120.000 Personen höher ausfallen müßte. Unter der Bedingung, daß mindestens die Hälfte, höchstens zwei Drittel der in Tarifvereinbarungen vorgesehenen Arbeitszeitverkürzungen und Vorruhestandsregelungen einen Bedarf nach Neueinstellungen auslöst, erwartet das WSI-Tarifarchiv 1985 sogar eine Entlastung des Arbeitsmarktes um ca. 150.000 bis 200.000 Personen. [189] Eine Umfrage der IG Metall im Bezirk Stuttgart, wenige Wochen nach der Beendigung des Arbeitskampfes, ermittelte, daß schon im Juli 1984 über 4.400 neue Einstellungen vorgenommen oder fest geplant worden sind. Zudem wurden Zeitverträge in Dauerverträge umgewandelt und geplante Entlassungen oder Belegschaftsschrumpfungen vom Tisch genommen. Als Meßlatte für die Glaubwürdigkeit von Arbeitgeberbehauptungen wird sich schon bald ihre Zusicherung erweisen, alleine durch die vereinbarte Vorruhestandsregelung könnten in diesem Tarifbereich jährlich 16.000 Arbeitslose die Chance auf einen Arbeitsplatz erhalten. Die

Geschäftsführung der Robert Bosch GmbH hatte im Mai 1984 angekündigt, von einer Vorruhestandsregelung, wie sie schließlich zwischen den Tarifvertragsparteien vereinbart wurde, wären in der
Bosch-Gruppe Inland „sofort etwa 6 Prozent der Mitarbeiter, das sind
etwa 4.000 Mitarbeiter, bis 1988 weiter 6.000 Mitarbeiter begünstigt". [190] Daß dies Zweckpropaganda zur Beeindruckung der Öffentlichkeit war, wird sich wohl herausstellen, wenn in jährlicher Folge
Bilanz gezogen werden kann. Die vorläufige Arbeitsplatz-Gewinnbi-
lanz des seit Mai 1984 geltenden Vorruhestandsgesetzes der Bundesregierung nimmt sich bereits sehr kläglich aus. Danach sind in den 10
Monaten seit Verabschiedung des Gesetzes bis Ende Februar nur
ganze 2.231 Anträge auf Vorruhestand genehmigt worden und somit
genauso wenig Arbeitsplätze zur Wiederbesetzung durch jüngere
Beschäftigte frei geworden. [191]

So unbefriedigend der nur kleine Schritt hin zur 35-Stunden-
Woche auch sein mag, die richtige Richtung wurde damit vorprogrammiert. Wenn auch noch nicht genau zu sagen ist, welche arbeitsplatz-
beschaffenden und -sichernden Wirkungen mit den Tarifabschlüssen
der Metall- und Druckindustrie verbunden sein werden, sehen sich die
Gewerkschaften darin bestätigt, weitere Arbeitszeitverkürzungen zu
verlangen. So heißt es im DGB-Aufruf zu den Maikundgebungen
1985: „Die Tarifabschlüsse, die vorliegenden Prognosen über die
Arbeitsmarktentwicklungen dieser Tarifabschlüsse und die ersten
Erfahrungsberichte aus der Praxis ... beweisen: Mit Arbeitszeitverkürzungen werden Arbeitsplätze erhalten und neue geschaffen. Die
Arbeitnehmer und ihre Gewerkschaften haben damit ihre Verantwortung für die arbeitslosen Kolleginnen und Kollegen unter Beweis
gestellt. Wir werden an diesem erfolgreichen Weg auch in der Zukunft
festhalten. Wirtschaftswachsum allein kann die Arbeitslosigkeit nicht
beseitigen. Arbeitszeitverkürzungen müssen notwendigerweise hinzu-
treten. Unser Ziel bleibt: Durchsetzung der 35-Stunden-Woche mit
Lohnausgleich für alle und die Möglichkeit für jeden Arbeitnehmer,
mit Vollendung des 58. Lebensjahres aus dem Erwerbsleben ausscheiden zu können. Beide Formen der Arbeitszeitverkürzung zusammen
schaffen den notwendigen Schub zur Bekämpfung der Massenarbeitslosigkeit." Bei dieser Zielsetzung wird es zur Erfolgsgarantie, die auf
dem Papier anerkannte Aufgabe einer gegenseitigen Abstimmung der
einzelgewerkschaftlichen Tarifpolitik Praxis werden zu lassen. Die
Tarifauseinandersetzungen des Jahres 1984 haben in dieser Beziehung

erhebliche Koordinierungsfehler und Schwächen erkennen lassen.

Mehr als je zuvor dürften weitere tarifpolitische Erfolge bei der Bekämpfung der Arbeitslosigkeit auch davon abhängen, ob die gewerkschaftliche Auseinandersetzung mit dem Arbeitgeberlager einmündet in eine soziale Bewegung gegen die Urheber und Nutznießer der Bonner Wende. 1984 ist dies nur in Ansätzen gelungen, wie auch Franz Steinkühler selbstkritisch einräumt: „Es gab viele Formen der aktiven Solidarisierung mit den kämpfenden Kolleginnen und Kollegen. Ich erinnere an die Solidaritätsaktionen des DGB, an den Aufruf der Künstler und Schriftsteller, an die politische Unterstützung durch die SPD und an die vielen Menschen draußen, die mit uns solidarisch waren bis hin zu der alten Oma, die 20 DM von ihrer Rente für uns abzwackte. Aber eine breite soziale Bewegung, die gegen die Koalition von Kapital, Kabinett und Springer Adäquates hätte entgegensetzen können, kam nicht zustande. Die Hauptlast des Kampfes mußte die IG Metall alleine tragen. Das Ergebnis ist insofern auch Ausdruck der realen Machtverhältnisse in dieser Gesellschaft." [192]

Im Rückblick auf die Tarifauseinandersetzungen des Jahres 1984 läßt sich unschwer feststellen, daß nicht die Opfer der Bonner Wende, sondern die Nutznießer den Ton angegeben haben. Auch nach dem Arbeitskampf gilt deshalb im Hinblick auf die anstehenden Aufgaben, was Ernst Eisenmann allen Gewerkschaftsmitgliedern schon zur Vorbereitung der Tarifauseinandersetzung in der Metallindustrie als persönlichen Arbeitsauftrag empfohlen hatte:

„Resignation, selbstgewählte Passivität und oft auch die Unkenntnis unserer Kolleginnen und Kollegen sind die stärksten Trümpfe der Arbeitgeberseite. Aus diesem Grund kann jeder etwas dazu beitragen, diese Unternehmerrechnung zu durchkreuzen: Macht Euch selbst sachkundig und zu Multiplikatoren unserer Anliegen! Sucht das Gespräch mit Euren Kolleginnen und Kollegen am Arbeitsplatz!

Hinterfragt und widersprecht der täglichen Unternehmerpropaganda. Beratet Euch untereinander! Auch in der Freizeit und in der Familie lassen sich Bündnispartner für unseren Kampf um die Sicherung des Grundrechts auf einen menschenwürdigen Arbeitsplatz gewinnen." [193] Somit bleibt die Frage auf der Tagesordnung, ob sich die Arbeitnehmer noch länger eine Bundesregierung und Unternehmer leisten wollen, die rücksichtslos über das Schicksal von Millionen Arbeitslosen hinwegschreiten, wenn es das Interesse an Machtstabilisierung und Steigerung der Kapitalrenditen gebietet.

VII. Gewerkschaften als Bestandteil einer gesamtgesellschaftlichen Reformbewegung

Die Erfahrung der Fremdbestimmung – Ansatz und Ausgangspunkt für gewerkschaftliches und politisches Handeln

Die Lebensumstände eines jeden Bürgers sind nur in einem begrenzten Umfang vom eigenen Wollen, Können und Handeln bestimmt. Wesentliche Rahmenbedingungen werden durch fremde Entscheidungen und das Verhalten anderer Bürger und Bürgergruppen gesetzt. Die Abhängigkeit von fremden Entscheidungen prägt und verändert die Persönlichkeit, die Bedürfnisse und die Ansprüche des einzelnen an seine Umwelt. Zum Beispiel bleibt der Mensch in der Kindheitsphase seiner Entwicklung angewiesen auf die Liebe seiner Eltern und Anregungen, die aus seiner Umwelt an ihn herangetragen werden. Als Schüler befindet er sich in einer Abhängigkeit von den Fähigkeiten seiner Lehrer und der Bildungsinstitutionen, seine Interessen zu wecken und seine Begabung zu entfalten. Als Jugendlicher ist er angewiesen auf eine Erwachsenenwelt, die ihm Gestaltungsräume und Entwicklungschancen eröffnet und Verständnis für ihn aufbringt. Soweit ihm nicht die ökonomische Macht in die Wiege gelegt wurde, andere Menschen für seinen Lebensunterhalt arbeiten zu lassen, bleibt er als Lohnabhängiger darauf angewiesen, seine Arbeitskraft zu Bedingungen verkaufen zu können, die ihm eine materiell gesicherte Lebensführung erlauben. Als Mitglied einer arbeitsteiligen Industriegesellschaft hängt seine Existenz davon ab, daß andere die für alle lebensnotwendigen Güter und Dienstleistungen produzieren. Die Existenz des einzelnen Bürgers ist ferner damit verknüpft, daß die natürlichen Grundlagen des menschlichen Lebens nicht durch Profitgier oder Gleichgültigkeit anderer zerstört werden. Seine Existenz ist auch nur dann gesichert, wenn Krieg und Gewalt als Mittel der Politik aus dem Zusammenleben der Völker ausgeschlossen sind. In diesen Bereichen – weitere ließen sich nennen – fallen täglich Entscheidungen, die der einzelne nicht mehr selbst kontrolllieren kann, obwohl sie ihn unmittelbar selbst betreffen. Die von anderen vorbestimmten und mitgestalteten Lebensumstände erscheinen schon so selbstverständlich und unabänderlich, daß es den meisten Bürgern gar nicht mehr bewußt ist, in welchem Ausmaß ihr persönliches Wollen, Können und Handeln dadurch begrenzt wird.

Auf das Vorgegebene und auf fremde Entscheidungen wird zum Teil mit Gleichgültigkeit und zum Teil – je nach Interessenlage – auch Zustimmung reagiert. Ob der einzelne zustimmend, ablehnend oder gleichgültig reagiert, ist einmal abhängig von der direkten Betroffenheit und zum anderen auch von der Fähigkeit, diese Betroffenheit zu erkennen. Betroffen ist jeder, wenn fremde Eingriffe in den eigenen Lebensbereich erfolgen. Die Betroffenheit beruht hier auf dem natürlichen Interesse am Erhalt oder der Verbesserung der eigenen Lebensumstände. Es ist darüber hinaus Ausdruck einer Fähigkeit zur Anteilnahme und Solidarität, aber auch Produkt politischer Einsicht, wenn Menschen auch Ereignisse in der Gesellschaft, die sie nicht direkt betreffen, auf sich beziehen und auch Betroffenheit empfinden, wenn Mitmenschen, Personengruppen oder ganze Völker der Fremdbestimmung und Unterdrückung unterworfen sind. Dies ist nicht selbstverständlich. Viele Bürger halten es immer noch für ziemlich unerheblich,

– ob durch eine steigende Verschwendung des gesellschaftlichen Reichtums in der Rüstung der Frieden in der Welt gefährdet und die Not in den Entwicklungsländern vergrößert wird.
– ob die Supermächte zur Verteidigung ihrer wirtschaftlichen und militärischen Interessen die Mittel Gewalt und Diktatur benutzen.
– ob Menschen wegen ihrer politischen oder religiösen Überzeugung, ihres Geschlechts, ihrer Rasse benachteiligt, unterdrückt, mißhandelt oder gar getötet werden.
– ob rücksichtsloses Verfolgen wirtschaftlicher Interessen die Umwelt aus dem ökologischen Gleichgewicht reißt und damit die natürliche Grundlage für das Leben der Menschen überhaupt zerstört.
– ob das Prinzip der Profitmaximierung um jeden Preis jeden Preis wert ist.
– ob der überwiegende Teil der Bevölkerung in der Bundesrepublik immer noch gezwungen ist, sich im Arbeitsleben dem Willen einer Minderheit zu unterwerfen, die über die Produktionsmittel unkontrolliert verfügen kann.

— ob die Jugendlichen sich zunehmend vor die Wahl gestellt sehen, entweder kritiklos zu konsumieren, was andere vorgeben, oder aus gesellschaftlichen Bindungen ganz auszusteigen.

— ob Schüler aufgrund ihrer sozialen Herkunft oder der Tatsache, daß sie nicht so schnell lernen können wie andere, in überbelegten Schulen von überforderten Lehrern überholtes Faktenwissen vermittelt bekommen und zu arbeitenden Untertanen erzogen werden.

Die Kette der Beispiele könnte durch den Verweis auf unzählige Situationen fortgesetzt werden, in denen Menschen die Opfer von Benachteiligung, Unterdrückung oder Ausbeutung durch andere Menschen sind.

Es ist das grundlegende Anliegen der Arbeiterbewegung, Fremdbestimmung in allen nicht demokratisch zu legitimierenden Bezügen dauerhaft zu beseitigen. Auch aktuell kann dies als einende Aufgabe einer gesamtgesellschaftlichen Reformbewegung betrachtet werden. In dieser Perspektive ist die individuelle Selbstverwirklichung und die Garantie von demokratischen und sozialen Rechten stets gefährdet, solange nicht alle Menschen in gleicher Weise diese Rechte nutzen können. Im Zusammenhang einer gesamtgesellschaftlichen Reformbewegung zielen politisches und gewerkschaftliches Engagement gleichermaßen auf eine gesellschaftliche Ordnung, die Voraussetzungen für das Mitdenken, Mitgestalten und Mitverantworten aller Gesellschaftsmitglieder bietet.

Kernproblem jeder Konzeption zur Veränderung der bestehenden Gesellschaft mit dieser Zielperspektive ist die Frage, wie die angestrebte Veränderung bewirkt werden soll. Dies ist eine Frage nach der politischen Strategie, mit der Fortschritte in die angestrebte Richtung möglich scheinen. Es geht dabei nicht um die Suche nach einer Zauberformel zur Lösung aller Probleme, sondern schlichter um das Bestimmen realistischer Ansatzpunkte für ein zielorientiertes politisches wie gewerkschaftliches Handeln. Dabei ist es grundlegend, sich immer wieder klarzumachen, daß es weder überweltliche Kräfte des Schicksals oder göttlicher Vorsehung noch unabhängig vom menschlichen Können und Wollen wirkende Kapitalgesetzlichkeiten sind, die den gesellschaftlichen Entwicklungsgang bestimmen, sondern ausschließlich Menschen mit sozialen Interessen, die einzeln oder in Interessengruppen durch ihr Handeln oder Nicht-Handeln und durch das Akzeptieren des Status quo für die Ausgestaltung gesellschaftlicher

Strukturen verantwortlich sind. Durch Einflußnahme auf diese Entscheidungen ist es daher prinzipiell immer möglich, die bestehenden Strukturen zu verändern.

Für das Arbeitsleben dieser Gesellschaft gilt: Es stehen sich zwei Strukturprinzipien einander ausschließend gegenüber, das Gestaltungsprinzip des Kapitals und das Gestaltungsprinzip der Arbeit. Kennzeichnend für das Gestaltungsprinzip des Kapitals ist vor allem:
– Ein Streben nach maximaler Vermehrung des eingesetzten Kapitals.
– Eine Unterordnung menschlicher Bedürfnisse und ökologischer Erfordernisse unter die Logik des Strebens nach Kapitalvermehrung um jeden Preis.
– Die Erniedrigung des Menschen zum fremdbestimmten Objekt im Produktionsprozeß.
– Das Ausnutzen jeder Rationalisierungsmöglichkeit zur Senkung der Produktionskosten.
– Die Tendenz zur Konzentration ökonomischer Macht und die Gefahr ihres Mißbrauchs.
Kennzeichnend für das Gestaltungsprinzip der Arbeit ist vor allem:
– Der Mensch sowie seine Möglichkeiten und Bedürfnisse stehen im Mittelpunkt.
– Ziel des Wirtschaftens ist die gesellschaftliche Bedarfsdeckung unter Berücksichtigung ökologischer Erfordernisse.
– Der Mensch als Subjekt des Produktionsprozesses bestimmt über seine Arbeitsbedingungen selbst.
– Humanisierung der Arbeitswelt und ökologisch verantwortliche Produktion sind nicht mehr nur Nebenprodukte der Rationalisierungsprozesse, sondern Hauptzweck.
– Ökonomische Macht wird demokratisch kontrolliert.
Es ist keine Frage des guten Willens und leider auch nicht nur der besseren Argumente, welche Gestaltungsprinzipien und welche Interessen sich im Wirtschaftsleben durchsetzen, sondern eine Frage des gesellschaftlichen Kräfteverhältnisses zwischen Kapital- und Arbeitnehmerinteressen. Die Gewerkschaftsbewegung als traditioneller Teil einer gesamtgesellschaftlichen Emanzipationsbewegung ist bemüht, im Arbeitsleben dieser Gesellschaft die Strukturgestaltungsprinzipien der Arbeit gegen das noch vorherrschende Interesse an der Absicherung unkontrollierter Verfügungsmacht über Produktionsmittel und an der Erhaltung gesellschaftlicher Privilegien durchzusetzen. Sie steht dabei vor der Notwendigkeit, jeweils erneut deutlich zu machen,

was an Zugewinn an Freiheit und Selbstbestimmung zu erreichen ist, wenn der einzelne im Arbeitsleben solidarisch mit anderen handelt, statt sich behandeln zu lassen. Arbeitsverhältnisse herbeizuführen, in denen sich die Menschen wohlfühlen und Sinnvolles leisten können, ist dabei Zwecksetzung der gewerkschaftlichen Arbeit. Ob die Gewerkschaftsbewegung als Selbsthilfeorganisation der von Fremdbestimmung Betroffenen erfolgreich sein wird, inwieweit sie das jeweils bestehende Kräfteverhältnis verändern kann, hängt ausschließlich davon ab, daß ihr Anliegen von einer Mehrheit in der Gesellschaft und vor allem von den Arbeitnehmern in den Betrieben verstanden, akzeptiert und aktiv unterstützt wird.

Das Interesse an der Verbesserung der Lebensumstände für alle Bürger sowie am Abbau von Fremdbestimmung konkurriert in allen Teilbereichen der Gesellschaft mit den Interessen derjenigen, die ihre privilegierten Lebensumstände einer Aufrechterhaltung von Unfreiheit, Ausbeutung, Unwissen und Konkurrenzdenken verdanken. In einer kapitalistischen Gesellschaft ist dies vor allem ein Interesse an der Aufrechterhaltung solcher Strukturen, die das Ausbeuten der Menschen durch den Menschen begünstigen. Für die Vertreter dieser Interessen heißt dies, die Gesellschaft mit ihren wesentlichen Funktionsmechanismen so zu erhalten, wie sie ist, und Veränderungen möglichst nur dann zuzulassen, wenn sie den Kernbestand kapitalistischer Herrschaft nicht berühren. Bei dieser Widerstandshaltung gegen jede progressive Veränderung des gesellschaftlichen Status quo gewinnen alle Maßnahmen und Entwicklungen eine Fortschrittsfunktion, die dazu beitragen, das Denken und Handeln der Menschen von ökonomischen und ideologischen Zwängen zu befreien und die vorherrschenden Denk-, Verhaltens- und Entscheidungsmuster nach den Grundsätzen des Gestaltungsprinzips der Arbeit zu verändern. Entwicklungen dieser Art finden alltäglich statt. Zum Beispiel, wenn

– Unwissen durch Wissen, Gleichgültigkeit durch Betroffenheit und Konkurrenzdenken durch Solidarität ersetzt werden.

– Lohnabhängige ihr Recht auf einen human gestalteten Arbeitsplatz, auf einen gerechten Anteil am gesellschaftlichen Reichtum und auf Bedingungen erkämpfen, die es ihnen ermöglichen, ihre beruflichen und außerberuflichen Interessen zu pflegen.

– die Reformkräfte durch ihre Arbeit auf parlamentarischen Ebenen, die Voraussetzungen und Rahmenbedingungen für eine Gesellschaft schaffen helfen, bei der die Bedürfnisse der Menschen im

Zentrum aller Entscheidungen stehen.
- Menschen sich von kapitalistischen Konsummustern lösen und nach dem gesellschaftlichen Nutzen der Konsumangebote fragen.
- Menschen sich der verordneten Rollenerwartung an Frau und Mann entziehen.
- Kommunikation geschaffen wird und politische Aufklärung erfolgt.

Wenn auch Aktivitäten dieser Art selten aufeinander bezogen und organisiert erfolgen, ist es gemeinsames Anliegen, Vorgegebenes nicht mehr als unveränderlich zu akzeptieren. Initiativen mit dieser Zwecksetzung stehen heute in der Tradition aller Emanzipationskämpfe der Unterdrückten gegen ihre Unterdrücker, somit in einer Tradition, die im Kapitalismus durch den Emanzipationskampf der Arbeiterbewegung gegen die Macht der Kapitalbesitzer verlängert wurde.

Die individuelle Bereitschaft zum Engagement gibt den Anstoß, kann aber alleine nicht zum Ziel führen. Der einzelne besitzt oft nicht die Möglichkeiten, um die subjektiv erlebten und auch als objektiv erkannten Zwänge der Logik des Kapitals für sich persönlich aufzuheben. Dazu bedarf es der Voraussetzung, daß sich die vielen einzelnen zu einer aus aktionsfähigen Organisationen und Initiativen bestehenden Reformbewegung zusammenschließen oder sich mindestens als Teil einer solchen Einheit begreifen lernen. Die wichtigsten Zusammenschlüsse in dieser Bewegung sind traditionell die Gewerkschaften und die Sozialdemokratie.

Sich zusammen mit anderen zu engagieren, heißt auch: Nicht warten wollen auf die grundlegende Veränderung der Gesellschaft, von der irgendwann einmal erwartet wird, daß sie Freiheit, Gleichheit und Solidarität ermöglicht. Selbstorganisation als Strukturprinzip gesellschaftsverändernder Praxis fordert die Veränderung hier und jetzt, wo es einen selber angeht, im eigenen Arbeits- und Lebensbereich. In der Arbeit von heute wird dabei das Ziel von morgen sichtbar. Erfolge, die jeweils günstigere Ausgangsbedingungen für weitere Initiativen darstellen, sind schon überall dort erfahr- und sichtbar, wo unkontrollierte Herrschaft durch Demokratie, Fremdbestimmung durch Selbstbestimmung, Konkurrenzdenken durch Solidarität und Unfreiheit durch Freiheit ersetzt werden. Sowohl die Gewerkschaftsbewegung als auch die neuen sozialen Bewegungen haben gezeigt, daß der Politikansatz auf der Ebene der Betroffenheit die eigene Durchsetzungskraft verbessert. So sind die Gewerkschaften den auf breiter Front vorgetragenen und oft geschickt getarnten Angriffen auf die Rechte der Arbeitnehmer keineswegs schutzlos ausgeliefert. Wie der Ausbruch aus der Defensive im Arbeitskampf um die 35-Stunden-Woche erfahren ließ, unterstreichen auch die inzwischen schon bei Landtags- und Kommunalwahlen eingetretenen Stimmenverluste für den konservativen Block an der Macht, daß das politische Kräfteverhältnis nicht dauerhaft zum Vorteil der politischen Reaktion festgeschrieben ist. Wenn es den Gewerkschaften gelingt, durch die Mobilisierung ihrer Mitglieder auch über betriebsbezogene Aufgabenfelder hinaus, Betroffenheit einsichtig zu machen und die Bereitschaft zu wecken, an der Gestaltung der eigenen und gesellschaftlichen Zukunft mitzuwirken, dann dürfte es auch der Wende-Regierung nicht dauerhaft gelingen, eine Politik gegen Arbeitnehmerinteressen zu betreiben.

Arbeits- und Lebensbedingungen gestalten – Der historische Auftrag

Während sich die Arbeitsgesellschaft infolge technischer Innovationen in immer größeren Schritten auf das 21. Jahrhundert zubewegt, spricht vieles dafür, daß sich in der Gestaltung der Arbeitsverhältnisse eine Rückentwicklung vollzieht.

Zunehmend müssen Arbeitnehmer in ihrer Betriebswirklichkeit wieder wie in den Anfängen der organisierten Arbeiterbewegung erfahren, was es bedeutet, der Macht wirtschaftlicher Interessen ausgeliefert zu sein. Wenn sich auch Repressionsmechanismen und Herrschaftsverhältnisse verfeinert haben, die soziale Polarisierung zwischen Kapital und Arbeit hat dadurch jeweils nur einen zeitgemäßeren Ausdruck gefunden.

Bei der Suche nach einer gewerkschaftlichen Antwort auf die aktuelle Ausformung kapitalistischer Herrschaft und nach einem zeitgemäßen Verständnis gewerkschaftlicher Arbeit hat es eine orientierende und identitätsstiftende Funktion, sich zu vergewissern, in welchen Traditionen und mit welchem historischen Auftrag und Perspektiven sich die aktuelle gewerkschaftliche Tagesarbeit vollzieht oder vollziehen soll. [194] „Gewerkschafter haben in der langen Geschichte ihres Kampfes den Blick stets nach vorn gerichtet. Immer gehörten sie zu den

Hoffnungsträgern und, so oft sie auch in die Knie gezwungen wurden, ihre Vorstellung von einer menschlicheren Zukunft gab ihnen die Kraft, wieder aufzustehen und den begonnenen Weg fortzusetzen. Damals wie heute gilt: Wer etwas bewegen will, muß sich geschichtlicher Bewegung bewußt sein, muß in der Lage sein – manchmal auch die Kraft und den Mut haben –, aus seiner eigenen Geschichte Schlüsse für die Zukunft zu ziehen. Nichts anderes bedeutet das Lernen aus der Geschichte."[195]

Die Erfahrung, alleine die eigenen Arbeits- und Lebensbedingungen nicht gestalten zu können, hat schon lange vor der bürgerlichen Revolution von 1848 die Handwerker veranlaßt, sich zu Widerstands- und Selbsthilfeorganisationen zusammenzuschließen. Die Gewerkschaften haben hier ihre Wurzeln. Die Erkenntnis, daß nur der solidarische Zusammenschluß und eine kollektive Vereinbarung von Lohn- und Arbeitsbedingungen die gemeinsame Lage verbessern kann, verbreitete sich (und muß wohl auch heute immer wieder neu angeeignet werden). Durch den Einfluß einer wachsenden Arbeiterbewegung konnten die katastrophalen sozialen und ökonomischen Verhältnisse des Frühkapitalismus schritt- und schubweise verbessert werden. Die politische Ordnung, die den katastrophalen sozialen und ökonomischen Verhältnissen entsprach, ließ sich dennoch nicht zugunsten der Arbeitnehmer verbessern. Die Nutznießer dieser Ordnung versuchten den freien Zusammenschluß der Arbeitnehmer zu Interessensorganisationen zu behindern oder zu verbieten. Nach einer kurzen freiheitlichen Periode in der deutschen Geschichte 1848/49 wurde ein Arbeiter-Koalitionsverbot ausgesprochen, das erst weitere 20 Jahre später wieder aufgehoben wurde. Als Voraussetzung zur Durchsetzung des Industriesystems hatte sich dabei die als liberal geltende Erkenntnis durchgesetzt, daß im Interesse einer langfristigen Ausbeutung der Arbeitnehmer die kurzfristige Beeinträchtigung ihrer Arbeitsfähigkeit begrenzt werden muß. Im gleichzeitigen Anwachsen von Sozialdemokratie und Gewerkschaftsbewegung sahen die Nutznießer der kapitalistischen Ordnung ihre Vorrechte massiv bedroht. Die Grenze des Liberalismus wurde 1878 sichtbar, als die Kapitalinteressenvertreter erneut die Notbremse zogen und das „Gesetz gegen die gemeingefährlichen Bestrebungen der Sozialdemokratie" verabschiedeten. Auch die Gewerkschaften waren bis zur Aufhebung des Sozialistengesetzes 1890 an jeder kontinuierlichen und organisatorischen Arbeit gehindert. Auch unter dem wilhelminischen Obrigkeitsstaat gelang es Zug um Zug die organisatorischen Ausgangsbcdingungen gewerkschaftlicher Arbeit zu verbessern sowie politische und soziale Rechte abzusichern und auszubauen. Die politischen Machtverhältnisse blieben dadurch weiterhin unverändert. Die erste Chance, die Machtverhältnisse dauerhaft zugunsten der Arbeitnehmer zu verändern, bot sich 1918 am Ende des Ersten Weltkriegs und noch in den ersten Anfangsjahren der Weimarer Republik. Doch die Arbeiterbewegung war auf diese historische Gelegenheit schlecht vorbereitet. Weil es ihr nicht gelang, den Einfluß der Träger der alten Ordnung einzudämmen, konnte sie den Marsch in die Katastrophe der nationalsozialistischen Diktatur auch nicht mehr stoppen. Am 2. Mai 1933 wurden in Deutschland die Gewerkschaftshäuser besetzt und die Gewerkschaften genauso wie die Parteien zerschlagen. Die dunkelste Phase in der Geschichte der deutschen Arbeiterbewegung brachte nicht nur das Verbot ihrer Organisationen, die Perversion ihrer Anliegen und den Mißbrauch ihrer Symbole, sondern auch die Verfolgung und Vernichtung ihrer Aktivisten.

Nach der Befreiung von der faschistischen Diktatur stand die Frage Neuordnung oder Restauration auf der Tagesordnung. Die neu gegründeten Gewerkschaften waren sich mit den neu und wieder gegründeten Parteien zunächst noch darin einig, auch die ökonomischen Machtverhältnisse zugunsten der Arbeitnehmer zu verändern. In der Regierungspraxis der bürgerlichen Mehrheit aus Christdemokraten und Liberalen fand dies jedoch keinen Niederschlag. Was ein Neuaufbau werden sollte, wurde zum Wiederaufbau. Wirtschaftsplanung und Vergesellschaftung der Schlüsselindustrien waren von der politischen Tagesordnung abgesetzt. In die politischen Absichten von Regierung und Unternehmen paßte weder eine einheitliche Regelung der betrieblichen Mitbestimmung, noch wurde die überbetriebliche Mitbestimmung zugestanden. Unter dem Druck der Kampfbereitschaft der Arbeitnehmer gelang es den Gewerkschaften 1951 lediglich in der Eisen- und Stahlindustrie, eine Mitbestimmung zu erhalten, die dieses Wort auch verdient. Selbst dieser Erfolg ist heute dauerhaft nicht gesichert. Bei den von Wahl zu Wahl bestätigten politischen Mehrheitsverhältnissen mußten sich die Gewerkschaften in ihrem Anspruch auf umfassende Interessenvertretung der Arbeitnehmer weitgehend auf Lohn- und Tarifpolitik beschränken lassen. Ohne den Anspruch aufgegeben zu haben, die ökonomische Grundlage für Ausbeutung und Entfremdung beseitigen zu wollen, konzentrierten sich die Gewerkschaften darauf, vor allem jährliche Verhandlungen über den Preis der Arbeitskraft zu führen. Es zählt zu den gewerkschaftlichen Erfolgen in der Nachkriegszeit, daß es in großem Umfang gelungen ist, die Zahlung von Löhnen und Gehältern in einer Höhe durchzusetzen, die lange Zeit ausreichte, um dem Lebensstandard der Zeit entsprechend leben zu können.

Dies darf jedoch nicht so verstanden werden, als sei heute die soziale Frage der Arbeitnehmer schon gelöst. Unter dem Druck der Wirtschafts- und Beschäftigungskrise gelang es den Vertretern von Kapitalinteressen, den Arbeitnehmern dieses Landes erhebliche Realeinkommensminderungen zuzudiktieren.

Gewerkschaftliche Gegenmacht konnte in den letzten Jahren diese Realeinkommensverschlechterungen lediglich eindämmen, nicht aber verhindern oder gar umkehren. Die erkämpften Erfolge im Bereich der sozialen Sicherungssysteme und der betrieblichen Sozialpolitik stehen wieder zur Disposition, eine Entwicklung, die in vielen Zügen deutliche Parallelen zu den in der Endphase der Weimarer Republik gemachten Erfahrung aufweist. In ihrer Rolle als Interessenvertretung der Arbeitnehmer werden die Gewerkschaften deshalb heute nicht nur herausgefordert, den Lebensstandard der abhängig Beschäftigten zu erhalten, sondern es gilt das Recht auf einen menschenwürdigen Arbeitsplatz auch für jene zurückzuerobern, die durch fortschreitende Rationalisierungsprozesse und in Anwendung des Profitprinzips aus dem Arbeitsprozeß dieser Gesellschaft schon herausgedrückt worden sind. Der Kampf um eine gesellschaftlich sinnvolle Nutzung neuer Technik und um Arbeitszeitverkürzungen gewinnt in dieser Hinsicht für die zukünftige gewerkschaftliche Politik eine Schlüsselfunktion. Zu den betriebsbezogenen Tagesaufgaben gehört es zudem, die durch Rationalisierungsprozesse bedrohten Qualifikationen der Arbeitnehmer tarifvertraglich abzusichern. [196] Dabei kommt es darauf an, Arbeitsplätze so umzugestalten, daß berufliche Qualifikationen bewahrt bleiben und die Arbeitnehmer im Arbeitsprozeß nicht gesundheitlich ruiniert werden.

Um mit diesen Anliegen erfolgreiche Betriebs- und Tarifpolitik betreiben zu können, muß der gewerkschaftliche Kampf − freilich gestützt auf die eigentliche Kraftquelle der betriebsbezogenen Arbeit − verstärkt auch auf allen anderen Ebenen geführt werden, auf der Fremdbestimmung und Abhängigkeit der Arbeitnehmer sichtbar gemacht werden kann. Grundsätzlich stellt sich dabei die Frage, ob die

Arbeitnehmer, die als Staatsbürger die Möglichkeit haben und nutzen, ihren politischen Willen mehrheitsbildend zum Ausdruck zu bringen, im Arbeitsleben lediglich nachvollziehen wollen, was wenige über ihre Köpfe hinweg entschieden haben. Überall dort, wo über die Arbeits- und Lebensbedingungen der Arbeitnehmer ohne Rücksichtnahme auf ihre Interessen Entscheidungen getroffen werden, eröffnen sich für die Gewerkschaften Handlungsfelder. Eine Arbeitsteilung zwischen politischer und betriebsbezogener Interessenvertretung – sollte es sie in dieser schematischen Aufteilung je gegeben haben – würde den bestehenden Herausforderungen nicht gerecht. Das bedeutet, die Gewerkschaften müssen ihre gesellschaftspolitischen Gestaltungsvor- schläge verstärkt in der Tagespolitik akzentuieren und auch in gesamt- gesellschaftlichen Interessenkoalitionen zum Ausdruck bringen. für die Sozialdemokratische Partei ist es wiederum eine Voraussetzung für den Wiedergewinn gesamtgesellschaftlicher Gestaltungskraft, nach den Erfahrungen in den letzten Jahren sozialliberaler Regierungsfüh- rung die eigene Politik wieder unmißverständlich auf die politisch- gesellschaftliche Emanzipation der Lohnabhängigen zu beziehen und dabei im Konsens mit den Gewerkschaften zu bleiben. Die Vorausset- zungen und Perspektiven dafür haben sich verbessert, selbst wenn der Prozeß einer neuen Identitätsfindung unter Ausformulierung eines neuen programmatischen Selbstverständnisses noch nicht abgeschlos- sen ist. [197]

Offensichtlich war es der SPD erst in ihrer neuen Rolle als Opposi- tionspartei möglich, in den Fragen der Friedens-, Umweltschutz-, Wirtschafts- und Sozialpolitik , die sich in den letzten Jahren als Bela- stung für die Partei-Identität erwiesen haben, zu konsensfähigen Ant- worten zurückzufinden. Während der konservative Block an der Macht für die restaurativen und nach rückwärts gewandten Kräfte steht, die technologisch das 21. Jahrhundert beschwören und mit ihren sozialen Leitbildern im 19. Jahrhundert verwurzelt sind, eröffnet sich für eine den gesamtgesellschaftlichen Fortschritt repräsentierende Reformbewegung die Perspektive einer Wiedererlangung der poli- tisch-kulturellen Hegemonie gegenüber der gegenwärtig von der Wende-Regierung geförderten Ellbogen-Gesellschaft.

Wie sehr die Kräfte der Gegenreform und Gegenaufklärung gesamtgesellschaftliche Emanzipationsbewegungen fürchten, zeigt sich an den Versuche konservativer Politiker, gesellschaftliche Auf- spaltungsprozesse zu fördern oder zustimmend in Kauf zu nehmen.

Machtsicherungsprinzip ist die entsolidarisierende Aufteilung der Gesellschaft in:
- Habend und Nichthabende
- Arbeitende und Arbeitslose
- Arbeitende in Wachstumsbranchen und Arbeitende in Krisenbranchen
- Leistungsfähige und sogenannte Minderleistungsfähige
- sogenannte Doppelverdiener und Normalverdiener
- ausbildungswillige und ausbildungsfähige Jugendliche und solche, die keine Lehrstelle finden
- Deutsche und Ausländer
- familienernährende Väter und mitverdienende Mütter
- Gewerkschafter und Nichtgewerkschafter
- Gewerkschafter, die für eine Wochenarbeitszeitverkürzung streiten und Gewerkschafter, die für eine Lebensarbeitszeitverkürzung eintreten.

Erfolgsgeheimnis einer solchen Politik ist: Spalte und Herrsche! Dabei soll darüber hinweggetäuscht werden, daß eine politisch bedeutsamere Frontstellung als z.B. die zwischen Beschäftigten und Arbeitslosen zwischen denjenigen verläuft, die Möglichkeiten und Macht haben, ihr Interesse an Herrschafts- und Privilegiensicherung gegen jene durchzusetzen, die zu den sozial Schwachen zählen und die es bislang noch nicht vermochten, ihre Interessen geschlossen und konsensfähig zu artikulieren.

Um so wichtiger ist es, wenn sich alle, die noch eine Arbeit haben, mit jenen zusammenschließen, denen die Arbeit genommen wurde oder verweigert wird. Konkret bedeutet dies für die Gewerkschaften, auch organisatorisch mit den schon- und noch-Arbeitslosen nach Möglichkeiten zu suchen, Kräfte gemeinsam in die Waagschale werfen zu können. Nicht zuletzt ist dies auch ein zwingendes Gebot gewerkschaftlicher Solidarität. Mit der Zielperspektive „Entwicklung einer solidarischen Gesellschaft" können die Gewerkschaften dazu beitragen, die von Arbeitnehmern in vielen Arbeits- und Lebensbezügen erlebte Fremdbestimmung und Ohnmacht kollektiv zu verarbeiten und Bündnisse der Opfer gegen die Täter zu schmieden. Wie schon in der gewerkschaftlichen Arbeit, so hat in der Perspektive einer solidarischen Gesellschaft der Schwache seinen Platz neben dem Starken, der Junge neben dem Alten und der ausländische Mitbürger neben dem Inhaber der deutschen Staatsbürgerschaft.

Auf dem Weg zu einer solidarischen Gesellschaft wäre es ein Hindernis, die sich in den Anliegen von neuen sozialen Bewegungen [198] und traditioneller Arbeiterbewegung bietenden Bündnischancen nicht auszunutzen und sich gar in einen stupiden Gegensatz treiben zu lassen. Sachlich ist es jedenfalls nicht berechtigt, die Interessen an sicheren und interessanten Arbeitsplätzen gegen die Interessen an einer lebenswerten Umwelt, an einer Sicherung des Friedens durch Abrüstung oder gar gegen das Anliegen der Beseitigung von Diskriminierung von Frauen in Beruf und Gesellschaft auszuspielen. Wenn Gewerkschaften sich dagegen verwahren und Zuständigkeitsbereiche für gewerkschaftliche Politik reklamieren, die über die traditionellen Ansatzpunkte der Betriebsebene und der Tarifpolitik hinausgehen, begegnen sie oft dem Vorwurf einer unzulässigen Parteinahme. Kritik dieser Art, meist erhoben von den stets parteinehmden Vertretern unternehmerischer Interessen, verkennt, daß die Gewerkschaften nicht Selbstzweck, sondern Interessenvertretungsorgane der Arbeitnehmer sind. Damit stehen sie unter der Verpflichtung, sich mit allen Gefährdungsbereichen der Arbeits- und Lebensbedingungen ihrer Mitglieder auseinanderzusetzen. Wenn die Lebensinteressen der Arbeitnehmer massiv durch die Unterordnung von Umweltschutzinteressen unter wirtschaftliche Interessen bedroht werden, wenn das von allen erarbeitete gesellschaftliche Vermögen nicht zur Sicherung der Lebensqualität, sondern zur Verschwendung im Rüstungswettlauf investiert wird, stellt sich eher die Frage, wer eigentlich kompetenter die Rückkehr zur Vernunft und zur Beachtung gesamtgesellschaftlicher Überlebensperspektiven fordern kann als die Interessenvertretungsorgane der Arbeitnehmer. Lange Zeit war es den Vertretern von Kapitalinteressen möglich, z.B. mit dem Verweis auf die Gefährdung von Arbeitsplätzen, Gewerkschaften für eine ökonomisch wie ökologisch unsinnige Energiepolitik oder für ihr Interesse an der Vernachlässigung des Abbaus von Belastung, Verschmutzung und Zerstörung der Umwelt zu vereinnahmen. [199] Viel zu viel Zeit ist vergangen, bevor die Gewerkschaften selbst sich gegen eine solche Vereinnahmung öffentlich glaubwürdig verwahren konnten. Was ökologisch nicht verträglich ist, kann wohl kaum noch länger als ökonomisch vernünftig behauptet werden. Auch die Gewerkschaften sehen in den weltweit unterschätzten Auswirkungen der Umweltbelastung eine neue und in ihrem Ausmaß bisher nicht aufgetretene Herausforderung. Den schon länger betonten Zusammenhang von Umweltschutz, Arbeitnehmerinteressen, qualitativem Wachstum und Arbeitsplatzsicherung hat der DGB-Bundesvorstand im März 1985 auch noch einmal als Grundsatzposition „Umweltschutz und qualitatives Wachstum" präzisiert: „Umweltschutz muß den unauflösbaren Wechselbeziehungen zwischen der Arbeitswelt und der allgemeinen Umwelt Rechnung tragen. Planungen und Entscheidungen in der Arbeitswelt haben zugleich Auswirkungen auf die Umweltbelastung. So erzeugt nahezu jeder Schadstoff zunächst ein gesundheitliches Problem in der Arbeitswelt. Deshalb beginnt Umweltschutz für die Gewerkschaften im Betrieb. Der seit Beginn der Industrialisierung von den Gewerkschaften geführte Kampf um die Verbesserung der Arbeitsbedingungen, um besseren Arbeitsschutz ist als Beginn allen Umweltschutzes anzusehen. ... Die Arbeitnehmer haben nicht zuletzt ein wirtschaftliches Interesse am Schutz ihrer Umwelt: Nur ökologisch vertretbare Arbeitsplätze sind auf Dauer auch sichere Arbeitsplätze. Die sozialen Folgen von unterlassenem Umwelt- und Gesundheitsschutz, wie z.B. das Ansteigen von umweltverschmutzungsbedingten Erkrankungen, volkswirtschaftlichen Verlusten durch Umweltschäden und Frühinvalidität sind als soziale Kosten von der Gesellschaft und damit in der Regel von den Arbeitnehmern und ihren Familien zu bezahlen. Der Erhalt der Arbeitkraft als der einzigen Einkommensquelle der Arbeitnehmer, muß daher durch gezielten Gesundheits-, Arbeits- und Umweltschutz gewährleistet werden." [200] Für die Gewerkschaften kann es dabei nicht um eine Alternative zur Industriegesellschaft gehen, sondern um die Suche nach Alternativen in der Industriegesellschaft, die sich mit der Perspektive des ökologischen Umbaus der Industriegesellschaft vollzieht. Daß es dabei auch innerhalb der Gewerkschaften Interessenkonflikte geben wird, die aber eher lösbar erscheinen als der Interessengegensatz zwischen Umweltverschmutzern und Umweltschützern, räumt auch der DGB ein: „In seinen umweltpolitischen Beiträgen befindet sich der DGB in einer anderen Situation als Bürgerinitiativen, Umweltverbände oder auch Parteien. Die Gewerkschaften stehen ihren Mitgliedern gegenüber auch in der Verantwortung für die Folgen umweltpolitischer Entscheidungen. Die Gewerkschaften müssen sich tagtäglich der Frage stellen, was mit den Arbeitsplätzen geschieht, wenn aus Gesundheits- oder Umweltgründen Produktionseinschränkungen oder Produktionsumstellungen notwendig sind. Die Gewerkschaften müssen in ihrer Umweltpolitik die damit verbundenen Probleme mitlösen, wobei häufig die Festlegung von Stufenplänen hilfreich ist." [201]

Auch in der laufenden Diskussion um Friedenssicherung und Abrüstung wird es von den Befürwortern der Abschreckungs- und Aufrüstungslogik nicht gerne gesehen, wenn sich die Gewerkschaften mit eigenen unübersehbaren Beiträgen einmischen und die Aktivitäten der Friedensbewegung mittragen. Das gewerkschaftliche Engagement für den Ausstieg aus der Logik des Wettrüstens beruht auf zwei Einsichten: Zum einen korrespondieren steigende Rüstungslasten mit sinkendem Lebensstandard breiter Bevölkerungsschichten. Das gewerkschaftschaftliche Interesse an Verteidigung und Ausbau des Sozialstaats geriet dabei in einen unüberbrückbaren Gegensatz zur offenbar grenzenlosen Bereitschaft der Wende-Regierung, die stetige Steigerung der Rüstungslasten als Verteidigungsnotwendigkeit zu behaupten. Zum anderen hat sich auch in den Gewerkschaften die Auffassung verbreitet, daß in Verantwortung der amerikanischen und der sowjetischen Regierung schon aktuell ein so großes atomares Vernichtungspotential aufgebaut worden ist, das ausreicht, einem Angreifer die mehrfache Eigenvernichtung anzudrohen. Eine weitere Raketenaufrüstung erscheint deshalb nicht nur friedensgefährdend und ökonomisch unverantwortlich, sondern auch militärisch unsinnig. Wie demoskopische Mehrheiten in der Bevölkerung sehen auch die Gewerkschaften infolge der neuen Qualität der Raktenrüstung die zusätzliche Gefahr, daß bereits technische Fehler eine Weltkatastrophe auslösen könnten. Auf diesem Hintergrund ist die westliche Abschreckungsphilosophie ebenso wenig geeignet, den Frieden dauerhaft zu sichern, wie die Glaubensformel der östlichen Militärstrategen, wonach der Friede bewaffnet sein müsse. Vergleichbar ist die Situation mit einer Lage, in der sich zwei Menschen, die bis zum Hals in Benzin stehen, heftig darüber streiten, ob jeder 14 oder nur 12 Zigaretten rauchen darf. Durch Aufrufe zur Beteiligung an den Kundgebungen der Friedensbewegung und im Oktober 1983 spektakulär durch 5-minütige Arbeitsunterbrechungen haben Arbeitnehmer und ihre Gewerkschaften die Regierungen der USA und der UdSSR an ihre Verpflichtung erinnert, ihre in Artikel 6 des Atomwaffensperrvertrages eingegangene völkerrechtliche Verpflichtung auf nukleare Abrüstung einzuhalten. Die Gewerkschaften wissen, daß ihr Kampf gegen Arbeitslosigkeit, für bessere Arbeits- und Lebensbedingungen und für soziale Sicherheit umsonst bleiben wird, wenn es nicht gelingt, den Rüstungswahn zu stoppen und den Frieden zu sichern. Für die Gewerkschaften stellen sich die Alternativen: Abrüstung oder Selbstvernichtung, Sozialstaat oder Totrüsten, sparen an der Verteigung oder sparen an Verteidungswerten, Rüstung oder Arbeitsplätze? Sie werden deshalb wohl auch in Zukunft daran mitarbeiten, daß aus objektiver Betroffenheit auch subjektive Einsichten folgen und die verbreitete subjektive Betroffenheit zur Kraft für politisches Handeln wird.

Auch in dieser Beziehung sind die Gewerkschaften Teile einer gesamtgesellschaftlichen Reformbewegung, die vor der Aufgabe steht, ökologische und ökonomische Perspektiven aufzuzeigen und den Erhalt einer lebenswerten Umwelt und eines gesicherten Friedens in seinem strategischen Ansatz mit der Gestaltung der Zukunft der Arbeit und des Sozialstaats zu verbinden.

So wie die Gewerkschaften sich z.B. in der Friedensbewegung bemühen, jedes Gewerkschaftsmitglied auch als Mitstreiter im Kampf um eine humane Gesellschaft ohne Ausbeutung und Krieg zu gewinnen, erwarten die in der Friedensbewegung schon aktiven Gewerkschafter von allen anderen Mitgliedern der Friedensbewegung den Mut, sich auch am Arbeitsplatz in den Reihen der Gewerkschaften gegen den Strom zu stellen.

Im gemeinsamen Interesse an der Durchsetzung einer Abrüstungslogik und einer lebenswerten solidarischen Gesellschaft dürfte es den Mitgliedern sozialer Bewegungen eigentlich nicht gleichgültig sein, ob z.B. die Gewerkschaften im Kampf gegen Arbeitslosigkeit Erfolge erringen oder unter dem Druck wachsender Arbeitslosigkeit an Einfluß verlieren. Viele in der Friedensbewegung, der Umweltschutzbewegung und auch der Frauenbewegung engagierte Aktivbürger haben jedoch noch nicht hinreichend verstanden, daß es z.B. bei der Auseinandersetzung des Jahres 1984 um die 35-Stunden-Woche nicht nur um Arbeitszeitverkürzung, sondern auch um den prinzipiellen Erhalt gewerkschaftlicher Handlungsfreiheit gegangen ist. Genau auf diese Handlungsfreiheit und Handlungsstärke sind die in den neuen sozialen Bewegungen politisch aktiven Mnschen angewiesen, wenn sie sich mit ihren eigenen Anliegen gesellschaftlich durchsetzen wollen. Die schon bestehenden Ansätze einer gegenseitigen Unterstützung für die Absicherung von Arbeits- und Lebensrechten lassen sich sicherlich noch erheblich ausbauen. Wer allerdings versuchen will, ohne oder gar gegen die Sozialdemokratische Partei und ihre Möglichkeiten der nationalen und internationalen Breitenwirkung vom eigenen Wollen auch zum realitätsverändernden politischen Handeln zu gelangen, beschneidet Wirkungsmöglichkeiten und Erfolgsperspektiven der gesamtgesellschaftlichen Reformbewegung. Bezogen auf die Partei der Grünen, die auch auf Resonanz bei Gewerkschaftsmitgliedern verweisen kann, empfiehlt es sich für die Gewerkschaften nicht, die mitunter ihnen gegenüber sichtbar gewordene Ignoranz mit gleicher Münze zu beantworten. In Fortsetzung der dort inzwischen eingeleiten Klärungs- und Selbstfindungsprozesse scheint es nicht ausgeschlossen, daß sich Schnittpunkte gemeinsamer Interessen und Anliegen finden lassen und praktische Bedeutsamkeit gewinnen. [202]

Bei vielen Unterschieden im Detail eint den konservativen Block an der Macht das Interesse an der Konservierung ökonomischer Privilegien und politischer Vormacht. Regierungsparteien und Kapital müssen sich offenbar nicht ständig über das einigen, was sie wollen, sondern es eint sie bereits, was sie nicht wollen: Sie wollen keine Einschränkung ökonomischer Macht. Sie wollen keine Chancengleichheit beim Zugang zu gesellschaftlichen Privilegien. Sie wollen nicht den selbstbewußten, mitdenkenden und mitgestaltenden Bürger, sondern den Untertan und Jawohl-Sager. Unter dem Eindruck der Massenarbeitslosigkeit wird Anpasserverhalten und Resignation auch objektiv begünstigt, wie die historische Erfahrung lehrt. Der gesamte Meinungsbildungsapparat der Konservativen bestätigt den Beherrschten und Ausgegrenzten, sie seien selber schuld an ihrer Situation und ein Abwarten auf die Segenswirkungen des freien Unternehmertums sowie ein Hoffen auf die Weisheit der Wende-Politiker sei allemal aussichtsreicher und risikoloser, als sich selbst in die eigenen Angelegenheiten einzumischen. Wer hingegen Arbeits- und Lebensbedingungen gestalten will, wird Alternativen zur Anpassung nicht nur propagieren können, sondern muß durch eigenes praktisches Arbeiten in den gesellschaftlichen Problembereichen – ausgehend von der Betriebsebene – für eine Verwirklichung solcher Alternativen arbeiten und sich stärker als Teil einer gesamtgesellschaftlichen Reformbewegung begreifen lernen müssen. Die Gewerkschaften dabei einzubeziehen, und sich auch mit den eigenen Aktivitäten auf die Gewerkschaften beziehen, erweist sich als unverzichtbare Erfolgsbedingung, was zum Beispiel beim Anliegen der Friedens- und Arbeitsplatzsicherung durch Abrüstung zunehmend schon erkannt worden ist.

Zum Beispiel: Friedens- und Arbeitsplatzsicherung durch Abrüstung

Es gehört zu den größten Verdiensten sozialdemokratischer Regierungsarbeit, durch ihre Entspannungspolitik den praktischen Nachweis dafür geliefert zu haben, daß das Ziel der Friedenssicherung nicht nur eine Frage der Qualität und Quantität der jeweils verfügbaren Vernichtungswaffen ist. Alternativen zum stetigen Rüstungswettlauf wurden sichtbar. Auch ohne ein Mehr an Waffen schien im Zuge von Fortschritten des Entspannungsprozesses ein Mehr an Sicherheit erreichbar.

Unter der Wende-Regierung ist das Ziel, den Frieden mit immer weniger Waffen sichern zu wollen, zu einer Kanzler-Spruchblase geworden. Mit der Stationierung amerikanischer Mittelstreckenraketen auf dem Territorium der Bundesrepublik ist der Frieden jedenfalls nicht sicherer geworden. Ein weiterer qualitativer Sprung des Wettrüstens steht mit den Plänen des Präsidenten der USA bevor, auch im Weltraum Waffensysteme zu stationieren. Die deutsche Bundesregierung zeigt sich von diesen Plänen eher fasziniert als beunruhigt. Die Ministerpräsidenten von Bayern und Baden-Württemberg votieren sogar dafür, deutsche Forschungsgelder und Produktionskapazitäten aus technologischen und Wettbewerbsgründen an ein solches US-Rüstungsvorhaben zu binden.

Inzwischen haben aber dennoch mehr Menschen als je zuvor erkannt, daß ein zusätzliches Mehr an Waffen keineswegs ein zusätzliches Mehr an Sicherheit garantiert. Im Gegenteil: Neue Raketenrüstung gefährdet den Frieden. [203] Heute hat auch die alte Binsenweisheit, nach der jede Mark, die für die Rüstung ausgegeben wird, nicht mehr für nützliche oder lebenswichtige Güter ausgegeben werden kann, an Überzeugungskraft gewonnen:
- Allein die weltweiten Militärausgaben des Jahres 1980 in Höhe von 900 Milliarden D-Mark hätten ausgereicht, um das Einkommen der 1,3 Milliarden Einwohner der 38 ärmsten Länder der Welt beinahe zu verdreifachen, von jetzt 400 auf 1.100 DM. [204]
- Zehn Prozent der Militärausgaben der Industrieländer 1980 hätten ausgereicht, um die Entwicklungshilfe zu verdoppeln.
- Nur ein halbes Prozent der weltweiten Militärausgaben des Jahres 1980 − nämlich 4,5 Milliarden DM − hätten ausgereicht, um ein

Programm zur Ausrottung der Malaria zu finanzieren.
- Für den Preis eines Leopard-Panzers könnte man 1000 Klassenräume oder 36 3-Zimmer-Wohnungen errichten. [205]
- Zwei Schuß aus einer 155 Millimeter-Feldhaubitze kosten heute soviel wie ein BaFöG-Studium.
- Eine zweitägige Gefechtsübung eines Panzer-Grenadier-Batallions kostet soviel wie 28 Kinderspielplätze.
- Wenn außerdem noch bedacht wird, daß die weltweiten Rüstungsausgaben, von denen 87 Prozent auf das Konto der Industrieländer gehen, ungefähr dem Wert des gesamten Investitonskapital in der „Dritten Welt" entsprechen, wird es immer verwunderlicher, mit wieviel Gleichgültigkeit die verantwortlichen Politiker für neue Rüstungsprogramme plädieren.

Auch wenn die Rüstungsstrategen im Pentagon und im Kreml noch nicht die Konsequenzen ziehen wollen, hat Inga Thoresson, die Unterstaatssekretär für Abrüstung im schwedischen Außenministerium ist, völlig recht, wenn sie die Alternative auf die Formel komprimiert: „Die Welt muß zwischen einem Fortdauern des Wettrüstens und einer stabileren und gerechten sozialen und wirtschaftlichen Entwicklung wählen, beides geht nicht." [206] Ohne Zweifel ist damit nicht nur eine von vielen Lebens-, sondern die eigentliche Überlebensfrage dieser Gesellschaft gestellt. Freilich läßt sich mit einem Argumentationsmuster dieser Art die moralische Rechtfertigung der Rüstungsproduktion wirkungsvoll bestreiten. Doch werden in der vorherrschenden Wirtschaftsordnung die Fragen nach Sinn, Art und Umfang der Produktion nicht nach dem Kriterium der besseren moralischen Begründung entschieden. In dieser Frage setzen sich stets jene durch, die die Macht haben, ihre Antworten und Interessen auch gegen die moralische Kritik – notfalls auch der Mehrheit der Bevölkerung – durchzusetzen. Die Arbeitnehmer in der Rüstungsproduktion besitzen diese Macht nicht. Ihr Interesse an der Sicherheit der eigenen Arbeitsplätze macht die Arbeitnehmer in der Rüstungsproduktion zunächst einmal nicht zu natürlichen Bündnispartnern derjenigen, die zwar die besseren Argumente, nicht aber die Macht haben, sie durchzusetzen.

Die Zeiten liegen noch nicht lange zurück, da pilgerten Unternehmensvertreter und Betriebsräte aus Rüstungsbetrieben gemeinsam nach Bonn. Die einen klopften an die Tür des Wirtschaftsministers, die anderen sprachen beim sozialdemokratischen Verteidigungsminister vor. Die einen in der jahrzehntelang gefestigten Gewißheit, daß Adel besonders gegenüber der Rüstungsindustrie verpflichtet. Die anderen in der verzweifelten Gewißheit, daß nach dem Auslaufen des alten Rüstungsauftrages nur ein neuer Rüstungsauftrag bestehende Arbeitsplätze erhalten helfen kann. Im Frühjahr 1976 formierte sich sogar ein „Arbeitskreis Arbeitnehmer wehrtechnischer Unternehmen", der die Bundesregierung mit dem Ansinnen konfrontierte, die Vergabe von Rüstungsaufträgen auch unter dem Aspekt der „Fürsorgepflicht" zu sehen. Konkret forderten diese Betriebsräte aus großen wehrtechnischen Unternehmen, daß der Bund die Hereinnahme sogenannter „Füllaufträge aus Nichtspannungsgebieten" zulassen solle, wobei der Begriff „Nicht-Spannungsgebiet" nicht mehr so eng ausgelegt werden sollte, wie in der Vergangenheit. [207]

Nicht zuletzt durch Aktivitäten dieser Art sah sich der Vorstand der IG Metall veranlaßt, über die mehr grundsätzlichen Bekundungen zu Frieden und Abrüstung hinausgehend, die gewerkschaftliche Position zur Frage der Rüstungsexporte zu präzisieren. Der Beirat der IG Metall stellte im Frühjahr 1977 dazu fest: „Verstärkte Rüstungsexporte gefährden indirekt Arbeitsplätze im Bereich des zivilen Exports." Gleichzeitig wandte er sich gegen alle Bestrebungen, durch Lockerung der Rüstungsexportbeschränkungen über Füllaufträge die vorhandenen Kapazitäten auszulasten, „da die zeitliche Abstimmung von Auslandsaufträgen dieser Art mit den nationalen Finanzierungslücken und Beschaffung von Verteilungsgütern praktisch ausgeschlossen ist." [208]

Diese ablehnende Haltung der IG Metall gegenüber einer Ausweitung der Rüstungsproduktion wurde auch von den Kolleginnen und Kollegen in der Rüstungsfertigung verstanden. Mit Vertretern aus allen Bereichen der Rüstungsproduktion ließ sich ein neuer Arbeitskreis „Wehrtechnik und Arbeitsplätze" errichten. Betriebsräte, die sich selbst in die Rolle der Rüstungslobbyisten drücken ließen, verloren bei den anstehenden Betriebratswahlen das Vertrauen ihrer Kollegen. Doch wie in der Gesamtbevölkerung, so gab und gibt es auch unter den Arbeitnehmern in der Rüstungsindustrie eine immer noch beachtliche Bereitschaft, der traditionellen Behauptung einer positiven ökonomischen und technologischen Funktion von Rüstungsproduktion Glauben zu schenken. Ein öffentlich registrierbares Umdenken wurde erstmals spektakulär sichtbar, als es 1980 im Zusammenhang mit dem Bau und Export zweier U-Boote für die chilenischen

Diktatoren zu heftigen Kontroversen unter den Arbeitnehmern der Kieler HDW-Werft kam. Die IG Metall stellte sich in diesem Konflikt auf die Seite der Rüstungskritiker. Sie widersprach deutlich auch jenen, die mit dem Verweis auf die Gefährdung von Arbeitsplätzen in alter Routine selbst eine Waffenlieferung an die Henker der chilenischen Arbeitnehmer für unbedenklich hielten. Programmatisches Wollen und praktisches Tun konnte in diesem Fall unmißverständlich zur Deckung gebracht werden. [209] Dies hat nicht nur Zustimmung gefunden, jedoch jenen Auftrieb gegeben, die z.b. im Wissenschaftsbereich über Konversions-Notwendigkeiten und -möglichkeiten bereits nachgedacht hatten. [210]

Nicht der Bittgang zum Verteidigungsminister in Bonn, sondern die Ausweitung ziviler Produktion zulasten der Rüstungsproduktion wurde als Voraussetzung zur Sicherung der Arbeitsplätze zunehmend anerkannt. Daß diese Änderung in den letzten Jahren eingetreten ist, hängt natürlich nicht nur damit zusammen, daß die Rüstungslobby bei Verteidigungsminister Wörner auch ohne Bittsteller aus den Betriebsräten Gehör findet. Die Betriebsräte und die Belegschaften aus der Rüstungsfertigung haben selbst erfahren müssen, daß jeder Anschlußauftrag stets nur das Vorspiel für die bange Frage war, was wohl danach kommen werde. Zur Auslastung der aufgebauten Kapazitäten in der Rüstungsindustrie müßte ein Auftrag den nächsten ablösen. Obwohl man bei der Rüstung stets als letztes sparen wollte, mußte unter dem Druck geringer Haushaltsspielräume auch die Kette der Rüstungsaufträge zerreißen. Die Realität in den Betrieben der Rüstungsindustrie ist gekennzeichnet durch Entlassungen, Kurzarbeit und Personalabbau. Der Blick auf die Entwicklung der bundesdeutschen Rüstungsindustrie beweist, daß hier offenbar schneller rationalisiert wurde, als irgendwo sonst. Gab es 1962 noch fast 350.000 Arbeitskräfte in der Rüstungsindustrie, so sank diese Zahl bis 1977 bereits um ein Drittel auf 230.000 Beschäftigte. Dieser Trend hält an, obwohl der Rüstungsproduktionswert um mehr als 100 Prozent gestiegen ist. Die sieben bundesdeutschen Unternehmen mit dem größten Rüstungsanteil konnten ihren Umsatz in den Jahren 1970 bis 1978 um 102 Prozent steigern, während die Zahl der Beschäftigten im gleichen Zeitraum um 4,4 Prozent zurückging. [211]

Eine ähnliche Entwicklung läßt sich auch in den Vereinigten Staaten registrieren: Rüstungsaufträge in der Höhe von 1 Milliarde Dollar konnten 1964 noch 110.000 Arbeitsplätze auslasten. 1977 waren es

nur noch 45.000, und dieser Trend wirkt noch weiter fort. [212]
Die eigene Erfahrung der Arbeitnehmer in der Rüstungsfertigung ließ es also nicht geraten erscheinen, von immer neuen Rüstungsaufträgen auch neue Arbeitsplätze zu erwarten. Bestätigt wird diese Erfahrung durch zahlreiche Untersuchungen. Die Ereignisse der unterschiedlichsten Studien bestätigen im Trend die Aussage, daß für die gleiche Geldsumme, die für Rüstungsprodukte aufgewendet wird, bei einem zivilen Auftrag gleichen Umfangs deutlich mehr Arbeitsplätze geschaffen werden könnten. Auf diesem Hintergrund läßt sich gesichert feststellen, daß durch Rüstungsproduktion mehr Arbeitsplätze gefährdet und zerstört werden, als neue geschaffen werden können. [213] In diesem Zusammenhang muß man wohl auch noch zusätzlich befürchten, daß eine Ausweitung der Rüstungsproduktion die Möglichkeit und die Bereitschaft fördert, mit Waffengewalt soziale und politische Konflikte zu lösen. Aus diesen Erkenntnissen zogen Arbeitnehmer und Arbeitgeber unterschiedliche Schlußfolgerungen: Aus der Arbeitnehmersicht lag es nahe, die Abhängigkeit von Rüstungsaufträgen zu reduzieren und das zivile Produktionsprogramm auszuweiten. Unter dem Gesichtspunkt bestmöglicher Steigerung der Kapitalrenditen versuchten hingegen die Interessenvertreter der Rüstungsindustrie die politischen Rahmenbedingungen für ihre Waffengeschäfte zu verbessern. Vor allem von einer liberaleren Handhabung der Waffenexportbestimmungen erhoffte man sich bessere Chancen für neue Waffengeschäfte, denn immer noch lassen sich mit der Herstellung von Rüstungsgütern überdurchschnittlich hohe Profite erzielen. Aktuell scheinen besonders Waffengeschäfte mit arabischen Ländern besonders profitträchtig. Da aber nicht jeder Politiker mit dem Schlachtruf „Rüstung sichert unsere Profite" zu beeindrucken ist, benutzt die Rüstungslobby neben dem alten Motto „Rüstung sichert Arbeitsplätze", ergänzend aktuelle Versionen. Zum Beispiel: Panzerlieferungen nach Saudi-Arabien sichern unsere Ölbezugsquellen. Oder: das Interesse am Technologiefortschritt zwingt zur Beteiligung am US-Weltraumrüstungsabenteuer SDI. Um profitträchtige Rahmenbedingungen herbeizuzwingen, wird versucht, die Arbeitnehmerschaft in der Rüstungsfertigung und ihr Interesse an einem sicheren Arbeitsplatz als Druckmittel einzusetzen. In anderem Zusammenhang spricht man dabei von Geiselnahme, die strafrechtlich verfolgt würde.
Wer sich in dieser Diskussion gegen Rüstungsproduktion und

Rüstungsaufträge auspricht, dem kann es passieren, daß ihm zum Stempel des naiven Pazifisten oder Handlanger Moskaus auch noch das Etikett des Arbeitnehmerfeindes umgehängt wird. Rüstungskritiker geraten unter dieser Bedinung zwangsläufig in eine Defensive und sehen sich gezwungen, aus dieser Defensivlage heraus die Stichhaltigkeit ihrer Kritik und die Praktikabilität von Alternativen nachzuweisen.

Die vorliegenden Untersuchungen über die Arbeitsplatzwirkung von Rüstungsproduktion sind bereits geeignet, die Behauptung, „Rüstung sichert Arbeitsplätze", als Mythos zu entlarven. Auch Vorschläge für gesellschaftlich sinnvolle Produktion gab es genug. Doch gab es kaum konkrete Vorschläge, in welchem Umfang die Kapazitäten der Rüstungsindustrie konkrete für die zivile Produktion nutzbar gemacht werden können. Über die meiste Erfahrung in diesen Fragen verfügen die Arbeitnehmer des englischen Luftfahrtkonzerns Lucas Aerospace. [214] Die Beschäftigten dieses Konzerns, der seit Beginn der 70er Jahre in wenigen Jahren von 17.000 auf 13.000 Mitarbeiter geschrumpft war, wollten versuchen, den Automatismus weiterer Entlassungen durch Umstellung der Rüstungsproduktion auf zivile Güter zu stoppen. Die Bemühung, anerkannte Experten um Ratschläge zu fragen, brachte ernüchternde Ergebnisse. Auf 180 Anfragen gingen nur drei halbwegs brauchbare Antworten ein. Die Vertrauensleute entschlossen sich deshalb zu einem anderen Vorgehen. Sie befragten ihre eigenen Arbeitskollegen, die schließlich mit der Kompetenz ihrer Kenntnis des eigenen Arbeitsplatzes eine Vielzahl von Vorschlägen entwickelten. 150 von ihnen wurden zu einem alternativen Produktionsplan zusammengefaßt. Er erhielt z.B. Pläne für ein Allround-Fahrzeug für behinderte Kinder, Vorschläge für vereinfachte künstliche Nieren, für kombinierte Straßen-Schienenfahrzeuge sowie viele weitere ernstzunehmende Erfindungen. Obwohl die Unternehmensleitung darauf verzichtete, diese Vorschläge aufzugreifen und inzwischen andere Unternehmen mit Erfolg solche Produkte herstellen, hatten die Arbeitnehmer ihre Stellung in der Auseinandersetzung um die Sicherheit ihrer Arbeitsplätze deutlich verbessern können. Sie hatten tragfähige Alternativen zur Abhängigkeit von der Rüstungsfertigung aufgezeigt und den Legitimationsdruck für die Vertreter der Kapitalinteressen erhöht.

In der Bundesrepublik kam es quasi als Reflex auf die Auseinandersetzung um die Chile-U-Boote bei HDW in Kiel zur Gründung von

IG-Metall-Arbeitskreisen, die sich zum Ziel gesetzt hatten, nach Alternativen zur Rüstungsfertigung zu suchen. Ermutigt vom englischen Beispiel ihrer Kollegen bei Lucas Aerospace wollte man überprüfen, ob und inwieweit die Sicherung der vorhandenen Arbeitsplätze garantiert werden kann, wenn statt Rüstungsgütern unzweideutig gesellschaftlich nützliche Güter produziert werden. Natürlich spielten auch Überlegungen eine Rolle, wie sie z.B. der Sprecher des Arbeitskreises „Alternative Fertigung" der IG-Metall-Vertrauensleute bei VFW-Bremen zum Ausdruck brachte: „Es ist schon ein eigen Ding, wenn wir Arbeitnehmer die Instrumente entwerfen und fertigen, die dazu bestimmt sind, im Kriegsfalle andere Arbeitnehmer und deren Söhne möglichst schnell, billig und rationell vom Leben zum Tod zu befördern. Die so betroffenen anderen Arbeitnehmer haben zuvor das gleiche zum Zwecke unserer Beförderung geschaffen, womit sich der Kreis geschlossen hätte. Es kann also nicht überraschen, wenn wir Arbeitnehmer − zumal Gewerkschafter − an diesem Kreisgebilde sägen wollen, das heißt, versuchen wollen, die Rüstung herunter zu fahren bis zur Abschaffung und für den Frieden eintreten. Bei allem Zweifel, ob dies zu verwirklichen möglich ist, darf nicht übersehen werden, daß man nur durch ständiges Bemühen um Frieden und Abrüstung Kriege verhindern kann, dies also bittere Notwendigkeit ist." [215] IG-Metall-Arbeitskreise mit dieser Zielperspektive gibt es bei Blohm und Voss in Hamburg, bei der Krupp MAK in Kiel, bei MBB in Bremen, Augsburg und auch in Speyer. [216] Die Produktpalette der bislang vorliegenden Vorschläge umfaßt so nützliche Güter wie Meerwasser-Entsalzungsanlagen, Trinkwasseraufbereitungs- und Abfallbeseitigungsanlagen, Anlandungssystem zur Be- und Entladung von Schiffen für Länder ohne ausgebaute Hafenanlagen, Blockheizkraftwerke, Turbinen und Kessel für Heizkraftwerke, Wärmetauscher und Schalldämpfer sowie weitere Vorschläge im Bereich des Meeresbergbaus und der alternativen Energiegewinnung. [217] Niemand kann seriös behaupten, daß diese Produkte keine Marktchance besitzen. Dennoch sind die Verantwortlichen bis heute nicht bereit, diese Vorschläge aufzugreifen, weil man wohl davon ausgeht, durch Personalabbau noch größere Geschäfte auf dem verbleibenden Markt für Rüstungsgüter machen zu können. Die politischen Entscheidungsträger scheinen den Rüstungsproduzenten zudem auch wieder erheblichen Mut für neue Rüstungsgeschäfte zu machen. Die Vertreter von Kapitalinteressen möchten offenkundig lieber mit weniger Personal höhere Profite in der Rüstungsproduktion machen, als mit gleichbleibendem Personal und ausgeweiteten Personalkosten deutlich geringere Profite mit ziviler Produktion zu realisieren.

Man wird deshalb auch bei der Frage der Rüstungsproduktion zu entscheiden haben, welche Interessen vorrangig sind, die Interessen der Kapitalbesitzer oder die Interessen der Arbeitnehmer. Es geht dabei eben nicht nur um einen Meinungsstreit über technische und kommerzielle Realisierbarkeit der Vorschläge zur alternativen Produktion. Man darf wohl annehmen, daß selbst die realistischsten Vorschläge auch deshalb auf taube Ohren der Kapitalseite stoßen, weil eben nicht gewünscht ist, daß quasi unter der Hand die Mitbestimmung der Arbeitnehmer in Fragen akzeptiert wird, die traditionell in das allgemeine Verfügungsrecht der Kapitaleigner fallen. Offensichtlich fürchtet man hier einen Einstieg in eine Form der bislang verweigerten wirtschaftlichen Mitbestimmung. Wo sich allerdings so offenkundig der Konflikt zwischen den gesellschaftlichen Bedürfnissen und der freien Unternehmerentscheidung im Rahmen privatwirtschaftlicher Verfügungsmacht über Produktionsmittel als unauflösbar erweist, stellt sich zwangläufig die Frage nach der Veränderung der Verfügungsrechte.

Ohnehin bleibt staatliche Politik, die sich nicht länger unter ökonomisch wie sicherheitspolitisch bedenkliche Handlungszwänge setzen lassen will, prinzipiell aufgefordert, den Bereich der Rüstungsproduktion dem privatwirtschaftlichen Profitkalkül zu entziehen. Wer hier nicht auf die Einsichtsfähigkeit der Träger privatwirtschaftlicher Entscheidungsvollmachten bauen will, muß den überlebensnotwendigen Prozeß der Ablösung von der Rüstungsproduktion gesellschaftlich planen und vorantreiben. Die Kompetenz der rüstungsabhängig Beschäftigten ließe sich dafür produktiv nutzen. Ganz neue Mitbestimmungsformen könnten dabei getestet und beispielhaft weiterentwickelt werden. [218]

Abrüstung sichert und schafft Arbeitsplätze, diese Erkenntnis hat glücklicherweise auch Eingang in die gewerkschaftliche Diskussion gefunden. Der 14. Ordentliche Gewerkschaftstag der IG Metall hat es zum Beispiel zu einer Aufgabe des Vorstandes erklärt, die Voraussetzungen für die Verbreitung dieser Diskussion zu schaffen. Es würde die Kraft und gesellschaftliche Durchsetzungsfähigkeit der IG Metall − nicht nur in dieser Diskussion − vergrößern, Kriegsgefahren verringern, gesellschaftliche Bedürfnisse befriedigen sowie Arbeitsplätze sichern, wenn es gelänge, diesen offenkundigen Schnittpunkt zwischen außergewerkschaftlicher Friedensbewegung und gewerkschaftlichen Bemühungen für einander ergänzende Aktivitäten zur Durchsetzung eines Abrüstungsbewußtseins zu nutzen. Viel Zeit bleibt dafür nicht mehr. Es ist leider keine Krisenrhetorik, wenn mitunter die anstehende Alternative auf den Slogan verkürzt wird: „Entweder schaffen wir die Rüstung ab, oder die Rüstung schafft uns ab".

VIII. Wirtschaftsdemokratie – eine Problemlösungsperspektive

> *„Überhaupt gehört es zu den unheimlichsten Eigenschaften des Menschen, vor dem Konkreten auszuweichen … und auf das Fernste loszugehen, dabei alles zu übersehen, woran man sich in nächster Umgebung unaufhörlich stößt. Nicht selten handelt es sich einfach darum, das Nächste zu vermeiden, weil man ihm nicht gewachsen ist. Man spürt seine Gefährlichkeit und zieht andere Gefahren unbekannter Art vor. Also versucht man mit aller Kraft, die Zwingburg am Horizont anzugreifen, statt mit den kleinen Wachtürmen in der Landschaft zu beginnen. "*
>
> Horatius Haeberle: Kopf und Arm (Eine Erzählung aus dem Bauernkrieg), München 1976.

So richtig es ist, die „Zwingburg am Horizont" als Quelle von Repression und Unfreiheit zu identifizieren, so töricht wäre es doch, dem Konkreten auszuweichen und die naheliegenden „kleinen Wachtürme in der Landschaft" als Vorposten und Garanten alltäglich erfahrener Fremdbestimmung nicht wahrzunehmen.

Es eröffnet den Gewerkschaften keine neuen Perspektiven, sondern würde eher die Gefahr gesellschaftlicher Isolierung fördern und mobilisierungshemmend wirken, wenn sie sich in ihrem gesamtgesellschaftlichen Vertretungsanspruch auf das bloße Propagieren systemübergreifender Gesamtlösungen beschränken wollten und im Vertrauen auf Zuwachs an ausreichender Stärke zur Erstürmung „der Zwingburg am Horizont" in ihrer tagespolitischen Arbeit keine einsichtigen problemlösenden Antworten geben könnten. [219]

Wenn Gewerkschaften und Oppositionsparteien bei den gegenwärtigen Regierungsmehrheiten für konservative Politik ihre Arbeits- und Erfolgsperspektiven verbessern wollen, müssen sie mehr denn je – anknüpfend an die täglich erfahrbaren Konsequenzen der Wirtschafts- und Beschäftigungskrise und des Versagens der Wende-Regierung vor dieser Herausforderung – überzeugende tagespolitische Antworten und Alternativen formulieren, die jeweils in einem plausiblen Bezug zu gesamtwirtschaftlichen Neuordnungsvorstellungen stehen. Konkret müssen in der Tagesarbeit die Ziele von morgen sichtbar und ein Zugewinn an Freiheit und Selbstbestimmung erfahrbar gemacht werden.

Nicht nur die programmatische und traditionelle Verpflichtung, auch die Konkurrenz mit den konservativen bis reaktionären Deutungs- und Lösungsansätzen der Wirtschafts- und Beschäftigungskrise sowie das Anliegen, politische Mehrheiten für die eigenen Alternativen zu mobilisieren, fordern von Gewerkschaften wie gleichermaßen von der sozialdemokratischen Oppositionspartei, die erfahrbaren Krisenfolgen auch als Ausdruck einer kapitalistischen Wirtschaftsordnung zu thematisieren.

Selbst, wenn es bislang nur wenig praktisch-politische Bedeutung erlangte, sind die Gewerkschaften – entgegen verbreiteter Vorurteile[220] – nicht von der prinzipiellen Sinnhaftigkeit privat-wirtschaftlicher Verfügungsmacht über den Bereich der Produktion überzeugt. Ihr vorrangiges aktionsleitendes Ziel – traditionell und aktuell – bleibt die Errichtung einer Wirtschaftsordnung, die eine Selbstverwirklichung des Menschen im Arbeitsprozeß ermöglicht und für ihn den Zwang dauerhaft beseitigt, sich aus Gründen der Existenzsicherung bedingungslos einem fremdbestimmten Arbeitsbezug unterwerfen zu müssen. [221] Die Realisierung einer solchen Wirtschaftsordnung bedeutet fraglos die Ablösung der vorherrschenden Prinzipien kapitalistischer Wirtschaftsweise, bedeutet „die Ablösung der Verwertungslogik des Kapitals durch den Maßstab der gesellschaftlichen Bedarfsdeckung."[222] An die Stelle einer am Einzelgewinn orientierten Steuerung der Wirtschaftsprozesse müßte eine bedürfnisbezogene Steuerung treten, die sich an gesamtgesellschaftlichen Erfordernissen orientiert. Obwohl ein solches gewerkschaftliches Grundanliegen Niederschlag in der gewerkschaftlichen Programmatik gefunden hat, läßt sich nicht behaupten, es sei den Gewerkschaftsmitgliedern bereits zu einer handlungsbestimmenden Einsicht geworden. Zwischen den grundsätzlichen Problemen der gegenwärtigen Wirtschaftsordnung, den täglich erfahrbaren Konsequenzen der aktuellen Wirtschafts- und Beschäftigungskrise sowie den traditionellen Endzielen der Arbeiterbewegung bestand und besteht auch heute immer noch eine Kluft. Sie zu schließen, könnte die subjektiven Handlungsbedingungen der Gewerkschaftsbewegung verbessern.

Gewerkschaften (und auch die Sozialdemokratie) sind nicht zuletzt in dieser Hinsicht gefordert, durch rationale Aufklärung und Argumentation den Zusammenhang zwischen Antworten auf tagespolitische Herausforderungen und Grundsatzanliegen einsichtig werden zu lassen. Weder ein reines Propagieren von Gesamtlösungen ohne Bezug auf Tagesnotwendigkeiten noch ein Abwarten der krisenverschärfenden Wirkung gegenwärtiger Regierungspraxis, sondern ausschließlich die bewußte und von den aktuellen Problemen ausgehende zielgerichtete Aktion der Arbeitnehmer für wirtschafts- und gesellschaftspolitische Übergangslösungen unter Ausschöpfung der jeweils schon erkämpften Handlungsspielräume kann dazu beitragen, Fortschritte auf dem Weg zu einer arbeitsorientierten Wirtschafts- und Betriebspolitik zu etablieren. Kerngedanke einer solchen Strategie ist die fortschreitende Kontrolle und Zurückdrängung wirtschaftlicher Macht sowie Verlagerung privatwirtschaftlicher Entscheidungsprozesse auf die Gesellschaft, sowohl in volkswirtschaftlichen Dimensionen wie auch auf der betrieblichen Ebene. Die erfolgreich verankerten Elemente einer solchen Neuordnung der Wirtschaft verbessern die jeweilige Ausgangslage für daran anschließende weitere Initiativen zum Umbau der vorherrschenden Wirtschaftsordnung. Zusammenfassen läßt sich eine solche Arbeitsperspektive zum Konzept der Wirtschaftsdemokratie. [223]

Wirtschaftsdemokratie kann als Inbegriff aller Maßnahmen gelten, die auf Umsetzung von Normen politischer Demokratie und von Gestaltungsprinzipien der Arbeit in die Realitäten des Arbeitslebens dieser Gesellschaft zielen. Insofern ist Wirtschaftsdemokratie auch zentraler Bestandteil einer Strategie demokratisch-sozialistischer Umgestaltung der Gesamtgesellschaft. „Die Forderung nach mehr Demokratie in der Wirtschaft heute ist in jedem Fall auch eine Frage, ob die Zukunftssicherung in wirtschaftlicher Hinsicht nicht davon abhängt, daß die noch bestehende autokratische Verfügungsgewalt über knappe Ressourcen in unserer Gesellschaft, über knappe Investitionsmittel z.B., abgelöst werden müsse durch Mitbestimmung der organisierten Arbeitnehmerschaft bei der Verwendung, der Verteilung dieser Ressourcen, an der Gestaltung dieser gesamtgesellschaftlich wichtigen Aufgabe. Das heißt dann: Demokratie in der Wirtschaft zur Sicherung der Zukunft!"[224] Demokratisierung ist dabei kein Selbstzweck, sondern besitzt ihren Stellenwert als Voraussetzung oder Mittel für eine andere Art zu arbeiten und zu leben. Das Ordnungsmodell der Wirtschaftsdemokratie ist insofern kein Dogma, sondern eine gegenüber Korrekturen offene Entwicklungsperspektive, bei der die jeweils gemachten Erfahrungen darüber entscheiden, inwieweit neue Bedingungen neue Anpassungsschritte erfordern.

In der gewerkschaftlichen Diskussion ist Wirtschaftsdemokratie als Arbeitsperspektive zwar schon in verschiedenen Hinsichten angelegt, nicht jedoch schon vollständig als Gesamtkonzept entwickelt.[225] Die nach Plausibilitätsüberlegungen erforderlichen und notwendig aufeinander bezogenen Einzelmaßnahmen zur Durchsetzung von „Demokratie in der Wirtschaft zur Sicherung der Zukunft" – wie es der Politikwissenschaftler Hartwig nennt – oder zur „Ablösung der Verwertungslogik des Kapitals durch den Maßstab der gesellschaftlichen Bedarfsdeckung" – wie es Bierbaum/Kuda, Mitarbeiter der Abteilung Wirtschaftspolitik beim Vorstand der IG Metall, sehen – lassen sich im Forderungskatalog der Wirtschaftsdemokratie entweder dem Prinzip volkswirtschaftlicher Rahmenplanung, dem Prinzip Kontrolle wirtschaftlicher Macht, dem Prinzip Mitbestimmung der Arbeitnehmer oder dem Prinzip Humanisierung der Arbeitswelt zuordnen. Diese Prinzipien beruhen jeweils auf den folgenden – oft noch wenig systematisierten – Kerngedanken einer arbeitnehmerorientierten Wirtschafts- und Betriebspolitik:

Das Prinzip volkswirtschaftliche Rahmenplanung

Im System kapitalistischer Wirtschaft sind Umfang und Richtung von Investitionsvorhaben und Rationalisierungen nahezu ausschließlich nach den Profiterwartungen der Kapital- und Produktionsmittelbesitzer ausgerichtet. Die traditionelle Wirtschaftspolitik beschränkt sich auf den Einsatz flankierender Maßnahmen zur Verbesserung der Aussicht auf Profitsteigerung für die privaten Investoren. Sie verzichtet darauf, nach gesamtgesellschaftlichen Nützlichkeitserwägungen selbst steuernd oder lenkend in privatwirtschaftliche Entscheidungsfreiräume einzugreifen. Erwartet wird, daß die Mehrung des privatwirtschaftlichen Nutzens gleichzeitig auch zu einer optimalen volkswirtschaftlichen Bedürfnisbefriedigung führen werde. Unterstützt von der herrschenden Lehre der Wirtschaftswissenschaften glaubt sich die Wende-Regierung hinreichend legitimiert, selbst zu Lasten des öffentlichen und privaten Verbrauchs über staatliche Gewinnförderung private Investitionen zu begünstigen. In welchem Umfang die traditionelle staatliche Wirtschaftspolitik dennoch versagt hat, beweisen Branchenkrisen, Massenarbeitslosigkeit, ungleiche Einkommensverteilung, Preisentwicklung, die Finanzkrise der öffentlichen Haushalte, die Unterversorgung mit sozialen Diensten bei Zunahme sozialer Bedürftigkeit sowie die rapide Verschlechterung der ökologischen Lebensgrundlagen. Nachweislich reicht es aus gesamtwirtschaftlicher Sicht nicht aus, ausschließlich die Angebotsbedingungen der Unternehmen durch Rahmensetzungen staatlicher Politik zu verbessern. Vor allem die Realität der Massenarbeitslosigkeit und Umweltzerstörung hat das Vertrauen auf die sogenannten Selbstheilungskräfte des Marktes hinlänglich als Verantwortungslosigkeit entlarvt. Es spricht vieles dafür, daß die Mißachtung gesamtwirtschaftlicher Kosten-Nutzen-Betrachtung in der Politik der Wende-Regierung nicht auf ein Versäumnis zurückzuführen ist, sondern vielmehr der Versuch einer bewußten Indienstnahme der Krise als Instrument für eine Neuordnung und Stabilisierung wirtschaftlicher und politischer Macht- und Verteilungsverhältnisse ist.

Wollen die Gewerkschaften bei dieser Konstellation die Konsequenzen einer Mißachtung der gesamtwirtschaftlichen Sicht nicht nur beschreiben und in einer dagegen protestierenden Forderungshaltung verharren, müssen sie konkret angeben, mit welchen Mitteln staatlicher Politik die schon sichtbaren gesamtgesellschaftlichen Belastungen abgetragen und zukünftige verhindert werden können. Zunächst muß deutlich ausgesprochen werden, daß staatliche Wirtschaftspolitik, die sich nicht selbst darauf beschränken will, Krisenlasten nur zu verteilen sondern die durch eine bewußte Gestaltung der Ökonomie Fehlentwicklungen zu korrigieren bzw. zu vermeiden bemüht ist, dazu übergehen muß, auch der privatwirtschaftlich organisierten Wirtschaft Orientierungsdaten über Qualität und Quantität der Produktion zu geben. Nach dem Wirtschaftsgestaltungsprinzip der Arbeit bedeutet dies, die Orientierung der Produktion am gesamtgesellschaftlichen Bedarf sowie an der Sicherung der ökologischen Grundlagen des Lebens.[226]

Dies verlangt die bewußte Indienstnahme der bestehenden Planungskapazitäten und Steuerungskompetenzen wie auch den ergänzenden Aufbau neuer Planungskapazitäten zur Orientierung und Koordinierung wirtschaftspolitischer Maßnahmen nach demokratisch festgelegten Dringlichkeiten. Rahmenpläne zur Verbesserung der regionalen Wirtschaftsstruktur sieht bereits Artikel 91 a des Grundgesetzes vor. Auch bei der Forschungspolitik der Bundesregierung ist es möglich, die allgemeinwirtschaftliche Bedeutung für die Sicherung der Arbeitsplätze sowie für die Verbesserung der Qualität von Umwelt und Arbeit zum Entscheidungskriterium zu erheben. Auch das Gesetz gegen Wettbewerbsbeschränkungen und das Stabilitäts- und Wachstumsgesetz ermöglichen es, einzelwirtschaftliches Handeln an gesamtwirtschaftliche Nützlichkeitsüberlegungen zu binden. Die Einführung einer Investitionsanzeigeverpflichtung sowie die Errichtung von Planungsinstanzen in Form von Wirtschafts- und Sozialräten auf Regional- und Branchenebene erweisen sich in diesem Zusammenhang als notwendige Ergänzungen der bereits bestehenden staatlichen Planungs- und Gestaltungskompetenzen.[227] Unter paritätischer Beteiligung von Vertretern der Arbeitnehmer, der Arbeitgeber und des Staates können bereits die bestehenden Industrie- und Handelskammern für eine solche Zwecksetzung genutzt werden. Die Planungskompetenzen der Wirtschafts- und Sozialräte ließen sich im Prozeß fortschreitender Demokratisierung durch Übertragung von Initiativ- und Veto-Rechten gegenüber den parallelen politisch-parlamentarischen Gremien schritt- und fallweise ergänzen.

Die Aufstellung einer volkswirtschaftlichen Gesamtrechnung ist Voraussetzung für alle Planungsprozesse. Auf ihrer Basis lassen sich gesicherte Aussagen über alternative Verwendungsmöglichkeiten der volkswirtschaftlichen Ressourcen treffen und Plan- bzw. Orientierungsdaten für die angestrebte Zusammensetzung des Bruttosozialproduktes, der Import- und Exportschwerpunkte, der Steuern sowie der Investitionsschwerpunkte entwickeln.

Zweck einer solchen Rahmenplanung ist es, sowohl die verschiedenen öffentlichen wie auch die privaten Investitionen in den strukturbestimmenden und Schlüsselbranchen der Wirtschaft zu erfassen und aufeinander abzustimmen. Ohne eine solche Grundlage ist es ganz offensichtlich nicht möglich, die durch Orientierung an einzelwirtschaftlichen Gewinninteressen verursachten Fehlentwicklungen zu verhindern.

Die offenkundigen Effizienzmängel östlicher Planwirtschaften diskreditieren und behindern alle Versuche einer Konsensbildung über eine Krisenbekämpfungspolitik zwischen marktwirtschaftlicher

Gesundbetungsideologie und planwirtschaftlichem Wunderglauben. Einmal aus Gründen der Effizienz, zum anderen auch aus grundsätzlich demokratisch-emanzipatorischen Überlegungen heraus, kann demokratische Rahmenplanung sinnvollerweise nur eine Kombination von Markt- und Planelementen bedeuten und ist deshalb nicht gleichzusetzen mit zentralen Wirtschaftsgestaltungsanordnungen.[228] Die staatlichen Institutionen können ihren Gestaltungsanspruch und die in der Rahmenplanung aufgestellten Prioritäten direkt über eigene Investitionspolitik im staatlichen Sektor und indirekt über staatliche Kompetenzen im Bereich der Steuergesetzgebung, der Forschungsförderung, der Infrastrukturleistungen und regionaler wie sektoraler Strukturpolitik sowie über Steuerung der Bundesbankpolitik durchsetzen. Bereits das Bundesbankgesetz vom 26. Juni 1957 verpflichtet die Deutsche Bundesbank zur Unterstützung der allgemeinen Wirtschaftspolitik der Bundesregierung, so daß auch die Bundesbank mit ihren Instrumentarien der Geldpolitik auf die Ziele der volkswirtschaftlichen Rahmenplanung festgelegt werden könnte.

Angesichts von Branchenkrisen, Massenarbeitslosigkeit und Umweltzerstörung haben die Ziele Bewältigung des Strukturwandels in der Arbeitswelt, Wiederherstellung der Vollbeschäftigung und die Korrektur der offenkundigen Fehlentwicklungen traditionellen Wirtschaftens im Bereich der Umweltpolitik, des Wohnungsbaus, des Nahverkehrs und der Unterversorgung mit sozialen Diensten aus der gewerkschaftlichen Sicht in einer gesamtgesellschaftlichen Rahmenplanung Anspruch auf nationale Priorität.

Das Prinzip Kontrolle wirtschaftlicher Macht

Im bestehenden System kapitalistischer Wirtschaft prägen die Entscheidungen der Kapital- und Produktionsmittelbesitzer über Umfang und Richtung der Investition sowie letztendlich über die Produktionsbedingungen in ihrer Gesamtheit die Arbeits- und Lebensumstände aller Bürger. Selbst wirtschaftspolitische Prioritätensetzungen, die in demokratischen Entscheidungsprozessen getroffen werden, könnten noch unterlaufen werden.

Außerhalb einer demokratischen Kontrolle und unter dem Druck des einzelwirtschaftlichen Gewinns droht zum Beispiel der durch die Mikroelektronik in Gang gesetzte Strukturwandel in der Arbeitswelt, den Menschen selbst zum Teil des maschinellen Prozesses zu machen. Aus diesem Grund müssen Entwicklung und Anwendung neuer Techniken gesellschaftlich geplant und kontrolliert werden, damit eine sinnvolle und humane Produktion erreicht werden kann. Es geht bei der Kontrolle des Strukturwandels in der Arbeitswelt allerdings nicht darum, die Einführung neuer arbeitssparender Technologien zu verhindern, sondern um ihre soziale Kontrolle unter Berücksichtigung der gesamtgesellschaftlichen Auswirkungen.

Prinzipieller Zweck der Kontrolle wirtschaftlicher Macht ist die Verpflichtung auf die Zielsetzungen der volkswirtschaftlichen Rahmenplanungen. Als Mittel zum Zweck lassen sich Maßnahmen der indirekten Kontrolle, die auf Überwindung und Einschränkung der privaten Verfügungsgewalt über Produktionsmittel zielen, von Maßnahmen direkter Kontrolle unterscheiden. Letztere zielen auf die Vergesellschaftung jener Bereiche der Volkswirtschaft, die für die Entwicklung der gesamten Gesellschaft eine ökonomische Schlüsselstellung einnehmen und in denen die sogenannten Marktgesetzlichkeiten nachweislich bei der Befriedigung grundlegender gesellschaftlicher Bedürfnisse versagt haben. Die Maßnahmen indirekter Kontrolle reichen von der Wettbewerbsüberwachung der Monopole und Oligopole, der aufklärenden Verbraucherpolitik, der verschärften Gewerbeaufsicht, der Verbesserung von Umwelt- und Arbeitsschutzbestimmungen, der Ausweitung betrieblicher Mitbestimmung bis hin zur Stärkung des öffentlichen Sektors der Volkswirtschaft und dessen bewußter Indienstnahme zur Beeinflussung von Entscheidungen der privaten Wirtschaft.[229]

Direkte Kontrolle wirtschaftlicher Macht in Form einer Überführung in Gemeineigentum gemäß Artikel 14 des Grundgesetzes wird überall dort zu einer Alternative, wo mit den gegebenen Maßnahmen indirekter Kontrolle eine Verpflichtung auf die Ziele der volkswirtschaftlichen Rahmenplanung und ein Ersetzen des einzelwirtschaftlichen Profitmotivs durch ein gesamtwirtschaftliches Nützlichkeitsprinzip nicht erreicht werden kann. Eine direkte Kontrolle durch Vergesellschaftung würde vor allem dann erforderlich, wenn die Konflikte zwischen den gesellschaftlichen Bedürfnissen und den freien Unternehmerentscheidungen sich als privatwirtschaftlich nicht mehr lösbar erweisen sollten. Aktuell sind dies vor allem die Strukturprobleme im

Bereich der Kohle- und Stahlproduktion sowie in der Werftindustrie. Es liegt deshalb nahe, die gewährten öffentlichen Investitions- und Umstrukturierungshilfen nicht mehr in Form verlorener Zuschüsse oder zinsloser Darlehen zu gewähren, sondern im Interesse der Arbeitnehmer und Steuerzahler in Form direkter Kapitalbeteiligung. Mit der Übernahme von Eigentums- und Kapitalverfügungsrechten eröffnen sich Ansatzpunkte für eine Einflußnahme auf Entscheidungen, die in privatwirtschaftlicher Verantwortung stets gegen die Arbeitnehmerinteressen getroffen wurden. Konkret hat die IG Metall zur Lösung der Strukturprobleme in der deutschen Stahlindustrie ein Konzept zur Vergesellschaftung vorgelegt, mit dem zukünftig die Unternehmenspolitik auf gesellschaftliche Ziele verpflichtet werden kann. Die bisherigen Eigner sollen mit Schuldverschreibungen einer neu zu errichtenden Stahl-Holding entschädigt werden. Die IG Metall versteht unter Vergesellschaftung: „Nutzung der Produktionsmittel für gesellschaftliche Ziele", und präzisiert: „Im Fall der Stahlindustrie soll die Vergesellschaftung die Sicherung der Beschäftigung und den sozialen Status der Arbeitnehmer in den Stahlrevieren sowie die Erhaltung der Stahl-Standorte sicherstellen. Eine reine Änderung der Eigentumsverhältnisse, z.B. die Überführung der Produktionsmittel in Gemeineigentum gemäß Artikel 15 Grundgesetz (Verstaatlichung) ist hierzu nicht ausreichend. Das zeigt zum einen ein Blick auf die Praxis einzelner in Staatseigentum befindlicher Unternehmen in der Bundesrepublik Deutschland, zum anderen die unterschiedlichen Erfahrungen mit den verstaatlichten Industrien in anderen Ländern, wobei Österreich als positives, Großbritannien als negatives Beispiel gelten können. Im Gegensatz zur Verstaatlichung umschließt der Begriff Vergesellschaftung neben einer Änderung der Eigentumsverhältnisse auch eine entsprechende Änderung der Verfügungsmacht über die Produktionsmittel."[230]

Wie bei den IG-Metall-Vorschlägen für eine zukunftsweisende Lösung von Strukturproblemen im Stahlbereich wird man z.B. wohl auch im Bereich der Energiewirtschaft darüber nachzudenken haben, ob ein abgestimmtes Konzept der nationalen Energieversorgung und Energiesicherung sich nicht eher erstellen läßt, wenn das Profitmotiv durch das Entscheidungskriterium der gesellschaftlichen Bedarfsdeckung ersetzt werden kann.

Die Voraussetzungen für die Effektivität aller Maßnahmen indirekter Kontrolle verbessern sich in dem Umfang, in dem es langfristig möglich wird, die staatlichen Wirtschaftssteuerungskapazitäten durch Schaffung eines großen, die Gesamtwirtschaft dominierenden öffentlichen Sektors, der auch die marktbeherrschenden Unternehmen und Banken einschließt, auszuweiten. Obwohl sich die Vorgänger-Regierungen nicht einmal in die Nähe des Verdachtes bringen lassen wollten, die öffentlichen Unternehmen als Element einer indirekten staatlichen Wirtschaftssteuerung zu begreifen, bemüht sich die jetzige Bundesregierung − fast unauffällig, aber mit Konsequenz − durch eine Politik systematischer Verkleinerung des staatlich kontrollierten Wirtschaftssektors selbst die schon vorhandenen Voraussetzungen für eine solche Politik zu zerschlagen. Ihre Privatisierungsliste umfaßt neben VW weitere 10 Unternehmen. Geplant ist zudem eine Reduzierung von Bundesbeteiligungen. Die Notwendigkeit einer Vergesellschaftung des Bankenwesens folgt aus der Notwendigkeit, die Regelungen der Kreditvergabe sowie die Festlegung der Zinssätze der privatwirtschaftlichen Entscheidungsfindung zu entziehen, wobei mit dem bereits bestehenden öffentlich-rechtlichen Banksystem ein ausbaufähiger Ansatzpunkt für eine Politik wirtschaftsdemokratischer Neuordnung bereits gegeben ist.[231]

Entscheidender als die Eigentumsfragen in der Wirtschaft sind die Fragen nach den Auswirkungen und den Kontrollmöglichkeiten von Verfügungsgewalt über Kapital- und Produktionsmitteleigentum. Dies verweist auf eine dritte Ziel- und Ansatzebene im ökonomischen Ordnungssystem der Wirtschaftsdemokratie.

Das Prinzip Mitbestimmung der Arbeitnehmer

Die bisherigen Erfahrungen mit den zentralen Verwaltungswirtschaften unterstreichen, daß das Problem der Fremdbestimmung nicht automatisch mit der Änderung der Eigentumstitel beseitigt wird, sondern neue Formen der Entfremdung geschaffen wurden.[232] Eine Aufhebung der Fremdbestimmung im Arbeitsleben ist deshalb nicht allein von der Aufhebung des Privateigentums an den Produktionsmitteln zu erwarten, sondern nur von der Durchsetzung des Prinzips Selbstbestimmung in allen Lebensbereichen der Gesellschaft. Für den Produktionsprozeß bedeutet dies, daß der arbeitende Mensch vom fremdbestimmten Objekt zum bestimmenden Subjekt werden muß. Im Rahmen einer Strategie wirtschaftsdemokratischer Neuordnung bietet das Prinzip Mitbestimmung, wie es den bereits gesetzlich fixierten Mitbestimmungsregeln zugrunde liegt, erste Ansatzpunkte für eine Politik, die von der Fremdbestimmung zur Selbstbestimmung der Arbeitnehmer führt. Das gewerkschaftliche Verlangen nach Mitbestimmung richtet sich, ausgehend von der unmittelbaren Mitbestimmung am Arbeitsplatz auf die Mitbestimmung an den Entscheidungen auf der Betriebs- und Unternehmensebene wie auch auf der Entscheidungsebene der Gesamtwirtschaft.[233]

Die heute gegebenen gesetzlichen Grundlagen für Mitwirkungs- und Mitbestimmungsrechte der Arbeitnehmer sind immer noch eher scheindemokratische Beruhigungsinstrumente als ein – das Bedürfnis nach Selbstbestimmung der eigenen Arbeitsbedingungen erfüllendes – Demokratisierungsinstrument.[234] Um die Mitbestimmung als Mittel echter Gegenmachtbildung der abhängig Beschäftigten zu den Kapitaleignern und deren Managern nutzbar zu machen, müßten gegenüber der bisherigen Praxis entscheidende Veränderungen durchgesetzt werden. Sowohl das Betriebsverfassungsgesetz als auch das Mitbestimmungsgesetz von 1976 sind nicht geeignet, den prinzipiellen Mißbrauch unternehmerischer Macht zu Lasten der Arbeitnehmer zu verhindern.[235]

Vor allem bei Fragen der sozialen Gestaltung von Arbeitsbedingungen und Arbeitsorganisation bei der Einführung neuer Technologien sind die Unzulänglichkeiten der bestehenden Mitbestimmungsgrundlagen bewußt geworden. Das Betriebsverfassungsgesetz räumt dem einzelnen, vertreten über seinen Betriebsrat, praktisch nur Informations- und Beschwerderechte ein. Gleichwohl bieten solche Rechte den Ansatz für die Solidarisierung der Arbeitnehmer in ihrer unmittelbaren Erfahrungswelt, was als Voraussetzung solidarischer gewerkschaftlicher Aktion anzusehen ist. Als völlig unzureichend hat sich das Mitbestimmungsgesetz von 1976 erwiesen, das eine echte Gegenmachtbildung der Arbeitnehmer nicht erlaubt. Gefordert ist hier die uneingeschränkte Parität und die Einrichtung von Veto-Rechten gegen Entscheidungen der Kapitalvertreter, die sich nachweislich zum Nachteil von Arbeitsplatzsicherheit und -qualität auswirken würden.[236]

Der DGB versucht seit 1983 als Beitrag zur Bekämpfung der wirtschaftlichen und sozialen Krise im Interesse der Masse der abhängig

Beschäftigten wieder verstärkt den Gedanken der Mitbestimmung in die Tagespolitik einzuführen. Rahmenbedingungen und Perspektiven werden dabei realistisch bestimmt: „Es ist nicht zu erwarten, daß sich die politischen Parteien aus eigenem Antrieb auf eine grundlegende Reform der Mitbestimmung in Unternehmen verständigen werden. Ebenso wenig ist ein Nachlassen des Drucks der Arbeitgeber zu erwarten, den sie unverändert gegen Idee und Praxis der qualifizierten Mitbestimmung entfalten. Umso eher ist es nötig, daß die Gewerkschaften selbst die Voraussetzungen herbeiführen, die − aufgrund eines veränderten gesellschaftspolitischen Klimas − eine Bereitschaft entstehen lassen, die gewerkschaftlichen Mitbestimmungsvorstellungen zu übernehmen. Deshalb hat der DGB eine breit angelegte Mitbestimmungsinitiative gestartet. Die Gewerkschaften sind überzeugt davon, daß die Mitbestimmung wichtige Beiträge zur Sicherung der Arbeitnehmerinteressen, gerade auch zur Verteidigung der Beschäftigungsinteressen leisten kann und zugleich das entscheidende Mittel zur Demokratisierung der Wirtschaft ist.

Es geht darum, die Mitbestimmungsrechte der Arbeitnehmer unmittelbar am Arbeitsplatz und im Betrieb zu verbessern. Es geht darum, das bewährte Modell der Montanmitbestimmung zu sichern und zugleich auf alle privaten und öffentlichen Großunternehmen in der übrigen Wirtschaft zu übertragen. Es geht darum, daß der den Arbeitnehmern abverlangten Mitverantwortung auch tatsächliche Mitbestimmungsrechte im gesamtwirtschaftlichen Bereich gegenüber stehen."[237]

Die bisherigen Erfahrungen mit der Mitbestimmungspraxis hat es für Gewerkschaften, die ihren Gegenmachtanspruch behaupten wollen, zu einer Erfolgsvoraussetzung werden lassen, daß die Arbeitnehmer das Prinzip Mitbestimmung nicht als Aufforderung zur Delegation von Verantwortung verstehen, sondern als eine Voraussetzung für ein Mehr an Selbstbestimmung über die eigenen Arbeitsverhältnisse erleben können. Folgerichtig bemüht sich der DGB im Rahmen neuer Anstrengungen zur Ausweitung von Mitbestimmungsrechten der Arbeitnehmer um eine stärkere Einbeziehung der einzelnen Arbeitnehmer an ihren Arbeitsplätzen und innerhalb ihrer Arbeitsbereiche in die betrieblichen Willensbildungs- und Entscheidungsprozesse. Programmatischen Ausdruck hat dies im Beschluß des DGB-Bundesvorstandes vom Dezember 1984 zur „Mitbestimmung am Arbeitsplatz" gefunden. Ein bislang noch fehlendes Bindeglied für ein gewerkschaftliches Gesamtkonzept arbeitsplatz- und betriebsnaher Interessenvertretung auf Grundlage von Betriebsverfassung, Tarifpolitik und umfassender Mitbestimmungsansprüche liegt damit vor. [238]

Der DGB grenzt seine Vorstellungen von Mitbestimmung am Arbeitsplatz von Arbeitgeberkonzeptionen ab, die darauf hinauslaufen, die Partizipationsbereitschaft und Arbeitsplatzkompetenz der einzelnen Arbeitnehmer zu nutzen, um innerbetriebliche Reibungsverluste zu minimieren und Produktionsabläufe zu effektivieren.[239]:

„Mitbestimmung am Arbeitsplatz ist nicht zu verwechseln mit modernen Führungsmethoden von Unternehmern, die − angelehnt vor allem an japanische Vorbilder − mit 'Qualitätszirkeln', 'Werkstattkreisen' oder 'Informationswerkstätten' die Absicht verfolgen, durch Beteiligung von ausgesuchten Arbeitnehmern an der Lösung von Produktionsproblemen deren Motivation, Engagement und Leistungsbereitschaft zu steigern, um die Qualität der Produkte und die Produktivität der Arbeit zu erhöhen. Solange diese Methoden die Zielrichtung haben, nur vorgegebene Problemstellungen der Qualitätsverbesserung und der Produktivitätssteigerung zu behandeln, dabei Betriebsräte, Vertrauensleute und Gewerkschaften von der Gestaltung dieser Beteiligungsformen ausschließen und die Entscheidungsbefugnisse dem Management vorbehalten, werden sie von den Gewerkschaften abgelehnt.

Mitbestimmung am Arbeitsplatz ist auch nicht zu verwechseln mit der Einrichtung von Arbeitsgruppenräten als eigenständige Arbeitnehmervertreter neben den Betriebsräten, den Personalräten und gewerkschaftlichen Vertrauensleuten. Sie erhöhen nicht die Wirksamkeit der Interessenvertretung der Arbeitnehmer, sondern untergraben die bewährten Formen der betrieblichen Interessenvertretung. Die Mitbestimmung am Arbeitsplatz, wie sie der DGB und seine Gewerkschaften verfolgen, soll dazu beitragen,

− den Arbeitnehmern einen wirksamen Einfluß auf die Gestaltung ihrer eigenen Arbeit einzuräumen und damit ihre Selbstverwirklichung zu fördern,
− die Humanisierung der Arbeitswelt voranzutreiben und
− die Mitbestimmung der Betriebs- und Personalräte in den Betrieben und Verwaltungen sowie der Aufsichtsräte in den Unternehmen zu ergänzen und wirksam zu unterstützen."[240]

Die gewerkschaftlichen Vorstellungen zur Mitbestimmung auf der gesamtgesellschaftlichen Ebene im System der Wirtschaftsdemokratie konnten bislang noch nicht zu einem Konzept verdichtet werden.[241] Als eigenes Grundsatzverständnis wird dazu festgehalten: „Solange die Autonomie der Unternehmen über die Investitionen besteht, greift eine Mitbestimmung am Arbeitsplatz, im Betrieb und Unternehmen zu kurz. Auf der einen Seite ist Unternehmensmitbestimmung nicht geeignet, auf struktur-, regional- und wirtschaftspolitische Entscheidungen Einfluß zu nehmen. Auf der anderen Seite reichen die gewerkschaftlichen Mittel nicht aus, um den Einflußmöglichkeiten der Unternehmen und ihrer Wirtschaftsverbände auf gesamtwirtschaftlicher Ebene entgegenzuwirken, auf der die strukturbestimmenden Entscheidungen getroffen werden. Die Gewerkschaften halten deshalb an den Zielen fest, die in ihrer Konzeption zur Mitbestimmung im gesamtwirtschaftlichen Bereich 1971 formuliert wurden. Danach sind in den Regionen, Ländern und im Bund paritätisch mit Vertretern der Gewerkschaften und der Arbeitgeberverbände besetzte Wirtschafts- und Sozialräte zu errichten. Diese Wirtschafts- und Sozialräte sollen gegenüber Parlamenten, Regierungen und Verwaltungen Informations-, Beratungs- und Initiativrechte in allen wirtschaftlichen und sozialen Angelegenheiten erhalten, die die Interessen der Arbeitnehmer besonders berühren. Bis zur Errichtung dieser Wirtschafts- und Sozialräte bietet es sich als Zwischenschritt an, den Vorschlag zur Errichtung von Strukturräten weiter zu verfolgen. Sie müssen sich paritätisch aus Vertretern der Gewerkschaften und Arbeitgeberverbände zusammensetzen und auf den Ebenen der Regionen, der Länder und des Bundes errichtet werden. Die Träger staatlicher Wirtschaftspolitik sind dabei zu verpflichten, den Strukturräten umfassende Informationen zur Verfügung zu stellen, damit diese in die Lage versetzt werden, zu allen strukturpolitischen Aktivitäten Stellung zu nehmen sowie Lösungsvorschläge für strukturpolitische Probleme zu entwickeln. Hierbei muß sichergestellt sein, daß die Träger staatlicher Wirtschaftspolitik die Empfehlungen der Strukturräte bei ihren Entscheidungen in gebührendem Ausmaß berücksichtigen."[242]

Das Prinzip Humanisierung der Arbeitswelt

Das menschliche Bedürfnis nach Selbstverwirklichung bleibt für die meisten Arbeitnehmer im Arbeitsprozeß dieser Gesellschaft dem Streben nach kontinuierlicher Steigerung der Kapitalrendite untergeordnet. Obwohl durch gewerkschaftliches Engagement die Arbeitsbedingungen des Frühkapitalismus erheblich verbessert werden konnten, werden durch Entscheidungen und Unterlassungen der Kapital- und Produktionsmitteleigner auch heute noch die materiellen Existenzgrundlagen und die Gesundheit der Arbeitnehmer beeinträchtigt. Besonders die Massenarbeitslosigkeit bedroht zunehmend die Perspektive der meisten Arbeitnehmer auf eine dauerhafte Sicherung des bereits erkämpften Lebensstandards. Mehr als jeder vierte Arbeitnehmer sieht heute immer noch einen Grund, über Streß am Arbeitsplatz, Monotonie seiner Tätigkeit oder über Lärmbelästigung zu klagen. Veränderte Arbeitsorganisationen, neue Arbeitsverfahren, neue Technologien haben zusammen mit dem Damokles-Schwert drohender Arbeitslosigkeit zu einem verschärften Leistungsdruck geführt.[243]

Im Laufe des Arbeitslebens wird dadurch die Gesundheit und die Arbeitsfähigkeit erheblich herabgesetzt. Bereits heute werden über 50 Prozent der Arbeitnehmer vor Erreichung des Rentenalters berufs- oder erwerbsunfähig.[244] Insgesamt läßt sich sagen, daß in den letzten Jahren durch wachsende Arbeitslosigkeit, sinkende Realeinkommen, zunehmenden Gesundheitsverschleiß, Entwertung erworbener Qualifikationen sowie fortschreitende Kontrolle der Arbeitnehmer durch Arbeitsorganisation und EDV-Systeme die Arbeitswelt unmenschlicher geworden ist. Es ist deshalb der vierte Grundzug der Wirtschaftsdemokratie, diesen Prozeß umzukehren und Fremdbestimmung, Existenzbedrohung, gesundheitsgefährdende Arbeitsbelastungen zu beseitigen, das heißt: die Arbeitswelt zu humanisieren.

Im umfassenden Sinne bedeutet Humanisierung der Arbeitswelt Auflösung der fremdbestimmten Zwangsverhältnisse, materielle Existenzsicherung und menschengerechte Gestaltung der Arbeitsplätze mit dem Ziel, die Würde des Menschen auch im Betrieb zu verwirlichen und den arbeitenden Menschen an Planung und Produktion sowie an der Verteilung der Erträge des Produktionsprozesses zu beteiligen.

Die Forderung nach Humanisierung der Arbeitswelt ist die gewerkschaftliche Antwort auf wachsenden Leistungsdruck, Zunahme von technisch-organisatorischen Zwängen, fortschreitende Arbeitplatzvernichtung und -kontrolle sowie auf den Trend zur Ausweitung von Schichtarbeit und Anpassung der Arbeitszeiten an die Produktionsbedürfnisse. Mit diesem Anliegen befinden sich die Gewerkschaften in einem Gegensatz zu Unternehmenstrategien, die sich von der Humanisierung der Arbeitswelt nach dem Motto, sei gut zu deinen Sklaven, und sie sind gut zu dir, eine Minderung der innerbetrieblichen Reibungsverluste und damit eine verbesserte Kapitalrendite versprechen.[245] Die Rationalisierung der Produktion in dieser Sicht läßt Humanisierung nur als Nebenprodukt zu. Das gewerkschaftliche Anliegen der Humanisierung der Arbeitswelt hat hingegen mehr mit Auflösung von Fremdbestimmung, Erlernen von Mitbestimmung und Mitverantwortung, mit langfristiger Sicherung der Vollbeschäftigung, Erweiterung des Arbeitsschutzes und der Entwicklung humaner Produktionstechniken zu tun als mit dem Unternehmerinteresse an der Sicherung des Arbeitsfriedens und der Steigerung der Leistungsfähigkeit in den Produktionsabläufen.

1. *Humanisierung der Arbeitswelt bedeutet Sicherung von Mitbestimmungsrechten.* Durch die Verwirklichung des Prinzips Mitbestimmung am Arbeitsplatz, im Betrieb und in der Gesellschaft kann erreicht werden, daß der arbeitende Mensch vom fremdbestimmten Objekt zum bestimmenden Subjekt des Arbeitsprozesses wird.

Menschengerechte Gestaltung der Arbeitswelt verlangt daher ein Mitbestimmungsrecht der Arbeitnehmer, das sich nicht auf ein bloßes Anhörungsrecht reduziert, und das z.B. garantieren kann, daß der Einsatz neuer Technologien statt nur zur Verbesserung der Kapitalrenditen auch zur Humanisierung der Arbeitswelt führt.

2. *Humanisierung der Arbeitswelt bedeutet Existenz- und Lebensqualitätssicherung.* Diese zweite Ansatzebene zur Humanisierung der Arbeitswelt schließt alle Maßnahmen zur Verminderung von Existenzbedrohung der Arbeitnehmer durch Arbeitslosigkeit ein. Vorrangig sind dies alle arbeitsmarktpolitischen Initiativen, die zu einer systematischen Verknappung des Arbeitskräfteangebotes sowie auf eine gerechtere Verteilung der vorhandenen Arbeit und damit auf Vollbeschäftigung zielen.

In der Konsequenz heißt das: Wenn alle weniger arbeiten, muß niemand mehr arbeitslos bleiben. Nachweislich ist die Verkürzung der

Wochenarbeitszeit die wirkungsvollste Voraussetzung für die Sicherung der bestehenden Arbeitsplätze, für eine gerechtere Aufteilung
der vorhandenen gesellschaftlich notwendigen Arbeit sowie dafür, die
zeitlichen Möglichkeiten der Arbeitnehmer zur Teilhabe am kulturellen und politischen Leben dieser Gesellschaft zu erweitern. Mehr Freizeit bedeutet auch mehr Zeit für die Entfaltung der eigenen Interessen
und für die Mitgestaltung der gesellschaftlichen Zukunft.

Das Bestreben, unter dem Aspekt einer Humanisierung der
Arbeitswelt die Existenzgrundlage der Arbeitnehmer zu sichern,
erfordert neben Arbeitszeitverkürzung auch tarifpolitische Initiativen
zur Verminderung der Profitrate zugunsten der privaten wie öffentlichen Einkommensraten, aber auch zur Beteiligung der Arbeitnehmer
am gesellschaftlichen Produktivvermögen.[246] Dabei wird es darauf
ankommen, das Einkommenssystem sowie Entgeltdifferenzierungen
durchschaubarer zu gestalten, die − in vielfältiger Hinsicht − bestehende Einkommenspyramide abzuflachen, Mindesteinkommen und
Mindestrenten zu garantieren, die materielle Diskriminierung einzelner Arbeitnehmergruppen − z.B. Frauen und Auszubildende − zu
beseitigen sowie zum Zwecke der Umverteilung des gesellschaftlichen
Reichtums eine branchenbezogene Übertragung von Anteilen des
Produktivvermögens auf die Arbeitnehmer − das heißt, auf von ihnen
selbst verwaltete Branchenfonds − durchzusetzen.

3. *Humanisierung bedeutet menschengerechte Gestaltung der
Arbeitsplätze.* Auf einer dritten Ansatzebene des Prinzips Humanisierung liegen schließlich alle Maßnahmen zur menschengerechten
Gestaltung der Arbeitsplätze, Arbeitsabläufe, Arbeitsbedingungen
und Arbeitsumgebung. Menschengerecht ist ein Arbeitsplatz, wenn er
das körperliche, psychische und soziale Wohlbefinden der Arbeitnehmer nicht beeinträchtigt. Dies ist zu erreichen, durch Verbesserungen
im Bereich des Arbeitsschutzes, durch Veränderung der Arbeitsumgebung mit dem Ziel, Gesundheitsgefährdung und Arbeitsbelastung zu
vermindern.[247] Da in absehbarer Zeit kaum eine Regierungsunterstüt-
zung für eine Humanisierung der Arbeitswelt zu erwarten ist, wird die
zukünftige Tarifpolitik der Gewerkschaften sich deutlicher auch als
Bestandteil einer Strategie zur Verankerung wirtschaftsdemokratischer Prinzipien in der Arbeitswelt erweisen müssen und wohl auch
gezwungen sein, schritt- und fallweise gesetzliche Regelungen zu anti-
zipieren. Über Betriebsvereinbarungen und Tarifverträgen wird es er-

forderlich, die Anforderungen für menschengerechte Arbeitsbedingungen zu konkretisieren, wirksame Regelungen zur Arbeitssicherheit und für vorbeugenden Gesundheitsschutz durchzusetzen, ein wirksames Reklamationsverfahren bei inhumanen Arbeitsplätzen und Arbeitsbedingungen zu etablieren sowie ein Verweigerungsrecht bei Gesundheitsgefährdung und schließlich eine Leistungsbegrenzung unter Absicherung des Entgeltes zu erkämpfen.[248]

In extensiver Ausnutzung bereits bestehender Mitbestimmungsrecht wird es darauf ankommen, in Zusammenarbeit von Betriebsräten, Gewerkschaften und betroffenen Arbeitnehmern Leistungverdichtungen, Gesundheitsgefährdungen und Arbeitsbelastungen zu vermindern. Den Menschen aus seiner Objektrolle im Arbeitsprozeß zu befreien, heißt ganz konkret auch, Maschinen- und Arbeitsabläufe an die körperlichen und geistigen Bedürfnisse der Menschen anzupassen. Schließlich kommt es darauf an, monoton wiederkehrende Arbeitsabläufe bei der industriellen Fertigung durch Arbeitsplatzwechsel, Aufgabenerweiterung und Anreicherung der Arbeitsinhalte umzugestalten.

Wenn Humanisierungsbestrebungen sich nicht auf Bestrebungen zur Effektivitätssteigerung der Arbeitsabläufe reduzieren lassen wollen, müssen sie − wie alle wirtschaftsdemokratischen Schritte − auf eine Logik des Wirtschaftens orientiert sein, die den Menschen und seine Bedürfnisse unmißverständlich in den Mittelpunkt rückt.

Öffentliche Investitions-, Finanz-, Steuer- und Strukturpolitik könnten erheblich zum Abbau von Massenarbeitslosigkeit und zur Realisierung einer arbeitnehmerorientierten Ordnung der Wirtschaft beitragen. Selbst in einer Wirtschaft, in der die kapitalistischen Strukturen noch dominierend sind, lassen sich Elemente des Gestaltungsprinzips der Arbeit einführen. Über bereits bestehende Instrumentarien indirekter Kontrolle der Wirtschaftsabläufe könnten privatwirtschaftliche Entscheidungen zum Teil heute schon gesamtwirtschaftskonform begrenzt werden. Nicht zuletzt deswegen stehen die Gewerkschaften vor der Aufgabe, die Entscheidungen und Unterlassungen staalicher Wirtschaftspolitik zum Gegenstand öffentlicher Diskussion werden zu lassen. Erst durch die Politisierung der Entscheidungsfindungen in den Fragen der Wirtschaftspolitik eröffnet sich auch eine neue Perspektive, eine staatliche Politik zu verändern, die parlamentarische Mehrheiten dazu benutzt, die Interessen kapitalstarker Minderheiten zu schützen. Eine Demokratisierung der Writschaft in den vorgenannten Bezügen wird nur zu realisieren sein, wenn sie von der Mehrheit der Lohnabhänigen als sinnvoll erfahren und akzeptiert werden kann und wenn sich dies auch als Bereitschaft zum eigenen gewerkschaftlichen und politischen Handeln niederschlägt.

Wenn Wirtschaftsdemokratie von einer politischen Zielvorstellung zu einer gesellschaftlichen Realität werden soll, müssen sich politische und tarifliche Reformstrategien in ihrer Wirkung gegenseitig ergänzen. Für die parlamentarische Vertretung von Arbeitnehmerinteressen, somit für die Sozialdemokratische Partei, ergibt sich daraus die Notwendigkeit einer Rückbesinnung auf ihre Rolle als grundwerteorientierte, meinungsbildende gesellschaftliche Reformkraft, die ihren Vertretungsanspruch auch außerhalb parlamentarischer Arbeitsfelder als Kern einer gesamtgesellschaftlichen Reformbewegung zur Geltung bringen muß. Die Gewerkschaften stehen weiterhin vor der Aufgabe, durch ihre betriebspolitische Arbeit und Tarifpolitik Arbeitnehmerrechte zu schützen und auszubauen sowie Selbstbewußtsein und Engagement der Arbeitnehmer zu wecken, anzuleiten und in gesamtgesellschaftliche Reformbewegungen einzubringen.

Anmerkungen

1 Vgl. zu dieser Entwicklung Arne Eggebrecht u.a.: Geschichte der Arbeit, Köln 1980

2 Vgl. Daniel Bell: Die nachindustrielle Gesellschaft, Reinbek 1979 (New York 1973) und Alain Touraine: Die postindustrielle Gesellschaft, Frankfurt/M. 1972

3 Vgl. Volker Hauff/Fritz W. Scharpf: Modernisierung der Volkswirtschaft, Köln/Frankfurt/M. 1975. Kern des Modernisierungskonzeptes ist die Unterstützung des Strukturwandels in der bundesrepublikanischen Volkswirtschaft durch staatliche Forschungs- und Technologiepolitik. Mit Schwerpunktsetzung auf Gestaltung und Entwicklung von Zukunftstechnologien sollte dabei die internationale Konkurrenzfähigkeit der nationalen Volkswirtschaft im Rahmen fortschreitender internationaler Arbeitsteilung gesichert werden. Zur politischen Einbettung dieses Konzeptes vgl. Vorstand der SPD (Hg.): Weiterarbeiten am Modell Deutschland. Regierungsprogramm 1976-80, Bonn o.J. (1976)

4 Vgl. Thomas Ranald Ide: Die Technologie, in: Friedrichs/Schaff (Hg.): Auf Gedeih und Verderb, Wien 1982, S. 49-100

5 Vgl. Johann Welsch: Gesamtwirtschaftliche Entwicklung, technischer Fortschritt und Beschäftigung als Problem der achtziger Jahre, in WSI-Mitt. 4/1982, S. 205–215

6 Vgl. Johann Welsch: Strukturwandel in der Wachstumskrise als strukturpolitisches Problem der achtziger Jahre, in: WSI-Mitt. 8/1984, S. 440 ff sowie Ulrike Metzner/Gerhard Rohde: Angestellte im Strukturwandel des Beschäftigungssystems, in: WSI-Mitt. 2/1984, S. 73–83

7 Vgl. Frankfurter Rundschau v. 25. 9. 1984, S. 4

8 Zur Begründung vgl. Ulrich Briefs: Arbeiten ohne Sinn und Perspektive? Köln ²1983, S. 99ff

9 Vgl. Jochen Fuhrmann: Rationalisierung in der Verwaltung, Köln/Frankfurt/M. 1977

10 Siemens AG: Büro 1990. Studie über die Entwicklung von Organisation und Technik. November 1976 (unveröffentlichtes Manuskript)

11 Vgl. zur Problemübersicht Bernd Rahmann: Gesamtwirtschaftliche Entwicklung in der Bundesrepublik Deutschland 1960−1981, in: Rahmann/Welsch (Hg.): Wohlfahrtsstaat im Defizit, Köln 1982, S. 13−48 sowie ausführlicher Elmar Altvater u.a.: Vom Wirtschaftswunder zur Wirtschaftskrise, Berlin 1979

12 Vgl. Josef Esser: Die Patentlösung heißt: „Gesundschrumpfen", in: GM 10/1983, S. 675−686

13 Johann Welsch: Branchenreport, in: Kittner (Hg.): Gewerkschaftsjahrbuch 1984, Köln 1984, S. 190

14 Vgl. Frankfurter Rundschau v. 9.11.1984, S. 7

15 Vgl. Jochen Fricke u.a.: Montanregionen in der Krise, in: WSI-Mitt. 2/1984, S. 109ff

16 Vgl. dazu Hanswerner Reckstadt (Personaldirektor bei ARBED Saarstahl): Die Krise in der Stahlindustrie, in: Die Mitbetimmung 7+8/1984, S. 301–304

17 Vgl. Regina Droge: Eine Region stirbt. Aufschwung in den Abgrund, in: Der Gewerkschafter 12/1983, S. 2-8 sowie Robert Kappel: Zur Krise und zur Perspektive des Schiffsbaus in der Bundesrepublik, in: GM 10/1983, S. 686-696

18 Johann Welsch: Branchenreport, S. 192

19 Stuttgarter Nachrichten v. 21. 9. 1984

20 Zitiert nach Horst Hinz: Maschinenbau vor der Entscheidung, in: Der Gewerkschafter 6/1984 S. 43

21 Vgl. zur Problemeinführung Buhmann/Lucy/Weber u.a.: Geisterfahrt ins Leere, Hamburg 1984

22 Rudolf Lewandowski/Detlef Borscheid (Marketing Systems): Wohin steuern die Pkw-Hersteller der Welt?, Düsseldorf 1982, S. 67

23 Ebenda, S. 63

24 Zum bereits erreichten Rationalisierungsstand am Beispiel des Motorenbaus vgl. Martin Mösner: Der Automatenmensch, in: Buhmann u.a., Geisterfahrt ins Leere, a.a.O., S. 39–41

25 Zu diesen Ansatzpunkten der Konzernstrategien vgl. Rolf Thärichen: Weltweite Strukturkrise der Automobilindustrie, in: Jacobi u.a. (Hg.): Kritisches Gewerkschaftsjahrbuch 1981/82, Berlin 1981, S. 48-57

26 Karl Pitz: Der letzte Überlebende, in: Der Gewerkschafter 11/1983, S. 44ff

27 Zur Ausgangslage für die Wirtschaft der Bundesrepublik vgl. Karl Georg Zinn: Die Bundesrepublik im weltwirtschaftlichen Strukturwandel, in: GM 10/1983, S. 660–674

28 Alexander King: Neue industrielle Revolution oder bloß neue Technologie?, in: Friedrichs/Schaff, Auf Gedeih und Verderb, S. 11-47

29 Vgl. Ray Curnow und Susan Curran: Anwendung der Technologie, in: Friedrichs/Schaff, Auf Gedeih und Verderb, S. 101–129 sowie Günther Friedrichs: Mikroelektronik und Makroökonomik, in: Friedrichs/Schaff, S. 201-223

30 Vgl. Gottfried Knapp: Vom Flipperkasten zum Computerspiel, in: Kursbuch 75, Computerkultur, März 1984, S. 153–160 sowie Gundolf S. Freyermuth: Software Fantasy, ebenda, S. 161–179

31 Vgl. Frank Barnaby: Die Mikroelektronik im Krieg, in: Friedrichs/Schaff, Auf Gedeih und Verderb, S. 257–288

32 Vgl. George Orwell: 1984, Frankfurt/M. 1976; Aldous Huxley: Schöne neue Welt, Frankfurt/M. 1978; André Gorz: Wege ins Paradies, Berlin 1983

33 Zur Problemeinführung vgl. Wolfgang Bittner/Joachim Preuss: Die entfesselte Produktivität, in: Burgdorff/Meyer-Larsen (Hg.): Weniger Arbeit, Reinbek 1984, S. 43-62 sowie ausführlicher Lothar Zimmermann (Hg.): Computereinsatz: Auswirkungen auf die Arbeit, Reinbek 1982

34 Alexander King: Neue industrielle Revolution ... a.a.O., S. 18

35 Fred Manske/Wolfgang Pelull: Industrieroboter: Die Eisernen Diener?, in: Jacobi u.a., Kritisches Gewerkschaftsjahrbuch 1980/81, a.a.O., S. 17

36 Vgl. Industriegewerkschaft Metall (Hg.): Montageautomation − ein Rationalisierungsschwerpunkt der 80er Jahre, Frankfurt/M. 1983

37 Bittner/Preuss: Die entfesselte Produktivität, a.a.O., S. 44

38 Vgl. Werner Wobbe-Ohlenburg: Automobilarbeit und Roboterproduktion, Berlin 1982, hier: S. 106

39 Vgl. Roland Schneider: Roboter, Arbeitsbedingungen und Arbeitsplätze, in: AFA Informationen, 1/1984, S. 3-22 hier S. 6f

40 Ebenda S. 7. Zum Einsatz und zur Verbreitung in der industriellen Serienmontage vgl. zudem Rolf Failmezger/Dieter Seitz: Rationalisierung und soziale Veränderungen der Montagearbeit, in: AFA-informationen, 4/1984, S. 3-17

41 Zimmermann, Computereinsatz..., a.a.O., S. 130. Vgl. auch Karin Benz-Overhage: Automatisierung der Fertigung im Maschinenbau und ihre Folgen für die Arbeitsgestaltung, in: WSI-Mitt. 2/1983, S. 79−88 und Reinhard Bispinck: Montagetätigkeit im Wandel, ebenda, S. 88−101

42 zitiert nach Zimmermann, Computereinsatz..., a.a.O., S. 130

43 Betriebliche Fallstudien legen eher ein Verhältnis von Aufwand zu Einsparung von etwa 1 : 5 nahe. Vgl. Schneider: Roboter, Arbeitsbedingungen und Arbeitsplätze, a.a.O., S. 19 ff

44 Vgl. Stuttgarter Zeitung v. 2.8.1984, S. 9

45 Schneider: Roboter, Arbeitsbedingungen und Arbeitsplätze, a.a.O., S. 21

46 Zitiert nach Schneider, ebenda, S. 10

47 Handelsblatt v. 30.5.1984, S. 8

48 Vortrag von Hans L. Merkle: Die Zukunft unserer Arbeitswelt, in: Bosch-zünder 9/1983

49 Ebenda. Merkle lenkt hier wohl mit Bedacht von dem Sachverhalt ab, daß nicht die Technik oder gar die Roboter die soziale Existenz der Arbeitnehmer gefährden, sondern die Art und Weise ihrer Nutzung.

50 Soweit die von Hans G. Helms wiedergegebene und ergänzte Vision englischer und amerikanischer Technologieexperten von der typischen Fabrik der Zukunft. Vgl. Hans G. Helms: Der große Rationalisierungsschub in der Produktion kommt erst noch, in: Angestellten Magazin 7/1983, S. 3

51 Vgl. Zimmermann, Computereinsatz..., a.a.O., S. 117 ff. und Roland Schneider: Computertechnologie in der Produktion, in: WSI-Mitt. 2/1983, S. 66-79

52 Zur Bedeutung für die Betroffenen vgl. Eckard Hildebrandt: Im Betrieb überleben mit der neuen Technik, in: Jacobi u.a., Kritisches Gewerkschaftsjahrbuch 1980/81, a.a.O., S. 24-33

53 John Evans: Arbeitnehmer und Arbeitsplatz, in: Friedrich/Schaff, Auf Gedeih und Verderb, S. 174 f

54 Vgl. zum Stand der Rationalisierung die Bestandsaufnahme der IG Metall aus dem Jahr 1983 „Maschinen wollen sie − uns Menschen nicht", hrsg. v.

Vorstand der IG Metall, Frankfurt 1983, hier S. 28

55 Vgl. zum Einsatz und zur Arbeitsweise von CAD H. Seifert: CAD/CAM-Strategien aus wissenschaftlicher Sicht, in: IG Metall (Hg.): CAD/CAM und Humanisierung, Frankfurt/M. 1984, S. 14-21

56 Vgl. dazu Zimmermann, Computereinsatz..., a.a.O., S. 77 ff

57 Vgl. Fred Manske/Werner Wobbe-Ohlenburg: Computereinsätze im Bereich technischer Angestellter, in: WSI-Mitt. 2/1983, S. 111−119 und Wolfgang Mazurek: CAD/CAM-Strategien aus Sicht der Gewerkschaften, in: IG Metall, CAD/CAM und Humanisierung, S. 41−58

58 Peter Crome: Japan: „Neandertal-Roboter" bauen „Intelligenzroboter", in: Der Gewerkschafter 6/1983, S. 30

59 Zitiert nach Hans G. Helms: Der große Rationalisierungsschub in der Produktion kommt erst noch (4. Teil), in: Angestellten Magazin 11/1983, S. 26

60 Vgl. Crome: „Neandertal-Roboter"..., a.a.O., S. 28−30

61 Im Sinne eines Zugewinns an betrieblicher Flexibilität und Reaktionsgeschwindigkeit auf Marktveränderungen scheint die Utopie der menschenleeren Fabrik als Rationalisierungsperspektive ihre ursprüngliche Faszinationskraft eingebüßt zu haben. Vgl. Karin Benz-Overhage: Wie werden wir morgen arbeiten?, in: Blätter für deutsche und internationale Politik 10/1984, S. 1207−1218 und Joachim Müller: Die Grenzen auf dem Weg zur vollautomatisierten Produktion, in: Kongreß Zukunft der Arbeit, Bielefeld 1982, S. 216−225

62 Vgl. Gudrun Trautwein-Kalms: Rationalisierung in Büro und Verwaltung, in: WSI-Mitt. 2/1983, S. 119 ff

63 "Maschinen wollen sie − uns Menschen nicht", a.a.O., S. 45

64 Zitiert nach Richard Sietmann: Am Ende der Papier-Zeit, in: Vorwärts Spezial, Heft 4/April 1983, S. 4

65 Frankfurter Rundschau v. 7.4.1984, S. 5

66 Jutta Roitsch: Am Ende wird die Kassiererin selbst kassiert, in: Frankfurter Rundschau v. 2.6.1984

67 Zum Überblick über die Grundlagen der neuen Kommunikationstechnologien vgl. Matthias Kollatz (Hg.): Kleines Lexikon zur Medienpolitik, Marburg 1984. Aus Arbeitnehmersicht vgl. zur medienpolitischen Diskussion über Kabelfernsehen und Breitbandverteilernetze Herbert Kubicek: Neue Informations- und Kommunikationstechniken, hrsg. v. Hauptvorstand der ÖTV, Stuttgart 1984

68 Vgl. allgemein zum Computereinsatz im Dienstleistungsbereich Zimmermann, Computereinsatz..., a.a.O., S. 155−190 sowie Jürgen Glaubitz/Mechthild Middeke: Rationalisierung im Versandhandel, in: WSI-Mitt. 8/1983, S. 502−511

69 Sietmann: Am Ende der Papier-Zeit, a.a.O., S. 6

70 Vgl. Herbert Kubicek: Kabel im Haus − Satellit überm Dach, Reinbek 1984

71 Vgl. Monica Weber-Nau: Kinder, Küche und Computer, in: Frankfurter

Rundschau v. 8.12.1984 und HdA-Beratungsprojekt (beim Vorstand der IG Metall): Elektronische Heimarbeit – die „schöne neue Arbeitswelt"? (Analyse und Materialsammlung), Frankfurt/M. 1983

72 Weber-Nau, Kinder, Küche und Computer, a.a.O.

73 So Briefs: Arbeiten ohne Sinn und Perspektive?, S. 85 ff. und Hans-Wolfgang Sternsdorff: Auf dem Weg zum Überwachungsstaat, in: Der Spiegel Nr. 2/10.1.1983, S. 46–67. Sternsdorff berichtet über Überwachungstechniken von Polizei und Staatsschutzbehörden, die George Orwells Phantasien schon übertreffen. Auch der ehemalige Präsident des Bundeskriminalamtes räumt die Gefahr ein, daß durch künftige Computergenerationen ein „Umkippen zu totalitären Formen der Digitalisierung beliebig großer gesellschaftlicher Gruppen" möglich werden könnte. Vgl. Horst Herold: Neue technische Möglichkeiten mit beklemmenden Aspekten, in: Frankfurter Rundschau v. 22.9.1984, S. 10 f

74 Zitiert nach Gisela Dybowski/Siegfried Roth: Bildungsbaustein Arbeitszeitverkürzung – Humanisierung – Beschäftigung, hrsg. v. Vorstand der IG Metall, (Frankfurt/M.) 1983, S. 104

75 Briefs: Arbeiten ohne Sinn und Perspektive?, S. 87

76 Vgl. Frankfurter Rundschau v. 11.1.1985, S. 1

77 Vgl. Erich Matthias/Klaus Schönhoven (Hg.): Solidarität und Menschenwürde. Etappen der deutschen Gewerkschaftsgeschichte von den Anfängen bis zur Gegenwart, Bonn 1984

78 Vgl. Gert Volkmann: Deckungsbeitragsrechnung und Gemeinkosten-Wertanalyse, in: WSI-Mitt. 1/1983, S. 6–17

79 Vgl. die aufbereiteten Erfahrungen mit der Rationalisierung in der Automobilindustrie in: Buhmann/Lucy/Weber: Geisterfahrt ins Leere

80 „Maschinen wollen sie – uns Menschen nicht", a.a.O., S. 59 ff. Vgl. auch Alfred Oppolzer: Konsequenzen des technisch-organisatorischen Wandels für Arbeitsorganisation, Arbeitsbelastung und Arbeitsgestaltung, in: AFA-Informationen, 3/1984, S. 3–17

81 Vgl. „Innovation wird zur Wunderkraft", in: Der Spiegel Nr. 45/5.11.1984, S. 66 ff. Allein die baden-württembergische Landesregierung will nach Pilotprojekten in Stuttgart, Heidelberg und Karlsruhe für weitere regionale sogenannte Technologiezentren in drei Jahren 20 Mio. Mark aus Haushaltsmitteln zur Verfügung stellen. Vgl. Stuttgarter Zeitung v. 11.10.1984

82 Vgl. „Alarm in den Schulen: Die Computer kommen", in: Der Spiegel Nr. 47/19.11.1984, S. 97–129. Kritisch zu dieser Entwicklung: Hans-Günter Rolff: Wieviel Computer braucht die Schule, in: NG/FH 1/1985, S. 48–52

83 Die Bundesregierung stellt für diesen Zweck ein 3 Mrd.-Programm zur Verfügung. Im Kontrast zur Nichtbeteiligung der Gewerkschaften stützt sich dieses Programm auf Empfehlungen, die zum Teil auch wörtlich aus dem „Memorandum der informationstechnischen Industrie" übernommen wurden.

84 Zitiert nach Frankfurter Rundschau v. 3.11.1984, S. 15

85 Hans L. Merkle: Die Zukunft unserer Arbeitswelt, a.a.O.

86 Bertolt Brecht: Leben des Galilei, Frankfurt, 13. Aufl. 1972, S. 125/26

89 Vgl. Rudi Welzmüller: Einkommensgefährdung durch Arbeitslosigkeit, in: WSI-Mitt. 8/1982, S. 447−457. Zur Ausgrenzung von Arbeitslosen aus der Arbeitslosenunterstützung vgl. Werner Balsen u.a.: Die neue Armut, Köln 1984

90 Gerhard Bosch: Arbeitsmarkt, in: Kittner (Hg.): Gewerkschaftsjahrbuch 1984, S. 228

91 Ebenda, S. 232

92 Vgl. Ali Wacker (Hg.): Vom Schock zum Fatalismus. Soziale und psychische Auswirkungen der Arbeitslosigkeit. Frankfurt/New York 1978.

93 Marie Jahoda u.a.: Die Arbeitslosen von Marienthal, Frankfurt 1975 (Erstveröffentlichung Leipzig 1933)

94 Vgl. Gemeinsame Stellungnahme von Verbänden der psychosozialen Versorgung zu den individuellen und sozialen Kosten der Arbeitslosigkeit, in: WSI-Mitt. 4/1983, S. 277−280.

95 Harvey Brenner: Wirtschaftskrise, Arbeitslosigkeit und psychische Erkrankung, München/Wien/Baltimore 1979

96 Vgl. Fallbeispiele in: Industriegewerkschaft Metall (Hg.): Unternehmerverhalten in der Krise, Frankfurt/M. o.J. (1982), S. 64 ff

97 Gemeinsame Stellungnahme von Verbänden der psychosozialen Versorgung, a.a.O., S. 278/79

98 Zitiert nach Gerhard Bosch, Arbeitsmarkt, a.a.O., S. 244/45

99 Vgl. Rainer Zoll (Hg.): „Die Arbeitslosen, die könnt' ich alle erschießen!" Arbeiter in der Wirtschaftskrise, Köln 1984

100 Vgl. Karlheinz Blessing: Sozialpolitik. Geschichte. Funktion. Probleme. Perspektiven, in: Sozialistische Praxis Nr. 27/Juli 1982, S. 11−14, hier S. 13.

101 Vgl. Bernd Mettelsiefen: Die Finanzierung des Sozialstaats: Formen und Probleme, in: Rahmann/Welsch, Wohlfahrtsstaat im Defizit, S. 49−71

102 Vgl. Dieter Eißel: Sozialpolitik in der Krise. Eine Bilanz sozialliberaler Politik, in: Perspektiven des Demokratischen Sozialismus 1/1984, S. 5−23

103 Johano Strasser: Grenzen des Sozialstaats?, Köln/Frankfurt/M. 1979.

104 Vgl. ebenda, S. 37 ff. sowie Arno Klönne: Alternativ oder neokonservativ? Mehrdeutigkeiten der Sozialstaatskritik, in: GM 8/1984, S. 475−485

105 Vgl. Michael Kittner: Sozialstaat und Krise, in: GM 5/1982, S. 296−309

106 Vgl. Frank Schulz: „Neokonservatismus" in den USA − ein manchesterliberaler Angriff auf den Interventionsstaat, in: GM 8/1984, S. 485−493.

107 Zur Kritik z.B. der Beratungsarbeit des Sachverständigenrates vgl. Rudolf Hickel/Harald Mattenfeldt (Hg.): Millionen Arbeitslose! Streitschrift gegen den Rat der Fünf Weisen, Reinbek 1983

108 Vgl. Karlhans Liebl: Finanzierung öffentlicher Ausgaben durch Bekämpfung der Wirtschaftskriminalität, in: WSI-Mitt. 10/1982, S. 635−640 sowie „Die dunklen Geschäfte der Herren Betrüger", in: Der Gewerkschafter 3/ 1984, S. 15 ff

109 Zu den gewerkschaftlichen Alternativvorschlägen vgl. DGB-Bundesvorstand (Hg.): Vorschläge des DGB zur Wiederherstellung der Vollbeschäftigung, Düsseldorf 1977 und Heinz Oskar Vetter: Die Arbeitnehmer nicht zusätzlich belasten. Brief v. 9.7.1981 an den Bundeskanzler, in: GM 10/1981, S. 624−627

110 Gerhard Bäcker: Sozialpolitik, in: Kittner (Hg.): Gewerkschaftsjahrbuch 1984, S. 250/51

111 So IG Metall-Vorstandsmitglied Karl-Heinz Janzen: Das Maß an Zumutungen ist voll. Zu den Haushaltsbeschlüssen 1983, in: NG 8/1982, S. 774−777

112 Vgl. Claus Schäfer: Verteilungs- und Beschäftigungswirkungen von Operation '82, Gemeinschaftsinitiative und Operation '83, in: WSI-Mitt. 10/1982, S. 579−587

113 Ebenda, S. 587

114 Zur letzten Phase des Niedergangs vgl. Klaus Bölling: Die letzten 30 Tage des Kanzlers Helmut Schmidt, Reinbek 1982

115 Dokumentiert ebenda, S. 121−141

116 Vgl. Gerhard Bäcker: Sozialpolitik, S. 252 ff

117 Vgl. Hans-Joachim Schabedoth: Hochschulreform − eine verpaßte Chance, Hagen 1982, S. 220 ff. sowie 352 ff

118 Vgl. DGB-Bundesvorstand (Hg.): Die Haushaltspolitik der Bundesregierung: Sozialabbau Lohnverzicht mehr Arbeitslose, Düsseldorf 1983

119 Der ÖTV gelang es dennoch, über eine Einmalzahlung von 240 DM für die letzten vier Monate des Jahres 1984 die im Haushaltsplan vorgesehene Null-Runde für die Einkommen im öffentlichen Dienst abzuwehren, mußte dafür allerdings erhebliche Abstriche hinsichtlich der Forderung nach Arbeitszeitverkürzung akzeptieren.

120 Vgl. Hartmut Tofaute: Anmerkungen zu der geplanten Steuerreform der Bundesregierung, in: WSI-Mitt. 12/1984, S. 709−719

121 Vgl. Aufstellung in: Der Gewerkschafter 3/1984, S. 10 f

122 Vgl. Gerhard Bäcker: Sozialpolitik, S. 265 ff

123 Daß dies eine zwangsläufige Konsequenz sein dürfte, folgt aus der Analyse der Konsolidierungs-„Erfolge". Vgl. Claus Schäfer: Sparen über alles, in: WSI-Mitt. 12/1984, S. 682−692

124 Zu strukturellen Mängeln der Rentenversicherung vgl. Schwerpunktthema "Macht die Rente ‚pleite'?", in: Der Gewerkschafter 4/1984, S. 14−34

125 Vgl. Günter Schiller: Probleme der Rentenversicherung im sozio-ökonomischen Wandel, in: Rahmann/Welsch, Wohlfahrtsstaat im Defizit, S. 93−114

126 So erneut Kurt Biedenkopf: Die Zukunft des Sozialstaates, in: GM 8/1984, S. 494−500

127 „Von der Rentenkrise in die Staatskrise?", in: Der Spiegel Nr. 10/4. März 1985, S. 25

128 Vgl. Klaus Mehrens: Sozialausgaben und Rüstungslasten − Sachzwänge

oder politische Prioritäten?, in: NG 5/1984, S. 480–482

129 Kurt Biedenkopf: Die Zukunft des Sozialstaates, a.a.O., S. 497

130 Zur einkommens- und verteilungspolitischen Bilanz 1981/83 vgl. Rudolf Kuda: Wirtschaft, in: Kittner (Hg.): Gewerkschaftsjahrbuch 1984, S. 125–179, hier: S. 143 ff

131 Zum 1984 erreichten Stand der Verteilungsauseinandersetzung vgl. Ingrid Kurz-Scherf: Ergebnisse und Tendenzen der Tarifrunde 1984, in: WSI-Mitt. 3/1985, S. 121–136, hier S. 133 ff

132 So zu lesen in der Wahlkampf-Broschüre „Arbeit schaffen. Argumente für eine zukunftsorientierte Wirtschafts- und Finanzpolitik", hrsg. v. d. CDU-Bundesgeschäftsstelle, Bonn o.J., S. 26

133 Zum wirtschaftspolitischen Programm der Reaktion vgl. Chronologie bei Rudolf Kuda: Wirtschaft, S. 160 ff

134 Ernst Albrecht: Zehn Thesen zum Problem der Arbeitslosigkeit, dokumentiert in: Frankfurter Rundschau v. 27.8.1983, S. 4

135 So die Kritik der stellvertretenden SPD-Fraktionsvorsitzenden Anke Fuchs, dokumentiert in: Frankfurter Rundschau v. 18.9.1984, S. 10 (Unternehmer-Risiken sollen auf die Arbeitnehmer abgewälzt werden)

136 Vgl. Ingrid Kurz-Scherf: Arbeitszeit im Umbruch. Analyse und Dokumentation der neuen tariflichen Arbeitszeitbestimmungen. Arbeitsmaterialien 4 des WSI, Düsseldorf 1984

137 Vgl. Fallbeispiele in: Industriegewerkschaft Metall (Hg.): Unternehmerverhalten in der Krise, Frankfurt/M. o.J. (1982), S. 106 ff. und 122 ff

138 Vgl. Manfred H. Bobke: Arbeitsrecht im Arbeitskampf. Der Arbeitskampf 1984 in der Metallindustrie und in der Druckindustrie im Spiegel juristischer Auseinandersetzungen, Arbeitsmaterialien 5 des WSI, Düsseldorf 1985

139 Vgl. ebenda, Teil III

140 Zur Bestandsaufnahme und Vorausschau weltweiter Umweltgefährdungen vgl. Martin W. Holdgate u.a.: Umwelt – Weltweit. Bericht des Umweltprogramms der Vereinten Nationen, Berlin 1983

141 Vgl. Harmut Elsenhans: Nord-Süd-Beziehungen. Geschichte – Politik – Wirtschaft, Stuttgart 1984

142 Zu den weltwirtschaftlichen Problemen vgl. die ausführlichere Analyse Altvater/Hübner/Stanger: Alternative Wirtschaftspolitik jenseits des Keynesianismus, Opladen 1983, S. 29 ff., auf die ich mich hier und im folgenden stütze

143 Ansätze einer alternativen Wirtschaftspolitik, die auch die weltwirtschaftlichen Dimensionen der Wirtschaftskrise einbeziehen, liefern Altvater/Hübner/Stanger, a.a.O., S. 217 ff. sowie Hartmut Elsenhans: Monetaristische Politik in den Industrieländern oder der beste Weg zur Zerstörung einer liberalen Weltwirtschaft, in: Birk/Eggerstedt/Tegtmeier (Hg.): Politik gegen die Krise, Marburg 1985, S. 57–82

144 Zu den ideologischen Fundamenten dieser Politik vgl. Iring Fetscher (Hg.): Neokonservative und „Neue Rechte". Der Angriff gegen Sozial-

staat und liberale Demokratie in der Bundesrepublik, Westeuropa und den Vereinigten Staaten, München 1983

145 Vgl. Wilhelm Adamy/Johannes Steffen: Sozialabbau und Umverteilung in der Wirtschaftskrise – Zum Vergleich der Wirtschafts- und Sozialpolitik in Bonn und Weimar, in: WSI-Mitt. 10/1983, S. 603–616

146 Der Gewerkschafter 6/1983, S. 13

147 Vgl. Kongreß Zukunft der Arbeit, Materialien-Band, hrsg. v. Kongreßbüro „Zukunft der Arbeit", Bielefeld 1982. Zur Diskussion in der katholischen und evangelischen Industriearbeit um die Zukunft der Arbeit vgl. Wolfgang Klein/Werner Krämer (Hg.): Sinn und Zukunft der Arbeit, Mainz 1982 und Klaus Fütterer: Streit um die Arbeit, Stuttgart 1984

148 Nach Angaben des Deutschen Video Instituts sollen Ende 1984 bereits in mehr als einer Million deutscher Haushalte Computer zum Spielen und Lernen stehen.

149 Vgl. Otto Ulrich: Computer-Totalitarismus, in: NG/FH 1/1985, S. 21–23

150 Industriegewerkschaft Metall (Hg.): „Der Mensch muß bleiben!" Aktionsprogramm: Arbeit und Technik, Frankfurt/M. 1984

151 Vgl. dazu: Zimmermann, Computereinsatz..., a.a.O., S. 297 ff. und Ulrich Briefs: Informationstechnologien und Zukunft der Arbeit, Köln 1984, S. 78 ff

152 Rolf G. Heinze/Karl Hinrichs/Claus Offe/Thomas Olk: Sind die Gewerkschaften für 'alle' da?, in: Jacobi u.a. (Hg.): Kritisches Gewerkschaftsjahrbuch 1980/81, S. 62–77

153 Josef Esser: Gewerkschaften in der Krise, Frankfurt/M. 1982, S. 64

154 Vgl. Sebastian Herkommer/Joachim Bischoff u.a.: Gesellschaftsbewußtsein und Gewerkschaften, Hamburg 1979

155 Rainer Erd/Christoph Scherrer: Amerikanische Gewerkschaften – Opfer des Weltmarkts, in: Prokla 54/März 1984, S. 92/93

156 Ralf Dahrendorf: Die Arbeitsgesellschaft ist am Ende, in: Die Zeit v. 26.11.1982

157 Ders.: Verhindern statt vorantreiben, in: Die Zeit v. 18.5.1984

158 Walther Müller-Jentsch: Klassen-Auseinander-Setzungen. Lesarten über die Arbeitskonflikte der siebziger Jahre und Mutmaßungen über die Zukunft der Gewerkschaften, in: Prokla 54/März 1984, S. 28

159 André Gorz: Abschied vom Proletariat, Frankfurt/M. 1980

160 Prokla-Redaktion: Editorial. Gewerkschaftsbewegung am Ende?, in: Prokla 54/März 1984, S. 3

161 Vgl. André Gorz, Wege ins Paradies, die er in den bereits durch die „mikroelektronische Revolution" stattfindenden Veränderungen angelegt sieht.

162 André Gorz: Ins Paradies – aber mit den Gewerkschaften! Ein Gespräch mit Klaus Podak, in: Prokla 55/Juni 1984, S. 20

163 Differenzierung und Solidarität, Gespräch mit Norbert Blüm, in: GM 1/ 1985, S. 19–27

164 Vgl. Ernst Breit: Fortschritt – gegen, ohne oder durch die Gewerkschaf-

232

ten?, in: GM 1/1985, S. 1–19, Günter Döding: Gewerkschaften – weder Parteiersatz noch Überregierung, in: GM 2/1985, S. 92–101, Kurt van Haaren: Wir müssen deutlich machen, wofür wir eintreten, ebenda, S. 82–92, Hermann Rappe: Notwendig: Konzept einer lebenswerten Arbeits- und Umwelt, ebenda, S. 73–81 sowie Dieter Wunder: Die Gewerkschaften – eine Kraft der Vergangenheit?, ebenda, S. 65–73

165 Michael Kittner: Das Jahr 1983 aus gewerkschaftlicher Sicht, in: Kittner (Hg.): Gewerkschaftsjahrbuch 1984, S. 36

166 Vgl. Hans Janßen/Klaus Lang: Überwintern oder Überleben, in: Ferlemann/Janßen u.a.: Existenz sichern, Arbeit ändern, Leben gestalten, Hamburg 1985, S. 7–37 sowie Detlef Hensche: Aktive Gegenwehr, ebenda, S. 81–93

167 Vgl. dazu Hans Mayr: Grundsatzreferat „Durch Reform aus der Krise – Arbeit für alle – Mitbestimmung und soziale Demokratie", in: Protokoll 4. Tag (14. ordentlicher Gewerkschaftstag der IG Metall, München, 13. Oktober 1983).

168 Vgl. Franz Steinkühler: Krisenverwaltung oder Zukunftsgestaltung? – Zur Notwendigkeit neuer Gestaltungs- und Verteilungsansätze, dokumentiert in: Frankfurter Rundschau v. 22.+23.2.1985, S. 12/S. 10, hier 23.2., S. 10

169 So der Eindruck von über 900 Gesellschaftswissenschaftlern, die sich als Unterzeichner eines Aufrufes der „Initiative Gesellschaftswissenschaftler für die 35-Stunden-Woche" gegen die einseitige Indienstnahme des angeblich wissenschaftlichen Sachverstandes zur Verteidigung des Interessenstandpunktes der Arbeitgeber verwahrten. Vgl. Dokumentation des Aufrufes in: Perspektiven des Demokratischen Sozialismus 2/1984, S. 73–76

170 Ausführlicher analysiert und im folgenden zusammengefaßt in: IG Metall, Verwaltungsstelle Stuttgart (Hg.): Neun Argumente zur Arbeitszeitverkürzung, 2. Aufl. Stuttgart 1983. Vgl. auch Hans-Joachim Schabedoth: Arbeitgeberbehauptungen und Realitäten, in: Sozialistische Praxis 36/Jan./Febr. 1984, S. 6–9 sowie Ottwald Demele: „Schlachten wir die Kuh, die wir melken wollen?" Eine Auseinandersetzung mit Arbeitgeberargumenten gegen die Verkürzung der Arbeitszeit, in: GM 2/1984, S. 90–103

171 Vgl. DGB-Bundesvorstand (Hg.): Umweltschutz und qualitatives Wachstum, Düsseldorf 1985 sowie Wilfried Höhnen: Die Vorschläge des DGB zur Wiederherstellung der Vollbeschäftigung, in: Meißner/Kosta/Welsch (Hg.): Für einen ökonomische Reformpolitik, Frankfurt/M. 1981, S. 165–180 und Claus Schäfer: Wiedergewinnung der Vollbeschäftigung durch qualitatives Wachstum, in: Rahmann/Welsch, Wohlfahrtsstaat im Defizit, S. 133–157

172 In diesem Sinne vgl. Rudolf Hickel: Technologische Arbeitslosigkeit – Keine Frage der Technik, in: Blätter für deutsche und internationale Politik 10/1984, S. 1190–1206. Vgl. auch Arbeitsgruppe Alternative Wirtschaftspolitik: 35 Stunden sind genug!, Köln 1983 sowie Hans Mayr/Hans Janßen (Hg.): Perspektiven der Arbeitszeitverkürzung, Köln 1984

173 Vgl. zum Zusammenhang Arbeitsbelastung und Gesundheitsverschleiß Rainer Müller: Kürzere Arbeitstage, ein gesundheitspolitisches Erfordernis ersten Ranges − arbeitsmedizinische Argumente, in: AFA − Informationen 5/1984, S. 3−12

174 Zur Kritik solcher Vorschläge vgl. Gerhard Bäcker/Hartmut Seifert: Arbeitszeitverkürzung durch individuelle Flexibilisierung oder tarifvertragliche Regelungen?, in: WSI-Mitt. 2/1982, S. 123−134 und Leonore Held/Peter W. Karg: Variable Arbeitszeit − Anspruch und Wirklichkeit, in: WSI-Mitt. 8/1983, S. 469−490

175 Vgl. zu den Auswirkungen der flexiblen Altersgrenze auf die Arbeits- und Lebensbedingungen älterer Arbeitsnehmer Petra Friedmann/Stephanie Weimer: Arbeitnehmer zwischen Erwerbstätigkeit und Ruhestand, Frankfurt/M./New York 1982

176 Vgl. Der Minister für Arbeit, Gesundheit und Soziales des Landes NRW (Hg.): Modelle zur Arbeitszeitverkürzung und Arbeitsverteilung, Düsseldorf 1983

177 Hans Mayr: Der Kampf um die 35-Stunden-Woche − Erfahrungen und Schlußfolgerungen aus der Tarifbewegung 1984, in: GM 11/1984, S. 661−671, hier S. 662

178 Vgl. Hans Janßen: Die Arbeitszeitpolitik der IG Metall − Notwendigkeiten und Perspektiven, in: Mayr/Janßen, Perspektiven der Arbeitszeitverkürzung, S. 15−29

179 Ernst Eisenmann, Vorwort, in: IG Metall Verwaltungsstelle Stuttgart (Hg.): Neun Argumente zur Arbeitszeitverkürzung, S. 2

180 Vgl. Jürgen Prott: Medien und Arbeitskämpfe. Hatz auf die IG Metall, in: Der Gewerkschafter 10/1984, S. 19-26

181 Vgl. IG Metall Bezirksleitung Stuttgart: Dokumentation zu den Tarifabschlüssen 1981−1984, Stuttgart 1984

182 Vgl. dazu Sybille Stamm/Walter Riester: „Offensive Mobilisierungsstrategie" heißt breite Einbeziehung der Mitglieder! Das Beipiel Stuttgart, in: Her mit dem ganzen Leben, Marburg 1984, S. 81−113

183 Zum Verhandlungsverlauf im Metall-Tarifgebiet Nordwürttemberg/Nordbaden vgl. Wolfgang Riester: Der Kampf um die 35-Stunden-Woche in Nordwürttemberg/Nordbaden − Bedingungen, Erfahrungen, Schlußfolgerungen, in: WSI-Mitt. 9/1984, S. 526−533. Aus der Sicht der Arbeitgeber vgl. Verband der Metallindustrie Baden Württemberg e.V. (Hg.): Der Arbeitskampf '84, Stuttgart 1984

184 Vgl. Sybille Stamm: Widerstandsaktionen gegen Aussperrung im Tarifgebiet Nordwürttemberg/Nordbaden während des Arbeitskampfes um die 35-Stunden-Woche, in: Arbeitskampf um Arbeitszeit, Marburg 1985, S. 41−66

185 Vgl. dazu die Rahmenbedingungen für den Übergang zur 40-Stunden-Woche, analysiert durch Karl-Heinz von Kevelaer/Karl Hinrichs: Arbeitszeit und „Wirtschaftswunder", in: Politische Vierteljahresschrift 1/1985, S. 52−75

186 Vgl. Erwin Ferlemann: Erfolge und Probleme des Tarifabschlusses in der Druckindustrie, in: Ferlemann/Janßen u.a.: Existenz sichern, Arbeit ändern, Leben gestalten, Hamburg 1985, S. 62−80

187 Vgl. Walter Riester: 38,5 für jeden − der Kampf geht weiter. Die Umsetzung des Tarifergebnisses im Betrieb, in: Arbeitskampf um Arbeitszeit, S. 89−103

188 Franz Steinkühler im Gespräch mit der SP über den Arbeitskampf '84, in: Sozialistische Praxis Nr. 40/Sept./Okt. 1984, S. 5

189 Ingrid Kurz-Scherf/WSI-Tarifarchiv: Ergebnisse und Tendenzen der Tarifrunde 1984, in: WSI-Mitt. 3/1985, S. 121-136, hier S. 130

190 So in der Betriebszeitung „Boschzünder" Nr. 5/1984. Inzwischen will die Bosch-Geschäftsleitung von einer solchen Vorruhestandsregelung nichts mehr wissen. Jede Gesetzeslücke nutzend, hat sie dafür eine kostengünstigere Lösung zur Verjüngung des Personalbestandes gefunden: Statt einen Vorruhestand ohne Einkommenseinbußen anzubieten, will sie den 57-jährigen Bosch-Mitarbeitern das Angebot eines 19-Stunden-Vertrags für 2 Jahre machen. Daran soll sich auf Kosten der Gesamtheit aller Sozialversicherungszahler für ein Jahr bis zum vorgezogenen Renteneintritt im 60. Lebensjahr eine Entlassung in die Arbeitslosigkeit anschließen.

191 So das Ergebnis einer Anfrage der Zeitung „Metall" bei der Bundesanstalt. Vgl. Metall Nr. 7/4. April 1985, S. 12. Für Ende März gibt das Landesarbeitsamt Baden-Württemberg die Zahl der genehmigten Anträge auf Vorruhestand im Bundesgebiet und Berlin mit 3.710 an.

192 Franz Steinkühler im Gespräch mit der SP über den Arbeitskampf '84, a.a.O., S. 5

193 Ernst Eisenmann, Vorwort, a.a.O., S. 2

194 Vgl. zum Stellenwert der historischen Tradition für die politische Arbeit Malte Ristau (Hg.): Identität durch Geschichte. Leitziel Emanzipation, Marburg 1985

195 Franz Steinkühler, Nachwort zu: Peter Scherrer/Peter Schaaf: Dokumente zur Geschichte der Arbeiterbewegung in Württemberg und Baden, 1848−1949, Stuttgart 1984, S. 673

196 Vgl. zu den Perspektiven gewerkschaftlicher Tarifpolitik Walter Riester: Aktuelle und langfristige Aufgaben in der Tarifpolitik, in: Leonhard Mahlein u.a.: Tarifpolitik unter Krisenbedingungen, Frankfurt/M. 1984, S. 51−96

197 Zur Bestandsaufnahme vgl. Sven Papcke/Karl Theodor Schuon (Hg.): Braucht die SPD ein neues Grundsatzprogramm?, Berlin 1984

198 Vgl. dazu Klaus Jürgen Scherer: Die Herausforderungen der neuen sozialen Bewegungen − eine Bilanz, in: Vera Konieczka/Norbert Kunz/Klaus −Jürgen Scherer (Hg.): Sozialismus zwischen Ökonomie und Ökologie, Berlin 1984, S. 14−28

199 Einen frühen Versuch, diese unsinnige Frontstellung durch Sachaufklärung aufzulösen und die Reduktion der Wirtschaftspolitik auf die Alternative „Wachstum oder Arbeitslosigkeit" aufzubrechen, lieferten Hans Chri-

stoph Binswanger/Werner Geissberger/Theo Ginsburg (Hg.): Der NAWU-Report: Wege aus der Wohlstandsfalle. Strategien gegen Arbeitslosigkeit und Umweltkrise, Frankfurt/M. 1978 und später Erhard Eppler: Wege aus der Gefahr, Reinbek 1981, der sich mit seinem Anliegen zu Recht auf den 1972 von der IG Metall in Oberhausen veranstalteten Kongreß „Qualität des Lebens" beruft.

200 DGB-Bundesvorstand (Hg.): Umweltschutz und qualitatives Wachstum, S. 10–11

201 Ebenda, S. 6

202 Vgl. Hans-Joachim Schabedoth: Wirtschaftspolitik der Grünen zwischen Utopie und Realitätsbezug, in: NG 1/1983, S. 36–41

203 Zu den Gefährdungen und Alternativen der Friedenssicherung vgl. Michael Strübel: Sicherheitspolitische Alternativen, in: Frankfurter Hefte 9/1984, S. 28–35 sowie ders. (Hg.): Friedens- und sicherheitspolitische Alternativen – Konzepte, Kontroversen, Perspektiven, Gießen 1985

204 Dies und folgende Beispiele für den gesellschaftlichen Preis der Rüstung zitiert u.a. bei Bernd Schütt: Alternative Fertigung: Die Suche nach sicheren Arbeitsplätzen und sinnvoller Arbeit, in: Die Mitbestimmung 12/1982, S. 443-445, hier S. 444

205 Dies und folgende Beispiele zitiert nach Konrad Melchers: Macht Schwerter zu Pflugscharen, in: Der Gewerkschafter 9/1983, S. 2f

206 Ebenda, S. 3

207 Vgl. Ulrich Albrecht: Kollege Lucas rüstet um. Gewerkschaften und Umrüstung: Die Kollegen in „Wehrtechnischen" Betrieben denken um, in: Vorwärts Nr. 36/30. 8. 1979 sowie Horst Klaus: Abrüstung und Sicherheit der Arbeitsplätze, in: Vorwärts Nr. 45/10. 11. 1977, S. 9

208 Vgl. Horst Klaus, a.a.O. Zur gewerkschaftlichen Programmatik vgl. Randolph Nikutta: Die Beschlußlage von IG Metall und DGB zum Problembereich Rüstungsproduktion, in: antimilitarismus information 8/1982, S. 124–128

209 Vgl. zum Gesamtzusammenhang gewerkschaftlicher Friedensarbeit Horst Klaus: Gewerkschaftliche Friedensarbeit, in: Reimund Seidelmann (Hg.): Der Demokratische Sozialismus als Friedensbewegung, Essen 1982, S. 181–186

210 Vgl. Ulrich Albrecht: Rüstungskonversionsforschung, Baden-Baden 1979, sowie Arbeitsgruppe Abrüstungsplanung der Deutschen Gesellschaft für Friedens- und Konfliktforschung: Neue Wege der Abrüstungsplanung, dokumentiert in: Frankfurter Rundschau v. 11. 11. 1980

211 Vgl. Guido Grünewald: Mehr Arbeitsplätze durch Abrüstung. Möglichkeiten und Probleme der Rüstungskonversion, in: Solidarität/Juli 1982, S. 9–12, hier S. 9. Zu den ökonomischen Aspekten der Rüstungsentwicklung vgl. Jürgen Senger: Rüstungswirtschaft und Rüstungstechnologie: Zur gesamtwirtschaftlichen Bedeutung der rüstungstechnologischen Forschung und Entwicklung, Würzburg 1980

212 Vgl. Konrad Melchers, a.a.O., S. 2

236

213 Vgl. dazu Klaus Mehrens/Christian Wellmann: Gewerkschaften, Rüstung und Abrüstung, in: GM 9/1980, S. 591—602

214 Vgl. Mike Cooley: Produkte für das Leben, statt Waffen für den Tod. Arbeitnehmerstrategien für eine andere Produktion. Das Beispiel Lucas Aerospace, Reinbek 1982, sowie Peter Löw-Beer: Industrie und Glück. Der Alternativplan von Lucas Aerospace, Berlin 1981

215 So Jörg Fischer im Vorwort zu Günter Bouwert: Vom MRCA Tornado zur zivilen Alternative, Baden-Baden 1983, S. 7

216 Vgl. Günter Bouwert: a.a.O.; Thilo Holtz: Für eine andere Produktion. Eine Initiative Hamburger Werftarbeiter, in: Jacobi/Schmidt/Müller-Jentsch (Hg.): Nicht vor — nicht zurück? Kritisches Gewerkschaftsjahrbuch 1982/83, Berlin 1982, S. 107—111; Bernd Schütt a.a.O.

217 Vertrauenskörper der Blohm&Voss AG Hamburg: Rationelle Energieverwendung. Ein Vorschlag alternativer Produkte, ebenda. S. 111-115

218 Vgl. Edgar Einemann/Edo Lübbing: Anders produzieren. Alternative Strategien in Betrieb und Region, Marburg 1985

219 Ich wiederhole und aktualisiere im folgenden Überlegungen und Vorschläge für eine Problemlösungsperspektive, deren Grundzüge ich schon an anderer Stelle zu systematisieren versucht habe. Vgl. Hans-Joachim Schabedoth: Grundzüge einer arbeitsorientierten Wirtschafts- und Betriebspolitik, in: Konieczka u.a., Sozialismus zwischen Ökonomie und Ökologie, S. 111—124

220 Zur Diskussion vgl. Josef Esser: Gewerkschaften in der Krise, S. 16ff

221 Vgl. dazu DGB-Bundesvorstand (Hg.): Grundsatzprogramm des Deutschen Gewerkschaftsbundes, Düsseldorf 1981, hier Präambel S. 1ff

222 Heinz Birnbaum/Rudolf Kuda: Alternative Wirtschaftspolitik und Partizipation, in: Meißner/Kosta/Welsch: Für eine ökonomische Reformpolitik, Frankfurt/M. 1981, S. 15—24, hier S. 17

223 Eine zusammenfassende Darstellung der vorliegenden Teilkonzepte und Ansätze in der gewerkschaftlichen Diskussion liefern Fritz Vilmar/Karl-Otto Sattler: Wirtschaftsdemokratie und Humanisierung der Arbeit, Köln/Frankfurt/M. 1978. Zu den Struktur- und Funktionsprinzipien eines wirtschaftlichen Ordnungsmodells auf der Basis von Wirtschaftsdemokratie vgl. Ulrich Gärtner/Peter Luder: Ziele und Wege der Demokratisierung der Wirtschaft, Diessenhofen (CH) 1979 (Zwei Bände). Zur Diskussion vgl. Hans-Hermann Hartwich: Demokratie in der Wirtschaft — Widerspruch, Utopie oder Möglichkeit?, in: Landeszentrale für politische Bildung des Landes Nordrhein-Westfalen (Hg.): Demokratie als Teilhaber, Köln 1981, S. 209—223

224 Hans-Hermann Hartwich: Demokratie in der Wirtschaft ..., a.a.O., S. 210—211

225 Vgl. Heinrich Potthoff: Wirtschaftsdemokratie — Grundlagen und Konsequenzen, in: GM 3/1985, S. 139—151

226 Vgl. Ulrich Gärtner/Peter Luder: Ziele und Wege einer Demokratisierung der Wirtschft, S. 603ff sowie Karl Georg Zinn: Investitionslenkung und

gesamtgesellschaftliche Rahmenplanung, in: Meißner/Kosta/Welsch (Hg.): Für eine ökonomische Reformpolitik, S. 79–91. In diesem Punkt gibt es inzwischen auch einen manifesten Konsens zwischen dem IG-Chemie-Vorsitzenden Herman Rappe und dem zweiten Vorsitzenden der IG Metall Franz Steinkühler. Vgl. Hermann Rappe/Franz Steinkühler, Tischvorlage für die Sitzung (der SPD-Programmkommission) am 19. 3. 1985, dokumentiet in: Frankfurter Rundschau v. 2. 5. 1985, S. 10

227 Vgl. DGB-Grundsatzprogramm, S. 11f und Fritz Vilmar/Karl-Otto Sattler: Wirtschaftsdemokratie und Humanisierung der Arbeit, S. 59ff

228 Vgl. dazu Jiří Kosta: Sozialistische Planwirtschaft. Theorie und Praxis, Opladen 1974 und ders.: Für eine demokratische Alternative zu den „realsozialistischen" Wirtschaftssystemen, in: Joseph Huber/Jiří Kosta (Hg.): Wirtschaftsdemokratie in der Diskussion, Köln/Frankfurt/M. 1978, S. 139–157 sowie ders.: Der Dritte Weg – eine demokratisch-sozialistische Alternative zu den sozialökonomischen Systemen in Ost und West, in: Perspektiven des Demokratischen Sozialismus 1/1984, S. 27–36

229 Vgl. Fritz Vilmar/Karl-Otto Sattler: Wirtschaftsdemokratie und Humanisierung der Arbeit, S. 86ff

230 Vgl. Industriegewerkschaft Metall (Hg.): Stahlpolitisches Programm der IG Metall, Frankfurt/M. 1985

231 Vgl. Sozialistische Studiengruppen (SOST): Vergesellschaftung der Banken, in: Sozialismus 1/1982, S. 41–47

232 Vgl. Ulrich Gärtner/Peter Luder: Ziele und Wege einer Demokratisierung der Wirtschaft, S. 67ff

233 Zum Problem der Koordinierung vgl. Hans G. Nutzinger: Wirtschaftsdemokratie und betriebliche Mitbestimmung: Konzepte und Realisierungschancen, in: Birk u.a., Politik gegen die Krise, S. 103–128. Nutzinger plädiert im Sinne einer dezentralen Konzeption von Wirtschaftsdemokratie für eine Verbindung von Mitbestimmung und Markt.

234 Zur Darstellung und Kritik vgl. Eckhardt Barthel: Mitbestimmungsgesetze in der Bundesrepublik, in: Demokratie und Teilhabe, a.a.O., S. 141–154, Ulrich Gärtner/Peter Luder: Ziele und Wege einer Demokratisierung der Wirtschaft, S. 301ff sowie Fritz Vilmar/Karl-Otto Sattler: Wirtschaftsdemokratie und Humanisierung der Arbeit, a.a.O., S. 109ff und Ulrike Wendeling-Schröder: Mitbestimmung auf Unternehmensebene und gesamtwirtschaftliche Mitbestimmung, in: Kittner (Hg.): Gewerkschaftsjahrbuch 1984, S. 337–360

235 Vgl. dazu Bernhard Wurl: Die Misere exemplarisch: AEG, in: Sozialistische Praxis Nr. 29/Okt./Nov. 1982, S. 15f

236 Zur Weiterentwicklung der Mitbestimmung vgl. Ernst Breit: Mitbestimmungsinitiative: Abbau der Arbeitslosigkeit – Demokratisierung der Wirtschaft, in: GM 10/1982, S. 593–602, DGB-Bundesvorstand (Hg.): Grundsätze des Deutschen Gewerkschaftsbundes zur Weiterentwicklung des Betriebsverfassungsrechts, Düsseldorf 1983 und Volker Jung: Aspekte der Mitbestimmungsinitiative des DGB, in: GM 10/1982, S. 627–640

237 Mitbestimmung. Daten und Fakten zur Mitbestimmungsinitiative des Deutschen Gewerkschaftsbundes, Blatt 1, (Tagungsunterlage zur DGB-Mitbestimmungskonferenz am 24. Januar 1985 in Stuttgart)

238 Überarbeitete Konzeption Mitbestimmung am Arbeitsplatz, ebenda als Anlage. Vgl. auch Gerhard Leminsky: Mitbestimmung am Arbeitsplatz – Erfahrungen und Perspektiven, in: GM 3/1985, S. 151–161

239 Vgl. aus Arbeitgebersicht die Argumentation von Winfried Schlaffke: Qualitätszirkel kontra Mitbestimmung, in: Gewerkschaftsreport 1/1984, S. 14–17 und zur gewerkschaftlichen Kritik solcher Konzeptionen Horst Dachwitz/Thomas Breisig: Führen Qualitätszirkel zur Mitbestimmung am Arbeitsplatz?, in: Der Betriebsrat 9/1984, S. 393–418

240 Überarbeitete Konzeption Mitbestimmung am Arbeitsplatz, a.a.O., S. 2f

241 Zum Diskussionsstand vgl. Friedel Heße: Gesamtwirtschaftliche Mitbestimmung und ihr Beitrag zur Demokratisierung der Wirtschaft und zur Bekämpfung der Arbeitslosigkeit, in: WSI-Mitt. 12/1983, S. 748–760

242 Mitbestimmung. Daten und Fakten zur Mitbestimmungsinitiative des Deutschen Gewerkschaftsbundes, a.a.O., Blatt 3

243 Vgl. Lothar Zimmermann (Hg.): Belastungen und Streß bei der Arbeit – Leitfaden für Arbeitnehmer 5, Reinbek 1982 sowie Industriegewerkschaft Metall (Hg.): „Maschinen wollen sie – uns Menschen nicht", S. 59ff

244 Vgl. Arbeitsgruppe Alternative Wirtschaftspolitik: 35 Stunden sind genug!, Köln 1983, S. 20 u. 54f

245 Vgl. Herbert Kubicek: Sozialtechnologien des Managements – Humane Strategien zur Arbeitsintensivierung und Herrschaftssicherung, in: GM 3/1982, S. 143–154

246 Zu den Grenzen der gewerkschaftlichen Politik zur Vermögensbildung der Arbeitnehmer vgl. Claus Schäfer: Ist die Vermögensbildung nur Vermögensbildung? – Zur Brauchbarkeit von Vermögenspolitik als gewerkschaftliches Instrument, in: WSI-Mitt. 7/1983, S. 443-453

247 Vgl. Deutscher Gewerkschaftsbund (Hg.): Menschengerechte Arbeitsgestaltung, Köln 1978

248 Vgl. dazu Reinhard Bispinck: Tarifvertragliche Regelung von Arbeitsbedingungen und Entlohnungsfragen – Zu den Forderungen der IG Metall für einen Lohnrahmentarifvertrag für Südwürttemberg/Hohenzollern und Südbaden, in: WSI-Mitt. 9/1982, S. 561–571 sowie Walter Riester: Aktuelle und langfristige Aufgaben in der Tarifpolitik, a.a.O., S. 54ff

Literaturhinweise

Abkürzungen:
FR   Frankfurter Rundschau
GM   Gewerkschaftliche Monatshefte
NG   Die Neue Gesellschaft (seit 1/85 NG/FH)
pds   Perspektiven des Demokratischen Sozialismus
SP   Sozialistische Praxis
WSI-Mitt. WSI-Mitteilungen. Zeitschrift des Wirtschafts- und Sozialwissenschaftlichen Instituts des Deutschen Gewerkschaftsbundes

Wilhelm Adamy/Johannes Steffen: Sozialabbau und Umverteilung in der Wirtschaftskrise − Zum Vergleich der Wirtschafts- und Sozialpolitik in Bonn und Weimar, in: WSI-Mitt. 10/1983, S. 603−616

Ernst Albrecht: Zehn Thesen zum Problem der Arbeitslosigkeit, dokumentiert in: FR v. 27. 8. 1983, S. 4

Ulrich Albrecht: Kollege Lucas rüstet um. Gewerkschaften und Umrüstung, in: Vorwärts Nr. 45/10. 11. 1977, S. 9

Ulrich Albrecht: Rüstungskonversionsforschung, Baden-Baden 1979.

Elmar Altvater u.a.: Vom Wirtschaftswunder zur Wirtschaftskrise, Berlin 1979.

Elmar Altvater/Kurt Hübner/Michael Stanger: Alternative Wirtschaftspolitik jenseits des Keynesianismus, Opladen 1983

Arbeitsgruppe Abrüstungsplanung der Deutschen Gesellschaft für Friedens- und Konfliktforschung: Neue Wege der Abrüstungsplanung, dokumentiert in: FR v. 11. 11. 1980

Arbeitsgruppe Alternative Wirtschaftspolitik: 35 Stunden sind genug! Abbau der Massenarbeitslosigkeit und Verbesserung der Arbeits- und Lebensbedingungen durch Arbeitszeitverkürzung, Köln 1983

Gerhard Bäcker: Sozialpolitik, in: Kittner (Hg.): Gewerkschaftsjahrbuch 1984, Daten − Fakten − Analysen, Köln 1984, S. 249−284

Gerhard Bäcker/Hartmut Seifert: Arbeitszeitverkürzung durch individuelle Flexibilisierung oder tarifvertragliche Regelung?, in: WSI-Mitt. 8/1983, S. 469−490

Werner Balsen u.a.: Die neue Armut. Ausgrenzung von Arbeitslosen aus der Arbeitslosenunterstützung, Köln 1984

Frank Barnaby: Die Mikroelektronik im Krieg, in: G. Friedrichs/A. Schaff (Hg.): Auf Gedeih und Verderb. Mikroelektronik und Gesellschaft. Bericht an den Club of Rome, Wien/München/Zürich 1982, S. 257−288

Eckhardt Barthel: Mitbestimmungsgesetze in der Bundesrepublik, in: Landeszentrale für politische Bildung des Landes Nordrhein-Westfalen (Hg.): Demokratie und Teilhabe, Köln 1981, S. 141−154

Daniel Bell: Die nachindustrielle Gesellschaft, Reinbek 1979 (New York 1973)

Karin Benz-Overhage: Automatisierung der Fertigung im Maschinenbau und ihre Folgen für die Arbeitsgestaltung, in: WSI-Mitt. 2/1983, S. 79−88

Karin Benz-Overhage: Wie werden wir morgen arbeiten?, in: Blätter für deutsche und internationale Politik 10/1984, S. 1207−1218

Kurt Biedenkopf: Die Zukunft des Sozialstaates, in: GM 8/1984, s. 494−500

Heinz Bierbaum/Rudolf Kuda: Alternative Wirtschaftspolitik und Partizipation, in: W. Meißner/J.Kosta/J.Welsch (Hg.): Für eine ökonomische Reformpolitik, Frankfurt/M. 1981, S. 15−25

Christoph Binswanger/Werner Geissberger/Theo Ginsburg (Hg.): Der NAWU-Report: Wege aus der Wohlstandsfalle. Strategien gegen Arbeitslosigkeit und Umweltkrise, Frankfurt/M. 1978

Reinhard Bispinck: Tarifvertragliche Regelung von Arbeitsbedingungen und Entlohnungsfragen − Zu den Forderungen der IG Metall für einen Lohnrahmentarifvertrag für Südwürttemberg/Hohenzollern und Südbaden, in: WSI-Mitt. 9/1982, S. 561−571

Reinhard Bispinck: Montagetätigkeit im Wandel, in: WSI-Mitt. 2/1983, S. 88−101

Wolfgang Bittner/Joachim Preuss: Die entfesselte Produktivität, in: S. Burgdorff/W. Meyer-Larsen (Hg): Weniger Arbeit. Die Überlebenschance der Industriegesellschaft, Reinbek 1984, S. 43−62

Karlheinz Blessing: Sozialpolitik. Geschichte, Funktion, Probleme, Perspektiven, in: SP Nr. 27/Juli 1982, S. 11−14

Manfred H. Bobke: Arbeitsrecht im Arbeitskampf. Der Arbeitskampf 1984 in der Metallindustrie und in der Druckindustrie im Spiegel juristischer Auseinandersetzungen, Arbeitsmaterialien 5 des WSI, Düsseldorf 1985

Klaus Bölling: Die letzten 30 Tage des Kanzlers Helmut Schmidt. Ein Tagebuch, Reinbek 1982

Gerhard Bosch: Arbeitsmarkt, in: M. Kittner (Hg.): Gewerkschaftsjahrbuch 1984, S. 221−248

Günter Bouwert: Vom MRCA-Tornado zur zivilen Alternative, Baden-Baden 1983

Bertolt Brecht: Leben des Galilei, Frankfurt, 13. Aufl. 1972

Ernst Breit: Mitbestimmungsinitiative: Abbau der Arbeitslosigkeit − Demokratisierung der Wirtschaft, in: GM 10/1982, S. 593−602

Ernst Breit: Fortschritt − gegen, ohne oder durch die Gewerkschaften?, in: GM 1/1985, S. 1−19

Harvey Brenner: Wirtschaftskrise, Arbeitslosigkeit und psychische Erkrankung, München/Wien/Baltimore 1979

Ulrich Briefs: Arbeiten ohne Sinn und Perspektive?, Köln, 2. Aufl. 1983

Ulrich Briefs: Informationstechnologien und Zukunft der Arbeit. Mikroelektronik und Computertechnik, Köln 1984

Heinrich Buhmann/Herbert Lucy/Rolf Weber u.a.: Geisterfahrt ins Leere. Roboter und Rationalisierung in der Automobilindustrie, Hamburg 1984

CDU-Bundesgeschäftsstelle (Hg.): Arbeit schaffen. Argumente für eine zukunftsorientierte Wirtschafts- und Finanzpolitik, Bonn o.J.

Mike Cooley: Produkte für das Leben, statt Waffen für den Tod. Arbeitnehmerstrategien für eine andere Produktion. Das Beispiel Lucas Aerospace, Reinbek 1982

Peter Crome: Japan: „Neandertal-Roboter" bauen „Intelligenzroboter", in: Der Gewerkschafter 6/1983, S. 28—30

Ray Curnow/Susan Curran: Anwendung der Technologie, in: G. Friedrichs/ A. Schaff (Hg.): Auf Gedeih und Verderb. Mikroelektronik und Gesellschaft. Bericht an den Club of Rome, Wien/München/Zürich 1982, S. 101—129

Horst Dachwitz/Thomas Breising: Führen Qualitätszirkel zur Mitbestimmung am Arbeitsplatz?, in: Der Betriebsrat 9/1984, S. 393—418

Ralf Dahrendorf: Die Arbeitsgesellschaft ist am Ende, in: Die Zeit v. 26.11.1982

Ralf Dahrendorf: Verhindern statt vorantreiben, in: Die Zeit v. 18.5.1984

Ottwald Demele: „Schlachten wir die Kuh, die wir melken wollen?". Eine Auseinandersetzung mit Arbeitgeberargumenten gegen die Verkürzung der Arbeitszeit, in: GM 2/1984, S. 90—103

DGB-Bundesvorstand (Hg.): Vorschläge des DGB zur Wiederherstellung der Vollbeschäftigung, Düsseldorf 1977

DGB-Bundesvorstand (Hg.): Menschengerechte Arbeitsgestaltung, Köln 1978

DGB-Bundesvorstand (Hg.): Grundsatzprogramm des Deutschen Gewerkschaftsbundes, Düsseldorf 1981

DGB-Bundesvorstand (Hg.): Die Haushaltspolitik der Bundesregierung: Sozialabbau, Lohnverzicht, mehr Arbeitslose, Düsseldorf 1983

DGB-Bundesvorstand (Hg.): Grundsätze des Deutschen Gewerkschaftsbundes zur Weiterentwicklung des Betriebsverfassungsrechts, Düsseldorf 1983

DGB-Bundesvorstand (Hg.): Mitbestimmung. Daten und Fakten zur Mitbestimmungsinitiative des Deutschen Gewerkschaftsbundes, (Tagungsunterlagen zur DGB-Mitbestimmungskonferenz am 24. Januar 1985 in Stuttgart), o.J.

DGB-Bundesvorstand (Hg.): Umweltschutz und qualitatives Wachstum, Düsseldorf 1985

Differenzierung und Solidarität, Gespräch mit Norbert Blüm, in: GM 1/1985, S. 19—27

Günter Döding: Gewerkschaften — weder Parteiersatz noch Überregierung, in: GM 2/1985, S. 92—101

Regina Droge: Eine Region stirbt. Aufschwung in den Abgrund, in: Der Gewerkschafter 12/1983, S. 2—8

Gisela Dybowski/Siegfried Roth: Bildungsbaustein Arbeitszeitverkürzung — Humanisierung — Beschäftigung, hrsg. v. Vorstand der IG Metall, Frankfurt/M. 1983

Arne Eggebrecht u.a.: Geschichte der Arbeit. Vom alten Ägypten bis zur Gegenwart, Köln 1980

Edgar Einemann/Edo Lübbing: Anders produzieren. Alternative Strategien in Betrieb und Region, Marburg 1985

Dieter Eißel: Sozialpolitik in der Krise. Eine Bilanz sozialliberaler Politik, in: pds 1/1984, S. 5—23

Hartmut Elsenhans: Nord-Süd-Beziehungen. Geschichte — Politik — Wirtschaft, Stuttgart 1984

Hartmut Elsenhans: Monetaristische Politik in den Industrieländern oder der beste Weg zur Zerstörung einer liberalen Weltwirtschaft, in: M. Birk/ H. Eggerstedt/A. P. Tegtmeier (Hg.): Politik gegen die Krise. Beiträge zu einer alternativen Wirtschaftspolitik, Marburg 1985, S. 57–82

Erhard Eppler: Wege aus der Gefahr, Reinbek 1981

Rainer Erd/Christoph Scherrer: Amerikanische Gewerkschaften – Opfer des Weltmarkts, in: Prokla 54/März 1984, S. 78–96

Josef Esser: Gewerkschaften in der Krise. Die Anpassung der deutschen Gewerkschaften an neue Weltmarktbedingungen, Frankfurt/M. 1982

Josef Esser: Die Patentlösung heißt „Gesundschrumpfen", in: GM 10/1983, S. 675–686

John Evans: Arbeitnehmer und Arbeitsplatz, in: G. Friedrich/A. Schaff (Hg.): Auf Gedeih und Verderb. Mikroelektronik und Gesellschaft. Bericht an den Club of Rome, Wien/München/Zürich 1982, S. 169-200

Rolf Failmezger/Dieter Seitz: Rationalisierung und soziale Veränderungen der Montagearbeit, in: AFA-informationen, 4/1984, S. 3-17

Erwin Ferlemann: Erfolge und Probleme des Tarifabschlusses in der Druckindustrie, in: E. Ferlemann/H. Janßen u.a.: Existenz sichern, Arbeit ändern, Leben gestalten, Hamburg 1985, S. 62-80

Iring Fetscher (Hg.): Neokonservative und „Neue Rechte". Der Angriff gegen Sozialstaat und liberale Demokratie in der Bundesrepublik, Westeuorpa und den Vereinigten Staaten, München 1983

Gundolf S. Freyermuth: Software Fantasy, in: Kursbuch 75, Computerkultur, März 1984, S. 161–179

Jochen Fricke u.a.: Montanregionen in der Krise, in: WSI-Mitt. 2/1984, S. 103–114

Petra Friedmann/Stephanie Weimer: Arbeitnehmer zwischen Erwerbstätigkeit und Ruhestand, Frankfurt/M./New York 1982

Günter Friedrichs: Mikroelektronik und Makroökonomie, in: G. Friedrichs/A. Schaff (Hg.): Auf Gedeih und Verderb. Mikroelektronik und Gesellschaft. Bericht an den Club of Rome, Wien/München/Zürich 1982, S. 201–229

Anke Fuchs: Unternehmer-Risiken sollen auf die Arbeitnehmer abgewälzt werden, in: FR v. 18. 9. 1984, S. 10

Jochen Fuhrmann: Rationalisierung in der Verwaltung, Köln/Frankfurt/M. 1977

Klaus Fütterer: Streit um die Arbeit, Stuttgart 1984

Ulrich Gärtner/Peter Luder: Ziele und Wege einer Demokratisierung der Wirtschaft, Diessenhofen (CH) 1979 (Zwei Bände)

Jürgen Glaubitz/Mechthild Middeke: Rationalisierung im Versandhandel, in: WSI-Mitt. 8/1983, S. 502–511

André Gorz: Abschied vom Proletariat, Frankfurt/M. 1980.

André Gorz: Wege ins Paradies, Berlin 1983

André Gorz: Ins Paradies – aber mit den Gewerkschaften! Ein Gespräch mit Klaus Podack, in: Prokla 55/Juni 1984, S. 10–21

Guido Grünewald: Mehr Arbeitsplätze durch Abrüstung. Möglichkeiten und Probleme der Rüstungskonversion, in: Solidarität Juli 1982, S. 9–12

Kurt van Haaren: Wir müssen deutlichmachen, wofür wir eintreten, in: GM 1/1985, S. 82–92

Volker Hauff/Fritz W. Scharpf: Modernisierung der Volkswirtschaft, Köln/Frankfurt/M. 1975

Hans-Hermann Hartwich: Demokratie in der Wirtschaft – Widerspruch, Utopie oder Möglichkeit?, in: Landeszentrale für politische Bildung des Landes Nordrhein-Westfalen (Hg.): Demokratie als Teilhabe, Köln 1981, S. 209–223

HdA-Beratungsprojekt (beim Vorstand der IG Metall): Elektronische Heimarbeit – die „schöne neue Arbeitswelt"? (Analyse und Materialsammlung), Frankfurt/M. 1983

Rolf G. Heinze/Karl Hinrichs/Claus Offe/Thomas Olk: Sind die Gewerkschaften für ‚alle' da?, in: O. Jacobi u.a. (Hg.): Kritisches Gewerkschaftsjahrbuch 1980/81, Berlin 1980, S. 62–77

Leonore Held/Peter W. Karg: Variable Arbeitszeit – Anspruch und Wirklichkeit, in: WSI-Mitt. 8/1983, S. 469–490.

Hans G. Helms: Der große Rationalisierungsschub in der Produktion kommt erst noch, in: Angestellten Magazin 7/1983, S. 3–5, 8/9/1983, S. 17–22, 10/1983, S. 23–28, 11/1983, S. 24–26 und 12/1983, S. 26–29

Detlef Hensche: Aktive Gegenwehr. Arbeitszeitverkürzung gegen Wendepolitik, in: E. Ferlemann/H. Janßen u.a.: Existenz sichern, Arbeit ändern, Leben gestalten, Hamburg 1985, S. 81–93.

Sebastian Herkommer/Joachim Bischoff u.a.: Gesellschaftsbewußtsein und Gewerkschaften. Arbeitsbedingungen, Lebensverhältnisse, Bewußtseinsänderungen und gewerkschaftliche Strategie 1945 bis 1979, Hamburg 1979

Horst Herold: Neue technische Möglichkeiten mit beklemmenden Aspekten, in: FR v. 22. 9. 1984, S. 10–11

Friedel Heße: Gesamtwirtschaftliche Mitbestimmung und ihr Beitrag zur Demokratisierung der Wirtschaft und zur Bekämpfung der Arbeitslosigkeit, in: WSI-Mitt. 12/1983, S. 748–760

Rudolf Hickel: Technologische Arbeitslosigkeit – Keine Frage der Technik, in: Blätter für deutsche und internationale Politik 10/1984, S. 1190–1206

Rudolf Hickel/Harald Mattenfeld (Hg.): Millionen Arbeitslose! Streitschrift gegen den Rat der Fünf Weisen, Reinbek 1983.

Eckard Hildebrandt: Im Betrieb überleben mit der neuen Technik, in: O. Jacobi u.a. (Hg.): Kritisches Gewerkschaftsjahrbuch 1980/81, Berlin 1980, S. 24–33.

Horst Hinz: Maschinenbau vor der Entscheidung, in: Der Gewerkschafter 6/1984, S. 42f.

Wilfried Höhnen: Die Vorschläge des DGB zur Wiederherstellung der Vollbeschäftigung, in: W. Meißner/J. Kosta/J. Welsch (Hg.): Für eine ökonomische Reformpolitik, Frankfurt/M. 1981, S. 165–180.

Martin W. Holdgate u.a.: Umwelt – Weltweit. Bericht des Umweltprogramms der Vereinten Nationen, Berlin 1983

Thilo Holtz: Für eine andere Produktion. Eine Initiative Hamburger Werftarbeiter, in: O. Jacobi u.a. (Hg.): Kritisches Gewerkschaftsjahrbuch 1982/83, Berlin 1982, S. 107–111

Aldous Huxley: Schöne neue Welt, Frankfurt/M. 1978

Thomas Ranald Ide: Die Technologie, in: G. Friedrichs/A. Schaff (Hg.): Auf Gedeih und Verderb. Mikroelektronik und Gesellschaft. Bericht an den Club of Rome, Wien/München/Zürich 1982, S. 49–100

IG Metall, Bezirksleitung Stuttgart: Dokumentation zu den Tarifabschlüssen 1981–1984, Stuttgart 1984

IG Metall, Verwaltungsstelle Stuttgart (Hg.): Neun Argumente zur Arbeitszeitverkürzung, Stuttgart, 2. Aufl. 1983

IG Metall, Vorstand (Hg.): Unternehmerverhalten in der Krise und gewerkschaftliche Gegenwehr, Frankfurt/M. o.J. (1982)

IG Metall, Vorstand (Hg.): „Maschinen wollen sie – uns Menschen nicht". Rationalisierung in der Metallwirtschaft. Eine Bestandsaufnahme des Vorstands der Industriegewerkschaft Metall Abteilung Automation und Technologie, Frankfurt/M. 1983

IG Metall, Vorstand (Hg.): Montageautomation – ein Rationalisierungsschwerpunkt der 80er Jahre, Frankfurt/M. 1983

IG Metall, Vorstand (Hg.): „Der Mensch muß bleiben!" Aktionsprogramm: Arbeit und Technik, Frankfurt/M. 1984

IG Metall, Vorstand (Hg.): Stahlpolitisches Programm der IG Metall, Frankfurt/M. 1985

Initiative Gesellschaftswissenschaftler für die 35-Stunden-Woche: Aufruf, dokumentiert in: pds 2/1984, S. 73–76

„Innovation wird zur Wunderkraft", in: Der Spiegel Nr. 45/5. 11. 1984, S. 66ff

Marie Jahoda u.a.: Die Arbeitslosen von Marienthal, Frankfurt 1975 (Erstveröffentlichung Leipzig 1933)

Hans Janßen: Die Arbeitszeitpolitik der IG Metall – Notwendigkeiten und Perspektiven, in: H. Mayr/H. Janßen (Hg.): Perspektiven der Arbeitszeitverkürzung. Wissenschaftler und Gewerkschafter zur 35-Stunden-Woche, Köln 1984, S. 15–29

Hans Janßen/Klaus Lang: Überwintern oder Überleben. Gewerkschaftspolitische Schlußfolgerungen aus dem Arbeitskampf um Arbeitszeitverkürzung, in: E. Ferlemann/H. Janßen u.a.: Existenz sichern, Arbeit ändern, Leben gestalten, Hamburg 1985, S. 7–37

Karl-Heinz Janzen: Das Maß der Zumutungen ist voll. Zu den Haushaltsbeschlüssen 1983, in: NG 8/1982, S. 774–777

Volker Jung: Aspekte der Mitbestimmungsinitiative des DGB, in: GM 10/1982, S. 627–640

Robert Kappel: Zur Krise und zur Perspektive des Schiffbaus in der Bundesrepublik, in: GM 10/1983, S. 686–696

Karl-Heinz van Kevelaer/Karl Hinrichs: Arbeitszeit und „Wirtschaftswunder", in: Politische Vierteljahresschrift 1/1985, S. 52–75

Alexander King: Neue industrielle Revolution oder bloß neue Technologie?, in: G. Friedrichs/A. Schaff (Hg.): Auf Gedeih und Verderb. Mikroelektronik und Gesellschaft. Bericht an den Club of Rome, Wien/München/Zürich 1982, S. 11–47

Michael Kittner: Sozialstaat und Krise, in: GM 5/1982, S. 296–309

Michael Kittner: Das Jahr 1983 aus gewerkschaftlicher Sicht, in: M. Kittner (Hg.): Gewerkschaftsjahrbuch 1984, Köln 1984, S. 31–36

Horst Klaus: Abrüstung und Sicherheit der Arbeitsplätze, in: Vorwärts Nr. 45/10. 11. 1977, S. 9

Horst Klaus: Gewerkschaftliche Friedensarbeit, in: R. Seidelmann (Hg.): Der Demokratische Sozialismus als Friedensbewegung, Essen 1982, S. 181–186

Wolfgang Klein/Werner Krämer (Hg.): Sinn und Zukunft der Arbeit. Konsequenzen aus Laborem exercens, Mainz 1982

Arno Klönne: Alternativ oder neokonservativ? Mehrdeutigkeiten der Sozialstaatskritik, in: GM 8/1984, S. 485–493

Gottfried Knapp: Vom Flipperkasten zum Computerspiel, in: Kursbuch 75, Computerkultur, März 1984, s. 153–160

Matthias Kollatz (Hg.): Kleines Lexikon zur Medienpolitik, Marburg 1984.

Kongreßbüro „Zukunft der Arbeit" (Hg.): Kongreß Zukunft der Arbeit, Materialien-Band, Bielefeld 1982

Jiří Kosta: Sozialistische Planwirtschaft. Theorie und Praxis, Opladen 1974

Jiří Kosta: Für eine demokratische Alternative zu den „realsozialistischen" Wirtschaftssystemen, in: J. Huber/J. Kosta (Hg.): Wirtschaftsdemokratie in der Diskussion, Köln/Frankfurt/M. 1978, S. 139-157

Jrří Kosta: Der Dritte Weg – eine demokratisch-sozialistische Alternative zu den sozialökonomischen Systemen in Ost und West, in: pds 1/1984, S. 27–36

Herbert Kubicek: Sozialtechnologien des Managements – Humane Strategien zur Arbeitsintensivierung und Herrschaftssicherung, in: GM 3/1982, S. 143–154

Herbert Kubicek: Neue Informations- und Kommunikationstechniken, hg. v. Hauptvorstand der ÖTV, Stuttgart 1984

Herbert Kubicek: Kabel im Haus – Satellit überm Dach, Reinbek 1984

Rudolf Kuda: Wirtschaft, in: M. Kittner (Hg.): Gewerkschaftsjahrbuch 1984, S. 125–179

Ingrid Kurz-Scherf: Arbeitszeit im Umbruch. Analyse und Dokumentation der neuen tariflichen Arbeitszeitbestimmungen. Arbeitsmaterialien 5 des WSI, Düsseldorf 1984

Ingrid Kurz-Scherf/WSI Tarifarchiv: Ergebnisse und Tendenzen der Tarifrunde 1984, in: WSI-Mitt. 3/1985, S. 121–136

Gerhard Leminsky: Mitbestimmung am Arbeitsplatz – Erfahrugen und Perspektiven, in: GM 3/1985, S. 151–161

Rudolf Lewandowski/Detlef Borsched (Marketing Systems): Wohin steuern die

Pkw-Hersteller der Welt?, Düsseldorf 1982

Karlhans Liebl: Finanzierung öffentlicher Ausgaben durch Bekämpfung der Wirtschaftskriminalität, in: WSI-Mitt. 10/1982, S. 635−640

Peter Löw-Beer: Industrie und Glück. Der Alternativplan von Lucas Aerospace, Berlin 1981.

Fred Manske/Werner Wobbe-Ohlenburg: Computereinsätze im Bereich technischer Angestellter, in: WSI-Mitt. 2/1983, S. 111−119

Erich Matthias/Klaus Schönhoven (Hg.): Solidarität und Menschenwürde. Etappen der deutschen Gewerkschaftsgeschichte von den Anfängen bis zur Gegenwart, Bonn 1984

Hans Mayr: Grundsatzreferat „Durch Reform aus der Krise − Arbeit für alle − Mitbestimmung und soziale Demokratie", in: Protokoll 4. Tag (14. ordentlicher Gewerkschaftstag der IG Metall, München 13. Oktober 1983)

Hans Mayr: Der Kampf um die 35-Stunden-Woche − Erfahrungen und Schlußfolgerungen aus der Tarifbewegung 1984, in: GM 11/1984, S. 661−671

Hans Mayr/Hans Janßen (Hg.): Perspektiven der Arbeitszeitverkürzung. Wissenschaftler und Gewerkschafter zur 35-Stunden-Woche, Köln 1984

Wolfgang Mazurek: CAD/CAM-Strategien aus Sicht der Gewerkschaften, in: IG Metall, Vorstand (Hg.): CAD/CAM und Humanisierung, Frankfurt/M. 1984, S. 41−58

Klaus Mehrens: Sozialausgaben und Rüstungslasten − Sachzwänge oder politische Priritäten, in: NG 5/1984, S. 480-482

Klaus Mehrens/Christian Wellmann: Gewerkschaften, Rüstung und Abrüstung, in: GM 9/1980, S. 591−602

Konrad Melchers: Macht Schwerter zu Pflugscharen, in: Der Gewerkschafter 9/1983, S. 2f

Hans L. Merkle: Die Zukunft unserer Arbeitswelt, in: Boschzünder 9/1983

Bernd Mettelsiefen: Die Finanzierung des Sozialstaats: Formen und Probleme, in: B. Rahmann/J. Welsch (Hg.): Wohlfahrtsstaat im Defizit, Köln 1982, S. 49−71

Ulrike Metzner/Gerhard Rohde: Angestellte im Strukturwandel des Beschäftigungssystems, in: WSI-Mitt. 2/1984, S. 73−83

Der Minister für Arbeit, Gesundheit und Soziales des Landes NRW (Hg.): Modelle zur Arbeitszeitverkürzung und Arbeitsverteilung, Düsseldorf 1983

Martin Mössner: Der Automatenmensch, in: H. Buhmann u.a.: Geisterfahrt ins Leere. Roboter und Rationalisierung in der Automobilindustrie, Hamburg 1984, S. 39−41

Joachim Müller: Die Grenzen auf dem Weg zur vollautomatisierten Produktion, in: Kongreß Zukunft der Arbeit, Bielefeld 1982, S. 216−225

Rainer Müller: Kürzere Arbeitstage, ein gesundheitspolitisches Erfordernis ersten Ranges − arbeitsmedizinische Argumente, in: AFA-Informationen. Arbeitsausschuß für Arbeitsstudien 5/1984, S. 3−12

Walther Müller-Jentsch: Klassen-Auseinandersetzungen. Lesearten über die Arbeitskonflikte der siebziger Jahre und Mutmaßungen über die Zukunft der Gewerkschaften, in: Prokla 54/März 1984, S. 10–32

Randolph Nikutta: Die Beschlußlage von IG Metall und DGB zum Problembereich Rüstungsproduktion, in: antimilitarismus information 8/1982, S. 124–128

Hans G. Nutzinger: Wirtschaftsdemokratie und betriebliche Mitbestimmung: Konzepte und Realisierungschancen, in: M. Birk/H. Eggerstedt/ A. P. Tegtmeier (Hg.): Politik gegen die Krise. Beiträge zu einer alternativen Wirtschaftspolitik, Marburg 1985, S. 103–128

Alfred Oppolzer: Konsequenzen des technisch-organisatorischen Wandels für Arbeitsorganisation, Arbeitsbelastung und Arbeitsgestaltung, in: AFA-Informationen. Arbeitsausschuß für Arbeitsstudien 3/1984, S. 3–17

George Orwell: 1984, Frankfurt/M. 1976

Sven Papcke/Karl Theodor Schuon (Hg.): Braucht die SPD ein neues Grundsatzprogramm?, Berlin 1984

Karl Pitz: Automobilindustrie: Der letzte Überlebende, in: Der Gewerkschafter 11/1983, S. 44f

Heinrich Potthoff: Wirtschaftsdemokratie – Grundlagen und Konsequenzen, in: GM 3/1985, S. 139-151

Prokla-Redaktion: Editorial. Gewerkschaftsbewegung am Ende?, in: Prokla 54/März 1984, S. 3–9

Jürgen Prott: Medien und Arbeitskämpfe. Hatz auf die IG Metall, in: Der Gewerkschafter 10/1984, s. 19–26

Bernd Rahmann: Gesamtwirtschaftliche Entwicklung in der Bundesrepublik Deutschland 1960-1981, in: B. Rahmann/J. Welsch (Hg.): Wohlfahrtsstaat im Defizit, Köln 1982, S. 13–48

Hermann Rappe/Franz Steinkühler: Tischvorlage für die Sitzung (der SPD-Programmdiskussion) am 19. 3. 1985, dokumentiert in: FR v. 2. 5. 1985, S. 10

Hanswerner Reckstadt: Die Krise in der Stahlindustrie, in: Die Mitbestimmung 7+8/1984, s. 301–304

„Macht die Rente 'pleite'?", in: Der Gewerkschafter 4/1984, S. 14–34

„Von der Rentenkrise in die Staatskrise?", in: Der Spiegel Nr. 10/4. 3. 1985, S. 19–27

Walter Riester: Aktuelle und langfristige Aufgaben in der Tarifpolitik, in: Leonhard Mahlein u.a.: Tarifpolitik unter Krisenbedingungen, Frankfurt/M. 1984, S. 51–96

Walter Riester: Der Kampf um die 35-Stunden-Woche in Nordwürttemberg/ Nordbaden – Bedingungen, Erfahrungen, Schlußfolgerungen, in: WSI-Mitt. 9/1984, S. 526–533

Walter Riester: 38,5 für jeden – der Kampf geht weiter. Die Umsetzung der Tarifergebnisse im Betrieb, in: Arbeitskampf um Arbeitszeit, S. 89–103

Malte Ristau (Hg.): Identität durch Geschichte. Leitziel Emanzipation, Marburg 1985

Jutta Roitsch: Am Ende wird die Kassiererin selbst kassiert, in: FR v. 2. 6. 1984

Hans-Günter Rolff: Wieviel Computer braucht die Schule, in NG/FH 1/1985, S. 48−52

Hans-Joachim Schabedoth: Hochschulreform − eine verpaßte Chance. Die politische Auseinandersetzung um die Hochschulreform seit 1969, Hagen 1982

Hans-Joachim Schabedoth: Wirtschaftspolitik der Grünen zwischen Utopie und Realitätsbezug, in: NG 1/1983, S. 36−41

Hans-Joachim Schabedoth: Arbeitgeberbehauptungen und Realitäten, in: SP 36/Jan./Feb. 1984, S. 6−9

Hans-Joachim Schabedoth: Grundzüge einer arbeitsorientierten Wirtschafts- und Betriebspolitik, in: V. Konieczka/N. Kunz/K. J. Scherer (Hg.): Sozialismus zwischen Ökonomie und Ökologie, Berlin 1984

Claus Schäfer: Verteilungs- und Beschäftigungswirkungen von Operation '82, Gemeinschaftsinitiative und Operation '83, in: WSI-Mitt. 10/1982, S. 579−587

Claus Schäfer: Wiedergewinnung der Vollbeschäftigung durch qualitatives Wachstum, in: B. Rahmann/J. Welsch (Hg.): Wohlfahrtsstaat im Defizit, Köln 1982, S. 133−157

Claus Schäfer: Ist Vermögenspolitik nur Vermögensbildung − Zur Brauchbarkeit von Vermögenspolitik als gewerkschaftliches Instrument, in: WSI-Mitt. 7/1983, S. 443−453

Claus Schäfer: Sparen über alles, in: WSI-Mitt. 12/1984, S. 682−692

Klaus-Jürgen Scherer: Die Herausforderungen der neuen sozialen Bewegungen − eine Bilanz, in: V. Konieczka/N. Kunz/K.-J. Scherer (Hg.): Sozialismus zwischen Ökonomie und Ökologie, Berlin 1984, S. 14−28

Günter Schiller: Probleme der Rentenversicherung im sozioökonomischen Wandel, in: B. Rahmann/J. Welsch (Hg.): Wohlfahrtsstaat im Defizit, Köln 1982, S. 93−114

Winfried Schlaffke: Qualitätszirkel kontra Mitbestimmung, in: Gewerkschaftsreport 1/1984, S. 14−17

Roland Schneider: Computertechnologie in der Produktion, in: WSI-Mitt. 2/1983, S. 66−79

Roland Schneider: Roboter, Arbeitsbedingungen und Arbeitsplätze, in: AFA-Informationen. Arbeitsausschuß für Arbeitsstudien 1/1984, S. 3−22

Bernd Schütt: Alternative Fertigung: Die Suche nach sicheren Arbeitsplätzen und sinnvoller Arbeit, in: Die Mitbestimmung 12/1982, S. 443−445

Frank Schulz: „Neokonservatismus" in den USA − ein manchesterliberaler Angriff auf den Interventionsstaat, in: GM 8/1984, S. 485−493

H. Seifert: CAD/CAM-Strategien aus wissenschaftlicher Sicht, in: IG Metall, Vorstand (Hg.): CAD/CAM und Humanisierung, Frankfurt/M. 1984, S. 14−21

Jürgen Senger: Rüstungswirtschaft und Rüstungstechnologie: Zur gesamtwirtschaftlichen Bedeutung der rüstungstechnologischen Forschung und Entwicklung, Würzburg 1980

250

Siemens AG: Büro 1990. Studie über die Entwicklung von Organisation und Technik, November 1976 (unveröffentlichtes Manuskript)

Richard Sietmann: Am Ende der Papier-Zeit, in: Vorwärts Spezial, Heft 4/ April 1983

Sozialistische Studiengruppen (SOST): Vergesellschaftung der Banken, in: Sozialismus 1/1982, S. 41–47

Sybille Stamm/Walter Riester: „Offensive Mobilisierungsstrategie" heißt breite Einbeziehung der Mitglieder! Das Beispiel Stuttgart, in: Her mit dem ganzen Leben, Marburg 1984, S. 81–113

Franz Steinkühler: Nachwort zu: Peter Scherrer/Peter Schaaf: Dokumente zur Geschichte der Arbeiterbewegung in Württemberg und Baden, 1848–1949, Stuttgart 1984, S. 673–678

Franz Steinkühler im Gespräch mit der SP über den Arbeitskampf '84, in: SP Nr. 40/Sept./Okt. 1984, S. 4–6

Franz Steinkühler: Krisenverwaltung oder Zukunftsgestaltung? – Zur Notwendigkeit neuer Gestaltungs- und Verteilungsansätze, dokumentiert in: FR 22. 2. 1985, S. 12 u. 23. 2. 1985, S. 10

Gemeinsame Stellungnahme von Verbänden der psychosozialen Versorgung zu den individuellen und sozialen Kosten der Arbeitslosigkeit, in: WSI-Mitt. 4/1983, S. 277–280

Wolfgang Sternsdorff: Auf dem Weg zum Überwachungsstaat, in: Der Spiegel, Nr.2/10. 1. 1983, S.46–67

Johano Strasser: Grenzen des Sozialstaats? Soziale Sicherung in der Wachstumskrise, Köln/Frankfurt/M. 1979

Michael Strübel: Sicherheitspolitische Alternativen, in: Frankfurter Hefte 9/1984, S. 28–35

Michael Strübel (Hg.): Friedens- und sicherheitspolitische Alternativen – Konzepte, Kontroversen, Perspektiven, Gießen 1985

Rolf Thärichen: Weltweite Strukturkrise der Automobilindustrie, in: O. Jacobi u.a. (Hg.): Kritisches Gewerkschaftsjahrbuch 1981/82, Berlin 1981, S. 48–57

Hartmut Tofaute: Anmerkungen zu der geplanten Steuerreform der Bundesregierung, in: WSI-Mitt. 12/1984, S. 709–719

Alain Touraine: Die postindustrielle Gesellschaft, Frankfurt/M. 1972

Gudrun Trautwein-Kalms: Rationalisierung in Büros und Verwaltung, in: WSI-Mitt. 2/1983, S. 119–132

Otto Ulrich: Computer-Totalitarismus, in: NG/FH 1/1985, S. 21–23

Verband der Metallindustrie Baden-Württemberg e.V. (Hg.): Der Arbeitskampf '84, Stuttgart 1984

Vertrauenskörper der Blohm&Voss AG Hamburg: Rationelle Energieverwendung. Ein Vorschlag alternativer Produkte, in: O. Jacobi u.a. (Hg.): Kritisches Gewerkschaftsjahrbuch 1982/83, Berlin 1982, S. 111–115

Heinz Oskar Vetter: Die Arbeitnehmer nicht zusätzlich belasten. Brief v. 9. 7. 1981 an den Bundeskanzler, in: GM 10/1981, S. 624–627

Fritz Vilmar/Karl-Otto Sattler: Wirtschaftsdemokratie und Humanisierung der

Arbeit, Köln/Frankfurt/M. 1978

Gert Volkmann: Deckungsbeitragsrechnung und Gemeinkosten-Wertanalyse, in: WSI-Mitt. 1/1983, S. 6−17

Vorstand der SPD (Hg.): Weiterarbeiten am Modell Deutschland. Regierungsprogramm 1976−80, Bonn o.J. (1976)

Ali Wacker (Hg.): Vom Schock zum Fatalismus. Soziale und psychische Auswirkungen der Arbeitslosigkeit, Frankfurt/New York 1978

Monica Weber-Nau: Kinder, Küche und Computer, in: FR v. 8. 12. 1984

Johann Welsch: Gesamtwirtschaftliche Entwicklung, technischer Fortschritt und Beschäftigung als Problem der achtziger Jahre, in: WSI-Mitt. 4/1982, S. 205−215

Johann Welsch: Strukturwandel in der Wachstumskrise als strukturpolitisches Problem der achtziger Jahre, in: WSI-Mitt. 8/1984, S. 438−454

Johann Welsch: Branchenreport, in: M. Kittner (Hg.): Gewerkschaftsjahrbuch 1984, Köln 1984, S. 181−219

Rudi Welzmüller: Einkommensgefährdung durch Arbeitslosigkeit, in: WSI-Mitt. 8/1982, S. 447−457

Ulrike Wendeling-Schröder: Mitbestimmung auf Unternehmensebene und gesamtwirtschaftliche Mitbestimmung, in: M. Kittner (Hg.): Gewerkschaftsjahrbuch 1984, Köln 1984, S. 337−360

Werner Wobbe-Ohlenburg: Automobilarbeit und Roboterproduktion, Berlin 1982

Dieter Wunder: Die Gewerkschaften − eine Kraft der Vergangenheit?, in: GM 1/1985, S. 1−19

Bernhard Wurl: Die Misere exemplarisch: AEG, in: SP Nr.29/Okt./Nov. 1982, S. 15f.

Lothar Zimmermann (Hg.): Computereinsatz: Auswirkungen auf die Arbeit, Reinbek 1982

Lothar Zimmermann (Hg.): Belastungen und Streß bei der Arbeit, Reinbek 1982

Karl Georg Zinn: Investitionslenkung und gesamtgesellschaftliche Rahmenplanung, in: W. Meißner/I. Kosta/J. Welsch (Hg.): Für eine ökonomische Reformpolitik, Frankfurt/M. 1981, S. 79−91

Karl Georg Zinn: Die Bundesrepublik im weltwirtschaftlichen Strukturwandel, in: GM 10/1983, S. 660−674

Rainer Zoll (Hg.): „Die Arbeitslosen, die könnt' ich alle erschießen!". Arbeiter in der Wirtschaftskrise, Köln 1984

Edgar Einemann – Edo Lübbing

ANDERS PRODUZIEREN
Alternative Strategien in Betrieb und Region

Umweltzerstörung, Rüstungswahnsinn und Arbeitslosigkeit gehören zu den zerstörerischen Konsequenzen der kapitalistischen Produktion. Doch darüber nur zu lamentieren oder das bloße Basteln an der 'großen Alternative' genügt nicht. Gefragt sind strategische Alternativen, praktische Möglichkeiten und konkrete Erfahrungen: „Wir", sagen die Autoren dieses Bandes, „hatten nicht primär die Mitarbeit an der Entwicklung nationaler Partei- oder Gewerkschaftsprogramme und auch nicht deren optimalen 'Verkauf' an die Basis im Auge, sondern wollten dezentral ansetzen: zum einen müssen alle 'großen' Programme 'unten' durchgesetzt werden und zum anderen setzt die Durchsetzung von Veränderungen eine Aktivierung der breiten Masse voraus, die auf Dauer nur durch das Anknüpfen an konkreten Erfahrungen und die Ausnutzung realer Handlungschancen vorstellbar ist."
Entsprechend konzentrieren sich EINEMANN/LÜBBING in ihren Ausführungen auf Anknüpfungspunkte, auf die Darstellung konkreter Erfahrungen und Forschungsergebnisse, die sie in der politischen Bildungsarbeit, der Betroffenenforschung vor Ort in Bremer Betrieben in Sachen Krisenerfahrung, Humanisierung der Arbeitswelt, Rationalisierung und Produktionskonversion gewonnen haben. Sie konzentrieren sich auf die Thematisierung betrieblicher und regionaler Krisenlösungsstrategien – aufbauend auf die Darstellung von Beispielen aus London, Bremen und den Niederlanden – und entsprechend dezentralisierter Instrumentarien. Sie entwickeln regionale Alternativen zur bundesrepublikanischen Energieversorgung – einen „sanften Weg" – und runden ihre Ausführungen durch Begriffserklärungen und die Dokumentation weiterverwendbarer Arbeitsmaterialien (z.B. Fragebögen zu den Themen 'Arbeitsbelastungen' und 'Rationalisierung') ab.

1985, 230 Seiten, ISBN 3-92-4800-33-2

Perspektiven des Demokratischen Sozialismus

pds

Zeitschrift der Hochschulinitiative Demokratischer Sozialismus (HDS)

ISSN 0176 - 0750

Herausgegeben von:
Iring Fetscher
Jiří Kosta
Leo Kißler
Norbert W. Kunz
Karl Theodor Schuon

Die pds erscheinen viermal jährlich
(3 reguläre plus 1 Sonderheft).
Einzelhefte DM 5.-, Jahresabo DM 15.-
(incl. Versand).

Die pds erscheinen im
SP-Verlag, Norbert Schüren GmbH

Bestellungen an:
SP-Verlag
Deutschhausstraße 31
3550 Marburg

Die pds verstehen sich als sozialwissenschaftliche Zeitschrift, die die Tradition des Demokratischen Sozialismus mit den Herausforderungen der neuen sozialen Bewegungen zu vermitteln sucht. Demokratischer Sozialismus wird dabei als theoriegeleitete Praxis begriffen, die sich sowohl gegenüber bloßem sozialdemokratischem Pragmatismus als auch gegenüber dogmatischer Ideologiegläubigkeit kommunistischer oder orthodox-marxistischer Provenienz abgrenzt. Stattdessen sollen den Konzeptionen eines partizipativen und wirtschaftsdemokratischen Sozialismus, der osteuropäischen demokratisch-sozialistischen Dissidentenbewegung, des Eurokommunismus, des Ökosozialismus sowie der (weltweiten) Friedensbewegung ein Forum intensiver Auseinandersetzung geboten werden. Neben grundlegenden wissenschaftlichen Beiträgen zu bestimmten Themenkomplexen bringen die pds in jedem Heft mehrere Diskussionsbeiträge zu aktuellen theoretischen und praktischen Fragen des Demokratischen Sozialismus, wie z.B. „Pro und Contra Ökosozialismus", „Zur Programmdiskussion in der SPD", „Demokratischer Sozialismus – Theorie oder nur Programm?" u.a.

Heinrich Krobbach
REGION IM WIDERSTAND
Zur Geschichte des Konflikts
um die Startbahn 18 West
Mit Fotos von Walter Keber
1985, 168 S., DM 14,50, ISBN 3–924800–02–2

M. Birk, H. Eggerstedt, A.P. Tegtmeier (Hg.)
POLITIK GEGEN DIE KRISE
Beiträge zu einer alternativen
Wirtschaftspolitik von Hartmut Elsenhans,
Jürgen Hoffmann, Ulrich Menzel, Hans G.
Nutzinger, Heinz Rapp und Hajo Riese.
1985, 157 S., DM 11,80, ISBN 3–924800–01–4

Malte Ristau (Hg.)
IDENTITÄT DURCH GESCHICHTE
Leitziel Emanzipation
Beiträge zur Funktion von Geschichte
im politischen Bewußtsein von Alfred Georg
Frei, Detlef Hoffmann, Annette Kuhn, Thomas
Meyer, Peter von Oertzen, Wolfgang Ruppert,
Horst Schmidt und Gerda von Staehr
1985, 132 S., DM 14,80, ISBN 3–924800–31–6

Heinz Thörmer
**"...DEN SOZIALISMUS HABEN WIR
NICHT AUFGEBAUT..."**
Eintrittsmotivationen, politisches Lernen
und Erfahrungsbildung von Jungsozialisten
in der SPD
1985, 226 S., DM 18, ISBN 3–924800–04–9

**TEXTE
ZUR POLI
TISCHEN
THEORIE
UND
PRAXIS**

SP-Verlag, Deutschhausstr. 31, 3550 Marburg